中國皇帝與洋人

郭福祥
左遠波
◎合著

著名的文物專家和歷史學家
朱家溍先生◎作序推薦

目錄

序　朱家溍 ————————————————————— 009

前言 ——————————————————————————— 011

第一章　宋以前的帝王與外國人

第一節　帝王與東來佛僧 ————————————— 018

第二節　東天皇與西皇帝 ————————————— 022

第三節　唐王與景教徒 —————————————— 027

第二章　元朝皇帝與外國人

第一節　成吉思汗西征中的歸降者 ——————— 032

第二節　羅馬教廷與元朝皇帝 —————————— 034

一、首次出使——不成功的接觸 ——————— 034

二、紛沓而至的使者 ————————————— 038

三、元代宮中的傳教者 ———————————— 042

第三節　蒙古繁盛的直接見證人 ———————— 048

一、海屯朝見蒙哥汗 ————————————— 048

二、忠於忽必烈的愛薛 ———————————— 049

三、他們遊歷了最廣泛的世界 ——————— 051

第三章　大明皇帝與東西客人

第一節　客死中國的國王 ———————————— 058

一、遣使宣慰和十五不征之夷國 ────────── 058

二、浡泥王魂斷南京 ────────────────── 060

三、其他朝貢的國王 ────────────────── 064

第二節　明帝欽賜外國詩 ──────────────── 066

一、明太祖問詢海外風俗 ──────────────── 067

二、永樂封山岳的紀盛之作 ────────────── 069

第三節　明帝與使節 ────────────────── 071

一、「朕猶爾父也」 ────────────────── 072

二、沙哈魯使團所見到的永樂帝 ──────────── 074

三、明武宗與「葡使」火者亞三 ──────────── 077

第四節　利瑪竇與萬曆帝 ──────────────── 079

一、利瑪竇其人 ─────────────────── 079

二、歷盡艱辛入宮門 ────────────────── 081

三、給萬曆帝的貢品 ────────────────── 086

四、萬曆帝的門客 ────────────────── 087

五、天子腳下的墓地 ────────────────── 090

六、接踵而來的曆局支柱 ─────────────── 091

第五節　南明宮廷與西方傳教士 ──────────── 095

一、三帝之友畢方濟 ────────────────── 095

二、永曆皇族皈依天主教 ──────────────── 097

三、皇帝的使者──卜彌格 ─────────────── 099

第四章　兩朝帝王與湯若望

第一節　明朝末帝與西洋寵臣 ———————————— 106

　一、修訂曆法　進獻儀器 ———————————— 106

　二、欽命鑄炮　勸帝入教 ———————————— 109

第二節　欽天監監正與阿瑪王 ———————————— 113

第三節　順治帝的「瑪法」———————————— 115

第五章　康熙帝與外國人

第一節　「己不知，焉能斷人之是非？」———————————— 122

第二節　皇帝顧問南懷仁的生榮與死諡 ———————————— 124

　一、幾度周折　漂洋來華 ———————————— 124

　二、效力朝廷　成就斐然 ———————————— 125

　三、顧問、老師和朋友 ———————————— 130

　四、輝煌的終結 ———————————— 133

第三節　康熙與法國傳教士 ———————————— 134

　一、兩帝相慕　傳教士東來 ———————————— 134

　二、充任宮廷教師 ———————————— 137

　三、皇帝治病用西藥 ———————————— 139

　四、康熙治水與大地測繪 ———————————— 141

　五、奉旨參與中俄談判 ———————————— 143

第四節　康熙與其他傳教士 ⋯⋯⋯⋯⋯⋯⋯⋯⋯⋯⋯⋯ 145
　　一、康熙和他的音樂教師們 ⋯⋯⋯⋯⋯⋯⋯⋯⋯ 145
　　二、馬國賢神父的清宮十三年 ⋯⋯⋯⋯⋯⋯⋯⋯ 148
　　三、出巡路上的接見 ⋯⋯⋯⋯⋯⋯⋯⋯⋯⋯⋯⋯ 149
　　四、開禁傳教 ⋯⋯⋯⋯⋯⋯⋯⋯⋯⋯⋯⋯⋯⋯⋯ 151
第五節　特使反目　康熙逐客 ⋯⋯⋯⋯⋯⋯⋯⋯⋯⋯ 153
　　一、「禮儀之爭」的由來和公開 ⋯⋯⋯⋯⋯⋯⋯ 154
　　二、康熙帝怒斥特使多羅 ⋯⋯⋯⋯⋯⋯⋯⋯⋯⋯ 156
　　三、嘉樂的努力終成灰爐 ⋯⋯⋯⋯⋯⋯⋯⋯⋯⋯ 158
　　四、康熙抑教而不禁技 ⋯⋯⋯⋯⋯⋯⋯⋯⋯⋯⋯ 162

第六章　主人與奴僕

第一節　雍正與傳教士 ⋯⋯⋯⋯⋯⋯⋯⋯⋯⋯⋯⋯⋯ 166
　　一、繼位風波與禁教 ⋯⋯⋯⋯⋯⋯⋯⋯⋯⋯⋯⋯ 166
　　二、請求調節無效 ⋯⋯⋯⋯⋯⋯⋯⋯⋯⋯⋯⋯⋯ 168
　　三、利用中才顯寬容 ⋯⋯⋯⋯⋯⋯⋯⋯⋯⋯⋯⋯ 170
第二節　冷峻的外表　溫和的內心 ⋯⋯⋯⋯⋯⋯⋯⋯ 173
第三節　傳教士壟斷欽天監 ⋯⋯⋯⋯⋯⋯⋯⋯⋯⋯⋯ 176
　　一、侍奉三朝的西洋監正戴進賢 ⋯⋯⋯⋯⋯⋯⋯ 176
　　二、又一位西洋監正劉松齡 ⋯⋯⋯⋯⋯⋯⋯⋯⋯ 180
第四節　乾隆與西洋畫家 ⋯⋯⋯⋯⋯⋯⋯⋯⋯⋯⋯⋯ 182
　　一、乾隆與首席畫師郎士寧 ⋯⋯⋯⋯⋯⋯⋯⋯⋯ 182
　　二、乾隆與清宮其他西洋畫家 ⋯⋯⋯⋯⋯⋯⋯⋯ 186

三、十全武功與戰功圖 ⋯⋯⋯⋯⋯⋯⋯⋯⋯⋯⋯⋯ 189

第五節　太平天子與西洋奇器 ⋯⋯⋯⋯⋯⋯⋯⋯⋯ 192

一、寵幸西洋鐘錶機械師 ⋯⋯⋯⋯⋯⋯⋯⋯⋯⋯ 192

二、西洋樓與大水法 ⋯⋯⋯⋯⋯⋯⋯⋯⋯⋯⋯⋯ 197

三、西樂縈繞紫禁城 ⋯⋯⋯⋯⋯⋯⋯⋯⋯⋯⋯⋯ 200

第六節　皇帝與使臣之間 ⋯⋯⋯⋯⋯⋯⋯⋯⋯⋯⋯ 202

一、充分的準備　謹慎的接待 ⋯⋯⋯⋯⋯⋯⋯⋯ 203

二、名分與禮儀紛爭 ⋯⋯⋯⋯⋯⋯⋯⋯⋯⋯⋯⋯ 206

三、熱河覲見 ⋯⋯⋯⋯⋯⋯⋯⋯⋯⋯⋯⋯⋯⋯⋯ 209

四、小偷似的離去 ⋯⋯⋯⋯⋯⋯⋯⋯⋯⋯⋯⋯⋯ 213

五、被驅逐的使團和主權地位的喪失 ⋯⋯⋯⋯⋯ 214

第七章　天門洞開以後

第一節　面對陌生的敵人 ⋯⋯⋯⋯⋯⋯⋯⋯⋯⋯⋯ 218

一、天朝迷夢的破滅 ⋯⋯⋯⋯⋯⋯⋯⋯⋯⋯⋯⋯ 218

二、被洋人嚇跑的皇帝 ⋯⋯⋯⋯⋯⋯⋯⋯⋯⋯⋯ 221

三、「兩個強盜闖進了夏宮」 ⋯⋯⋯⋯⋯⋯⋯⋯⋯ 223

四、「天朝」有了外交部 ⋯⋯⋯⋯⋯⋯⋯⋯⋯⋯ 226

第二節　同治帝與外國公使 ⋯⋯⋯⋯⋯⋯⋯⋯⋯⋯ 230

一、外國公使進駐京城 ⋯⋯⋯⋯⋯⋯⋯⋯⋯⋯⋯ 230

二、不肯跪拜，還當你是「貢使」 ⋯⋯⋯⋯⋯⋯ 233

第三節　光緒帝與外國人的特殊會面 ⋯⋯⋯⋯⋯⋯ 238

一、召見日本前首相伊藤博文 ⋯⋯⋯⋯⋯⋯⋯⋯ 238

　　二、洋醫生為皇帝診病 ———————————— 242

第四節 「洋人的朝廷」 ———————————————— 245

　　一、引火燒身的宣戰 ———————————————— 245

　　二、古都北京的奇辱 ———————————————— 248

　　三、皇宮禁苑的劫難 ———————————————— 254

　　四、洋人勒逼慈禧歸政 ——————————————— 259

　　五、「朕心實負疚焉」 ——————————————— 263

　　六、早該放下的空架子 ——————————————— 270

第五節 受皇帝委任的外國人 ————————————— 273

　　一、「客卿」赫德 ———————————————— 274

　　二、洋教習丁韙良 ———————————————— 282

　　三、遣赴歐美的洋欽差 ——————————————— 286

第八章　「結與國之歡心」

第一節　海晏堂專宴海外客 ———————————————— 294

第二節　巴黎歸來的女翻譯 ———————————————— 296

第三節　違心宴見　曲意結歡 ——————————————— 300

第四節　未冕女皇與美國女畫師 —————————————— 306

第五節　俄羅斯馬戲團進宮 ———————————————— 312

第六節　並不完滿的結局 ————————————————— 314

後記 ————————————————————————— 317

序

朱家溍

　　近些年來，隨著對外日益的開放，有關中外關係史方面的問題已成為史學研究的熱點之一，論文論著層出不窮，研究工作日趨深入，人們在茫茫史海中鈎沉探索，從不同的側面研究和解答著一個又一個問題。但由於種種原因，對於皇帝與外國人的關係，至今仍然缺乏系統的討論。而作為中外關係史的一個重要內容，這方面的歷史直接圍繞中國最高統治者皇帝而發生，對當時的最高決策勢必產生影響，有的甚至可能影響到中國及其相關國家的歷史進程。對此，我們應該給予必要的重視。

　　我面前的這部《中國皇帝與洋人》書稿，便是以歷史時代為主脈，將東鱗西爪散見於載籍的確鑿史料，系統地彙集成了一篇篇可讀性很強的文字，對歷史上皇帝與外國人的交往，做了深入淺出的描述和剖析。全書內容均有據可查，講述的雖然都是久遠的往事，但讀起來並無枯燥乏味之感。

　　那麼，歷史上皇帝與外國人打交道的情況到底如何呢？正如作者所言，主要表現在三個方面，即：異域宗教傳入中國後，與外國教士、教徒的往來；外國使節及其他人員來到中國，與之發生不同形式的交往；晚清西方列強以武力叩開中國大門後，被迫與外國人發生廣泛接觸。在此需要強調的是，這些交往儘管形式不盡相同，內容也有所差別，但從總體上看卻是不平等的。

　　因為千百年來，中國上層一直以天朝上國自居，將其他國家視為蠻夷之邦，對於外國人和外來文化多採取凌駕姿態，這是長期以來中國始終以其輝煌的文明成就雄居東方而形成的地位和理念。到了明清時期，高度發展的君主專制統治是中國政治的最顯著特徵，更使得統治者傳統的自大心理盲目膨脹，因此將廣闊的世界完全納入到以自己為中心、按照封建等級和名分構成的華夷體系和朝貢體制中。在這樣的文化背景下，皇帝與外國人之間實際上也是一種主僕關係，所以自然也就沒有多少平等性可言。

　　不過，從不同的角度觀察同一時期的歷史，有時也會發現迥然不同的現

象。例如清代康雍乾時期，中國國家統一，社會安定，經濟繁榮，國力超越了以往任何一個王朝，因此號稱「康乾盛世」。而此時的歐洲國家，正在經歷著一種嶄新的產業革命和政治革命，社會生產力突飛猛進，思想文化領域更是充滿了生機和活力。兩相對比，此時的中國已如強弩之末，開始走向窮途末路了。

一七五七年，乾隆皇帝下令禁海閉關，規定：禁止華人出洋和僑居國外，指定廣州為唯一通商口岸，朝廷官員「不准與外吏接觸，不准與外吏私通信函」。在日益靠近的世界大潮的衝擊下，統治只能步步退卻。到了鴉片戰爭以後，天朝體制在西方列強的步步進逼下逐漸崩塌，皇帝與外國人的關係開始發生完全相反的轉化，又呈現出了一種倒置的不平等現象。

歷史像一面鏡，可以鑒往知來。衡量一部歷史讀物有益與否，應該看它是不是在把握真實性的前提下，客觀地探究以往的興衰成敗，進而獲得一定的哲理與啟迪。太史公所言「究天人之際，通古今之變」，實際上就是古人治史所追求的境界。《中國皇帝與洋人》是否如此？也許仁者見仁，智者見智。但它的確有價值、有新意，因此我願意向讀者推薦它。

二○○一年十一月
於紫禁城

前言

　　悠久燦爛的中華文明，有著一脈相承的獨立發展軌跡。然而獨立並非與世隔絕，歷史上的中國與外部世界，同樣存在著或頻繁、或斷續的往來。作為對外最高接觸——中國帝王與外國人的交流，歷史也相當久遠，傳說早在堯舜禹時代，就有西方的崑崙、渠搜、析支等國前來朝貢。至於帝王主動與外國人的交往，則大約始於周穆王。當時穆王西征犬戎，到了極西的「西王母」居住之地，因受到隆重接待，曾一度「樂而忘歸」。

　　當然，古代由於地理上的局限，世界上幾乎所有的民族都曾經歷過相當漫長的閉塞時期，那時人們常常將生活在遙遠地區的人群視為朦朧的神話，並由此產生過許多奇特的傳說。如希臘最早稱中國人為「賽里斯人」，認為他們「身高十三肘尺」，「年逾二百歲」，「皮與河馬相似，故萬箭不能入」。而在當時的中國人眼裡，西方世界同樣也是一個謎。如《山海經》中就曾將西方之人描寫成：「其狀如人，豹尾虎齒。」縱觀整個先秦時代，中國人對外部世界的認知都十分有限：在很長一段時間裡，始終認為自己生活在世界的中心，所以自稱中國；又因為自己的這片土地美麗可愛，故稱中華。只是到了漢代張騫出使西域以後，隨著絲綢之路的開通，外部世界的資訊源源不絕地傳入，中外政治、經濟與文化交流開始繁盛起來，中國的最高統治者皇帝與外國人的直接或間接接觸也才逐漸增多。

　　中國皇帝究竟是怎樣和外國人交流的？他們又以什麼樣的視角看待外部世界？近些年來，有關中外交通的探討方興未艾，可是對於皇帝與外國人的關係問題，迄今卻似乎僅限於零散的討論。我們不揣淺薄，試圖在相關研究材料的基礎上，相對完整地表現出皇帝與外國人打交道的歷史軌跡，然而卻發現這種嘗試困難重重。一方面，在中國漫長的歷史上可以尋找到許許多多外國人活動的蹤影，其中的不少史實甚至非常值得回味，但由於中國古代社會的自然經濟結構和遠離其他文明中心的地理環境，中外正常的國家關係一直未能確立，皇帝與外界接觸的因素也是不確定的；另一方面，中國古代典籍雖然浩如煙海，但有關皇帝與外國人交往的記述卻相當有限，而且散見於載籍者又大都比較簡略。所有這些，都使我們很難系統地展現相關史實。

當然，中國皇帝與外國人的交往也並非沒有一點規律可循。從歷史背景來看主要有三個方面：一是異域宗教傳入中國後，與外國教士、教徒的往來；二是外國使節及其他人員來到中國，產生不同形式的交流；三是清代晚期西方國家以武力敲開中國大門後，中國被迫與外國人發生廣泛接觸。這些交往儘管形式、內容各異，但很多活動卻對中國及其相關國家產生程度不同的影響。

其一，歷史上外來宗教曾多次傳入中國，其中與皇帝發生直接關係的主要有三次，即從漢代開始的佛教傳入、從唐代開始的景教傳入和從明代後期開始的天主教傳入。雖然從表面上看，它們無一不與宗教活動有關，但實質上都有著深刻的文化內涵，在歷史上曾產生劇烈的文化碰撞。

佛教產生於西元前六世紀的印度。中國皇帝與佛教的直接接觸，據文獻記載，秦始皇時代已經有之。到了漢明帝永平年間，遣使前往西域求法，這是公認的佛教傳入中國之始。由於皇帝的支持，佛教在中國發展很快，佛典翻譯變得尤為重要，於是西域各國如印度、月氏、安息、康居等地的高僧相繼東來，與中國僧人一起進行翻譯工作，其中很多人被延入宮中從事佛教活動。魏晉南北朝時期，佛教最為繁盛，許多外國僧侶進出於宮廷，與皇帝交往密切。到了唐代，由於屢派高僧西行求法，佛經由中國僧侶主譯，外國僧侶的影響才逐漸減少。

從唐代開始，時稱「大秦景教」的基督教傳入中國。唐太宗貞觀年間，景教教士阿羅本被迎入宮中翻譯經書，太宗下令准其傳教，並在長安城內建造了中國最早的景教寺院。其後景教教徒從歐洲絡繹而來，他們帶來了五百多部基督教經典，並將其中三十六部譯成漢文，敦煌鳴沙山石洞發現的景教經文抄本就有五六種之多。唐武宗時期崇道廢佛，景教同時被禁，來華的景教徒被迫聚集於廣州一地。唐末動亂，外人遭到驅殺，景教從此絕跡。直到元代，基督教才再次傳入，當時中國人稱之為「也里可溫教」。

明末清初，中國與歐洲之間以天主教耶穌會傳教士來華為契機，首次發生了面對面的文化接觸。歐洲傳教士來華傳教，始於十六世紀後期利瑪竇東來，十七至十八世紀達到高潮。他們中的許多人都是頗有學問的人文科學家和自然科學家，為了取得傳教的合法地位，便以科學為工具，通過修訂曆法、製造火炮、測繪輿圖、造鐘製器、行醫製藥、譯書講學、園林設計等一系列活

動，向中國上層統治者展示一種全新的西方文化的存在。統治者很看重傳教士們的學識和技術，所以他們中有很多人被延入朝廷，直接為皇帝服務。他們會說中國話，能讀中文書，根據中國習俗改變自己的服飾、髮式和鬍鬚，遵從中國禮儀行跪拜之禮，按照皇帝旨意從事著一項又一項非凡的工作……與此同時，傳教士們也對中國古老的文化產生了濃厚的興趣，將其介紹到西方。兩大不同背景、不同地域的文化，被第一次恰到好處地協調起來。

一七七三年，教皇克雷芒十四世下令取締耶穌會。兩年後，在華傳教二百年的耶穌會士陸續撤離中國，中國皇帝與西方傳教士的交往逐漸中斷。

其二，自西元前二二一年秦始皇統一中國，至一九一一年辛亥革命推翻清朝，中國大一統的封建王朝先後存在兩千多年。其間雖然也經歷過數次較大的動盪和分裂，但依然形成了相對獨立、自我發展的高度文明。而與中國鄰近的國家則不然，其經濟、文化大都相對落後，所以經常派遣使節前來朝貢，尋求中央王朝的翼護。中國皇帝為了保持周邊地區的安寧，便將這些國家視為藩屬，在「厚往薄來」思想的支配下，對其貢使往往給予慷慨的賞賜。如明朝與鄰國及海外都有著比較頻繁的交往，明成祖時為了適應外事的需要，曾設立四夷館，下設蒙古、女真、西番、西天、回回、百夷、高昌、緬甸八個語館，專門培養翻譯人才。學生畢業後，分配到朝廷各部充當譯員。強盛的國勢使中國長期屹立於世界的東方，同時也造就了皇帝們的自大心理，使之很少以正常的眼光看待世界，中國社會也由此逐漸呈現出保守的態勢。

不過，歷史上也存在過相對開放的朝代。唐代的中外友好往來便盛況空前，京城長安更是發展成了一座相當繁榮的國際大都會。在和中國交往的國家中，日本就非常具有代表性。從唐太宗貞觀四年到唐昭宗乾寧元年的二百六十多年中，它共派遣唐使十六次之多，使中國皇帝對這個東方島國的了解不斷深入。隨同而來的還有大批僧人和留學生，他們在中國潛心學習，將先進的文化帶回日本，在其國內複製出一種全新的生活模式。唐朝皇帝也給予遣唐使不少特殊待遇，入唐的日本人中甚至不乏為官者。

元朝是一個橫跨歐亞兩洲的大帝國，東西交通暢行無阻，許多西方人慕名來到中國，其中既包括國家使團，也有羅馬教廷的使節，還有大量為利益所驅使的商人。威尼斯商人馬可·波羅便不遠萬里來到東方，成為蒙古大汗

的座上賓。他於一二七五年來華，在中國整整僑居十七年，曾經參與元朝的內政外務活動。其《馬可‧波羅遊記》詳細介紹了他自己在中國的所見所聞和沿途經歷，被譽為「世界一大奇書」。

其三，鴉片戰爭以後，西方列強以堅船利炮叩開了中國的大門，中外強弱關係從此發生根本性逆轉。清朝的領土主權、關稅自主權、沿岸貿易權、內河航運權、內地通商權、刑事管轄權等相繼失守，堂堂的大清帝國開始淪為可憐的殖民地弱國。常規和平衡被外來侵略勢力所打破，中國社會進入了激烈的動盪時期。然而，當時的許多中國人甚至連強敵的方位也很難搞清，皇帝所掌握的外國情況同樣非常零碎，以致常常訛誤百出。

面對這種「幾千年未有之變局」，皇帝們將如何應對與抉擇？長期以來，清朝一直自視為「天朝上國」，認為包括西方在內的其他國家都是蠻夷之邦，把廣闊的世界納入以自己為中心、按照封建等級和名分構成的華夷體系和朝貢體制中。統治者對外部世界既不需求，更不了解，只知向屬國藩邦派遣欽差大臣和接待來朝的貢使，而感覺不到有任何建立正常國家關係的必要。十九世紀六〇年代開始的洋務運動，一個突出的特點就是逐漸接受了西方的外交制度和國際關係原則：一八六一年，清政府設立總理各國事務衙門，在此前後各國公使陸續進駐北京；一八七六年，清朝正式派出駐外使節……封閉已久的古老帝國，終於開始亦步亦趨地走向了世界。

本來，外來的衝擊和壓力完全可以激發出自新的動力。遺憾的是統治者仍不知從根本上圖強，而只是被動地在細枝末節上步步設防，然後又被迫步步退卻，以致一次次坐失良機，到頭來不僅依舊無可奈何地處處仰人鼻息，而且給我們這個古老的民族留下了無盡的後患。近代中國融入世界的步履是相當沉重而遲緩的，這段屈辱的歷史早已深深地銘刻在中國人的記憶中。

縱觀晚清時期皇帝與外國人的關係，無疑存在著很深的時代特徵。當時在華的外國人士來源不一，身分相當複雜，政治、經濟、軍事、外交、文化、宗教等各方面幾乎無所不包，而且越到晚期人數愈增。皇帝與之交往的形式、內容雖然有所區別，但有一點卻是共同的，那就是角色已經發生轉化，中國皇帝高高在上、外國人俯首稱臣的時代一去不復返了！

通過以上內容，基本可以看出中國皇帝與外國人交流的總體脈絡。據此對相關史實進行客觀描述和忠實記錄，正是我們撰寫《中國皇帝與洋人》的

初衷。雖然，由於我們的水平有限，接觸和掌握的史料也比較欠缺，使得這本小冊子還遠遠不能表現中國皇帝與外國人交往的全貌，但值得欣慰的是，它畢竟真實地反映了中國歷史的一個重要側面，想來在一定程度上也可以滿足讀者的需要。在此需要說明的是，朱家溍先生審閱書稿時曾指出，若將書名定為「中國皇帝與域外人」似乎更為確切，只是考慮到讀者的理解角度不同，故本書仍舊沿用原名。另外，就在本書脫稿之際，世界又跨入了一個新的世紀，希望此時探討歷史不會被視為老生常談，因為中國的過去的確存在著太多需要談論的話題。歷史不能改寫，卻能夠啟迪未來。

作者
二○○一年九月
於紫禁城

第一章／
宋以前的帝王與外國人

帝王與外國人的接觸，作為中外政治、經濟、文化交流中的一個重要環節，其歷史源遠流長。據中國史籍記載，早在堯、舜、禹時代，就有西方的崑崙、渠搜、析支等國前來朝貢。「堯在位七年……有抵支之國，獻重明之鳥」。這種鳥「狀如雞，鳴似鳳，時解落毛羽，以肉翮而飛，能博逐猛虎，使妖災不能為害」。（《太平廣記》卷四六〇）而渠搜則於堯在位十六年來貢，所貢何物，史無明文。渠搜國即今塔吉克斯坦費爾干納一帶，朝貢之路漫長而艱辛，貢使能來到東土已是很不容易的了。

在中國方面，帝王主動與外國的交往，大約始自周穆王。據說穆王時犬戎勢力擴張，阻礙了周與西北方國部落的往來，於是穆王西征犬戎，打開了通往大西北的道路。穆王來到極西的西王母居住的地方，受到了西王母的隆重接待，於是「樂而忘歸」。但由於地理知識的缺乏，那時人們對本土以外的世界了解甚少，加之交通不便，像這樣的情況並不很多。

只有到了漢代張騫出使西域，絲綢之路打通以後，才真正使中外交流變得空前繁盛起來。通過與來到中國的外國人的接觸，中國皇帝們臥居室而曉天下，不斷地吸取異域文化的精華，為制定適當的對外政策提供了依據。

綜觀宋以前帝王與外國人的關係，在以下幾個方面是比較突出的：一是佛教東來之後帝王與外國僧侶研討佛法，二是唐代日本遣唐使和唐朝皇帝的接觸，三是景教教徒和唐代宮廷的密切關係。

第一節　帝王與東來佛僧

佛教產生於西元前六世紀的印度。此後影響不斷擴大，成為世界上三大宗教之一。

中國帝王與佛教的直接接觸，文獻記載秦始皇時即已有之。《廣弘明集》卷十一載：

> 始皇之時，有外國沙門釋利防等一十八賢者，賫持佛經來化始皇。始皇弗從，乃囚防等。夜有金剛丈六人來，破獄出之，始皇驚怖，稽首謝焉。

這種近乎傳奇色彩的敘述，多被視為荒誕無據，不為史家所取。延至漢明帝永平年間，遣使往西域求法，這是公認的佛教傳入中國之始。

> 昔孝明皇帝夢見神人，身有日光，飛在殿前，欣然悅之。明日，博問群臣：「盤為何神？」有通人傅毅曰：「臣聞天竺有得道者，號之曰佛，飛行虛空，身有日光，殆將其神也。」於是上悟，遣使者張騫、羽林郎中秦景、博士弟子王遵等十二人，於大月支寫佛經四十二章，藏在蘭台石室第十四間。時於洛陽城西雍門外起佛寺，於其壁畫，千乘萬騎，繞塔三匝。又於南宮清涼台及開陽城門上作佛像。明帝存時預修造壽陵，陵曰顯節，亦於其上作佛圖像。時國豐民寧，遠夷慕義，學者由此而滋。（《弘明集》）

這也是中國皇帝與佛教接觸之始。其事即民間傳說中的白馬馱經故事，

洛陽白馬寺

所建佛寺即洛陽白馬寺。由於有皇帝的支持，加之又附於當時盛行的黃老之學，佛教在中土發展很快。東漢桓、靈帝時，宮中立黃老、浮屠之祠。隨著佛教地位的確立，佛典翻譯變得格外需要，西域各國如印度、月氏、安息、康居高僧相繼東來，在洛陽與漢族佛徒合作從事佛經的翻譯，自漢迄宋，蔚為大觀。在東來佛僧中，不乏被皇帝延聘入宮從事佛教活動者。

漢代著名的東來譯經師主要有安清和支婁迦讖。安清字世高，安息王嫡后之子，本來可以繼承王位，但他卻讓位於其叔，自己乃出家修道，深究經藏，並離開本土，來到京師洛陽。安清從漢桓帝建和二年（一四八年）至靈帝建寧四年（一七一年）在洛陽譯經，歷時二十三年之久。文獻說他所譯經典「義理明晰，文字允正，辨而不華，質而不野」，是中國佛經翻譯的鼻祖。支婁迦讖，月氏人，漢桓帝末年至洛陽，靈帝光和、中和年間譯經很多，有《般若道行品》、《首楞嚴》、《般舟三昧》等經。他「博學淵妙，才思測微」，「凡所出經，類多深玄，貴尚實中，不存文飾」。這些佛學經

濟南靈岩寺

典的翻譯，為其後魏晉南北朝佛教的興盛準備了條件。

　　魏晉南北朝時期，是中國佛教最繁盛的時期。寺廟林立，塔剎櫛比，吃齋念佛成為一時的社會風尚。誦經陣陣，木魚聲聲，構成了這一時期特有的社會文化景觀。因此，這一時期帝王崇佛、敬佛者很多，許多外國僧侶悠遊於天子腳下，出入於帝王宮中，為弘揚佛法做出了貢獻。

　　佛圖澄，西域人，佛學造詣很深。晉永嘉四年（三一〇年）至洛陽，想在這裡建寺廟，但由於戰亂未成。不久，他看到後趙石勒殘暴異常，便立志用佛法勸化石勒。於是他單人持杖策來到石勒帳下，由大將郭黑勒引見給石勒，受到石勒、石虎的禮敬。石勒曾特頒詔書稱讚他的高風亮節：

　　　　和尚國之大寶，榮爵不加，高祿不受，東祿匪願，何以旌德？從此以往，宜衣以綾錦，乘以雕輦，朝會之日，和尚升殿，常侍以下，悉助舉輿，太子諸公扶翼而上，主者唱大和尚，眾坐皆起，以彰其尊。又敕司空少農旦夕親問，太子諸公五日一朝，表朕敬焉。

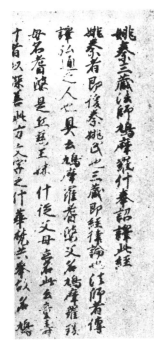

羅什三藏繪傳

　　可知佛圖澄在後趙宮廷享有極高的地位。

　　鳩摩羅什，本天竺人，家世國相，為當地望族。其父聰明有節，棄相位出家，來到龜茲，被龜茲王聘為國師，後娶龜茲王妹，生下鳩摩羅什。在其母指導下，鳩摩羅什潛修佛學，故年輕時便「道流西域，名被東國」。西元三五七年，苻堅在關中稱帝，建元永興。他在位期間，便對鳩摩羅什的聲名有所耳聞。建元十八年，苻堅派遣驍騎將軍呂光征龜茲，臨出發前在建章宮為呂光餞行，叮囑他說：

　　　　夫帝王應天而治，以子愛蒼生為本，豈貪其地而伐之？正以懷道之人故也。朕聞西國有鳩摩羅什，深解法相，善用陰陽，為後學之宗，朕甚思之。賢哲者，國之大，若克龜茲，即馳驛送行。

　　呂光不久破龜茲，但苻堅卻於第二年被殺，呂光只好帶著鳩摩羅什到涼州。三八六年，呂光在此稱帝，建立後涼政權，鳩摩羅什便一直待在涼州。

呂光及其後繼者不敬奉佛教徒，因而鳩摩羅什雖在後涼十七年，但並沒有大的作為。與此同時，姚萇在長安即皇帝位，建立後秦政權。他對鳩摩羅什早有所聞，便派人至後涼邀請鳩摩羅什到長安。後涼怕鳩摩羅什輔佐後秦，成為後患，便不許他東去。後來姚興即後秦帝位，於四○一年派碩德西伐後涼，後涼戰敗，涼主呂隆上表歸降，姚興才把鳩摩羅什接到長安。（《高僧傳》在長安，姚興拜鳩摩羅什為國師，甚見優寵，「晤言相對，則淹留終日；政微造盡，則窮年忘倦」。姚興親自到逍遙園澄玄堂聽鳩摩羅什講解佛經，並同他一起校對佛典，在宮中建立佛堂，對長安的佛教影響極大。「公卿已下，莫不欽附沙門」，「事佛者十室而九矣」。（《晉書》）

此後到中國譯經傳教的外國著名僧侶還有菩提流志、拘那羅陀、闍那崛多、那連提耶舍、達摩笈多等。其中闍那崛多來自犍陀羅，是和其同伴智賢等十餘人經于闐、吐谷渾、鄯州，於五五九年到達長安的。後被周明帝請入後園共論佛法，共翻譯佛經三十七部、一百七十六卷之多。那連提耶舍，烏仗國人，五五六年來華，投靠齊文宣帝，所受禮遇甚隆。

隋朝建立後，他奉敕譯經。五八二年七月，奉隋文帝之命入京，充任外國僧主，住大興善寺。隋文帝遷都於龍首原，建大興，特加敕在城中的靖善坊立寺，命名為大興善寺，規制與太廟相同。為弘揚佛法，文帝又命在大興善寺設立譯場，先後召請印度和中亞名僧達摩般若、那連提耶舍、達摩笈多、闍那崛多住在這裡從事譯經活動，對這一時期佛教的發展影響極大。至唐代，屢派中土高僧西行求法，佛經多由中國僧侶主譯，外國僧侶的影響漸少。及至宋代，雖屢有印度僧人向皇帝進獻梵經之事，但多已流於形式，翻譯的重要著作很少，外國僧人對中國皇帝的影響已經變得很小了。

第二節　東天皇與西皇帝

中日兩國是一衣帶水的鄰邦，早在兩千多年前，雙方就有了彼此間的交往。一七八四年在日本福岡發現的漢代「漢倭奴國王」金印便是這種交往的明證。其後又經過幾個世紀，至隋唐時期，兩國交流進入了黃金時代。次數眾多

的遣隋使和遣唐使的到來，使中國皇帝對這個東方島國的了解不斷深入。

在隋朝短短的三十七年中，日本共派出了四次遣隋使，一方面是為了學習中國的文化制度，掌握復興後的中國佛教，為大化革新後的日本提供借鑑，另一方面則是為了朝鮮半島。其中第一次是在隋文帝開皇二十年（六〇〇年），《隋書‧倭國傳》載：「開皇二十年，倭王姓阿每，字多利思比孤，號阿輩雞彌，遣使詣闕。」這次遣使在日本方面沒有明確記載。七年之後，即隋煬帝大業三年（六〇七年），日本又派出了第二次遣隋使，使者為小野妹子，翻譯為歸化人鞍作福利。在其遞給隋煬帝的國書中，有「日出處天子致書日沒處天子無恙」之語。作為海外的一個小國，居然以天子自稱，把自己與中國皇帝完全等同起來，這種「傲慢」態度大大刺傷了隋煬帝的自尊心。據說隋煬帝看了國書後大為不悅，很不滿地對負責外交的鴻臚卿說：「蠻夷中遞交來的國書中，如有不懂禮貌的，不准再向我彙報。」隋煬帝沒有接受日本國書，但又不能打擊其遣使來朝的熱情，於是在小野妹子回國時，隋朝派出了裴世清作為宣諭使帶著隋煬帝的書信來到日本。信中說：「皇帝問倭皇，使人長吏大禮蘇因高等至具懷。知……遠修朝貢，丹款之美，朕有嘉焉……」隋煬沒有用國書的形式答覆日本，令小野妹子空手而回，從而表示了他的不滿。同時他自己又派出了宣諭使，稱讚日本的朝貢，顯示了一個大國皇帝的寬容。有了這樣的前車之鑑，第二年當小野妹子為護

「漢倭奴國王」印

送裴世清再一次訪問中國時，所帶來的國書不再是「日出處於天子致書日沒處天子無恙」，而是變成了「東天皇敬問西皇帝……」，用「天皇」和「皇帝」分別稱呼各自的最高統治者，將二者明確區別開來，這在中國方面是比較容易接受的。

唐朝是一個非常開放的時代，那時的中外友好交往盛況空前。「九天閶闔開宮殿，萬國衣冠拜冕旒」，正是這一歷史階段的真實寫照。在與唐朝交往的國家中，日本是其佼佼者。日本政府非常重視同唐朝的交往，有唐一代，從唐太宗貞觀四年至唐昭宗乾寧元年的二百六十四年的時間裡，日本共派遣了十六次遣唐使，其中包括送唐客使三次，迎入唐使一次。這些使團人數最多時達五六百人，少的也有一百多人。隨同遣唐使者而來的還有大批的入唐僧和留學生。他們在唐朝潛心學習中國文化，吸收其精華，將唐朝先進的制度文化帶回日本，為日本的發展提供了諸多借鑑。而唐朝對日本的外交使節也給予特別禮遇，「司儀加等，位在王侯之先；掌次改觀，不居蠻夷之邸」，（唐‧王維《送秘書晁鑒還日本國》序）其榮耀可知。

入唐的日本人中，不乏為官者。如阿倍仲麻呂，漢名晁衡。元正天皇靈龜二年（七一六年）被舉為遣唐留學生，參加了以多治比真人縣守為押使的第七次

隋煬帝像

遣唐使。第二年出發，同行的還有玄昉、吉備真備和大和長岡等。當時唐朝正處於「開元之治」的輝煌時期，阿倍仲麻呂立刻被盛唐的氣魄所感染，不久即入太學學習，後參加了科舉考試，正式成為唐朝官吏，歷任左補闕、儀王友、秘書監、左散騎常侍、鎮南都護兼安南節度使等官職。後來他曾試圖隨另一遣唐使回國，沒有成功，大曆五年（七七〇年）正月在長安去世，在唐朝留居五十三年。

遣唐使印

還有一個日本僧人空海，於中國文化造詣極高。他於八〇四年到中國，除研習佛學外，還潛心書法藝術，其書藝受到唐順宗的喜愛。相傳空海在長安時，宮中帝御前有三間壁，上有王羲之書跡。一間不破，其餘兩間破損，王羲之的手跡泯滅，修理時無人敢下筆修補。唐順宗深愛空海書法，就命他補書。只見空海口咬一筆、兩手雙足各執一筆，五管齊下，須臾而成。唐順宗與在場的大臣們感嘆不已，見之目不暫捨。當寫到最後一個字時，空海又把剩餘的墨汁沃灌壁面，自然成字。唐順宗見此，低頭沉思片刻，贈給了他一個「五筆和尚」的美名。空海不久後回國，對日本書道產生了極大影響。

開創盛唐局面的唐玄宗對日本的情況也非常關心，十分注意了解日本的風土人情，對遣唐使的接待也是不遺餘力的。七三三年，日本派多治比廣成為遣唐大使、中臣名代為副使、平群廣成等為判官，分乘四船到中國，受到唐玄宗的接見。但不幸的是，多治比廣成回國才出長江口，便遇到了暴風襲擊。多治比廣成乘坐的第一船漂到多祢島，中臣名代乘坐的第二船漂到南海後返回中國，而平群廣成乘坐的第三船則漂到了崑崙國（今越南），有的被殺，有的被賣為奴，只有平群廣成等四人倖免逃回唐朝，第四船則下落不明。

唐玄宗得知這一情況後，採取果斷措施進行營救，急命安南都護與崑崙國交涉，要求放回第三船的倖存者。唐玄宗還命丞相張九齡代筆，以他的名義給日本聖武天皇寫了一封信，由中臣名代帶回。信中唐玄宗自稱「朕」，而稱聖武天皇為「卿」，講了自己如何關心遣唐使的安危，如何採取措施營救遇險的人，並讚揚日本為「禮儀之國」。在他的直接關懷下，剩下的人又安全返回日本。

七五三年，孝謙天皇派遣藤原清河為大使，大伴古麻呂、吉備真備為副使的使團來到長安。唐玄宗在接見時，見到藤原清河高雅的舉止風度，禁不住稱

遣唐使乘坐的帆船

讚說：「聞彼國有賢君，今觀使者趨揖有異，真是禮儀君子之國啊！」隨後，他讓晁衡負責接待，帶領藤原清河等參觀了府庫及三教殿。為了表示友好，唐玄宗又命畫工畫了藤原清河的肖像，收藏於蕃藏中。第二年，藤原清河一行回國時，又為他們舉行了盛大的歡送宴會。唐玄宗親自出席，並作詩送別：

> 日下非殊俗，天中嘉會朝。
> 念余懷義遠，矜爾畏途遙。
> 漲海寬秋月，歸帆駛夕飆。
> 因驚彼君子，王化遠昭昭。

表達了祝他們一帆風順的心願，友好之情溢於言表。

八世紀中葉，由於中國內部的安史之亂，嚴重動搖了唐王朝的根基，日本向中國定期派遣使節的熱情明顯下降。宇多天皇寬平六年（八九四年），管原道真上奏天皇請求停止遣唐使，得到批准，宣告中日文化交流黃金時代的結束。

第三節　唐王與景教徒

　　景教是古代基督教的一派，此名初見於《大秦景教流行中國碑》：「真常之道，妙而難名。功用昭彰，強稱景教。」景教於西元五世紀產生於拜占庭，創始人為聶斯托里（Nestorius），所以也稱聶斯托里教派。聶斯托里原為敘利亞神甫，四二八至四三一年間任君士坦丁堡大主教，主張耶穌兼有人神二性的新說，與當時流行的基督教義不一致，引起眾多基督教信徒的反對，四三一年在以弗所（Ephese）宗教會議上被譴責為異端。聶斯托里本人遭到放逐，其教徒則逃亡波斯，此教遂由波斯傳播至中亞，並於唐貞觀九年由敘利亞人阿羅本傳入中國。就是在這個時候，唐朝皇帝開始接觸景教。

　　唐太宗時，唐朝聲威遠震中亞，西域諸國相率來朝。長安一城，萬國輻輳，波斯和阿拉伯諸國人，或使節，或商旅，或僧侶，紛紛經西域進入中國，其中也包括不少景教徒。西元六三五年，大秦國教士上德阿羅本攜帶大量景教經典，經過長途跋涉來到長安，唐太宗聞訊，特命宰相房玄齡至西郊迎接並請入宮中。阿羅本先向唐太宗進呈了奏章，說明景教教義，奏章由房玄齡和魏徵譯成漢文。唐太宗對阿羅本待若上賓，經常讓他進宮講解有關教義，翻譯相關經典。隨著交往日深和對景教了解的增多，唐太宗越來越支持其教義。

大秦景教流行中國碑

六三八年七月，他下令准許景教教士在國內傳教。唐太宗在詔書中說：

> 道無常名，聖無常體，隨方設教，密濟群生。大秦國大德阿羅本，遠將經像來獻上京，詳其教旨，玄妙無為，觀其元宗，生成立要，詞無繁說，理有忘筌，濟物利人，宜行天下。（《大秦景教流行中國碑》）

同時又命有關部門在長安義寧坊建造大秦寺院一所，度僧二十一人，後又讓畫工把他的肖像畫在寺內牆壁上，以表示對景教的重視。義寧坊大秦寺是史籍所載中國第一所正規的景教教堂。其後的唐高宗李治秉承前例，敕諭在各州建造景教堂，欽封阿羅本為「鎮國大法主」。在他的推動下，景教在中國迅速傳播，「法流十道，國富無休；寺滿百城，家殷景福」。（《大秦景教流行中國碑》）

唐玄宗李隆基對景教更是極力鼓吹，親自為景教教堂題寫匾額。他不顧佛僧和道士對景教的攻擊，於開元初年讓其兄弟至教堂接受洗禮，建立壇場。天寶初，他又命大將軍高力士把太宗、高宗、睿宗、中宗及自己的寫真肖像拿到教堂安放，賜給教堂絹百匹。七一四年，大秦國教士佶和到長安朝見唐玄宗，玄宗讓他和教士羅含、普倫等十七人在興慶宮宣講景教法理，以擴大影響。另外，還有教士及烈曾兩次以朝貢的名義來到長安，都受到唐玄宗的接見。一次是七一三年，向唐玄宗進獻了許多奇器異巧之物，玄宗愛不釋手，為此侍御史柳澤還特意上書勸諫玄宗不要被這些譎怪淫巧之物迷惑。另一次是

唐太宗像

七三二年，進獻之物不詳，這一次玄宗特別賜給他紫袈裟一副、帛五十匹，以示褒獎。為了統一管理，減少麻煩，七四五年十月，特頒布詔書：

> 波斯經教，出自大秦，傳習而來，久行中國。爰初建寺，因以為名。將欲示人，必修其本。其兩京波斯寺，宜改為大秦寺，天下諸府郡置者亦准此。（《唐會要》卷四十九）

將全國景教教堂統改稱大秦寺，把景教在中國的發展推上了一個新台階。

唐肅宗李亨時又下詔在靈武等五郡重立景寺。這一時期著名的景教教士伊斯與肅宗過從甚密。伊斯「遠自王舍之城，聿來中夏，術高三代，藝博十全」，開始在皇宮中為肅宗服務，深受倚重。後被授予軍職，在唐代名將中書令汾陽郡王郭子儀軍中充當謀士，官至金紫光祿大夫、同朔方節度副使、試殿中監。由於軍功，肅宗特賜以紫袈裟。他的能散祿賜、樂施好善在當時遠近聞名。其後的唐代宗李豫每逢生日，總要向景教教士賜天香，頒御饌，其待遇同佛教僧侶別無二致。

唐代皇帝對景教的宣揚、對景教徒的關心和器重，使景教徒們受到了莫大鼓舞。他們對歷朝皇帝的恩賜感激不盡，念念不忘。在七八一年由景教徒所立的《大秦景教流行中國碑頌》中就表達了這種思想和情緒：

> 赫赫文皇，道冠前王。
> 乘時撥亂，乾廓坤張。
> 明明景教，言歸我唐。
> 翻經建寺，存歿舟航。
> 百福偕作，萬邦之康。
>
> 高宗纂祖，更築精宇。
> 和宮敞朗，遍滿中土。
> 真道宣明，式封法主。
> 人有樂康，物無災苦。

玄宗啟聖，克修真正。
御榜揚輝，天書蔚映。
皇圖璀璨，率土高敬。
庶績咸熙，人賴其慶。

肅宗來復，天威引駕。
聖日舒晶，祥風掃夜。
祚歸皇室，祆氛永謝。
止沸定塵，造我區夏。

代宗孝義，德合天地。
開貸生成，物資美利。
香以報功，仁以作施。
暘谷來威，月窟畢萃。

　　但好景不長，唐武宗會昌五年（八四五年）下詔滅法毀寺，景教也在被禁之列。有的景教徒被勒令還俗，有的被遣歸本籍，有的則皈依其他宗教。景教傳入二百十一年後，在中國內地銷聲匿跡，直到元代才再次傳入。

第二章／
元朝皇帝與外國人

　　十三世紀初期，蒙古統治者經過三次大規模的西征，在東到大海、西至歐洲的廣大地域內建立了窩闊台汗國、察合台汗國、金帳汗國和伊兒汗國，形成了地跨亞歐的蒙古政權，世界為之震驚。

　　蒙古統治者在取得征戰勝利之後，在其管轄範圍內，建立了完備的驛站制度，駐有軍隊以維護治安，只要帶有大汗的聖旨金牌，沿途就可以供給官馬，受到照顧。經過幾十年的經營，一度被阻隔中斷的中西交通又恢復起來。

　　「從十三世紀中葉至十四世紀中葉一百多年光景，歐洲遠東之間接觸的頻繁，前所未有，也可能超過直至快近十九世紀止的後來任何時期。對西方的遊客來說，中國是一個充滿神奇、財富和文明的地方，一個應該被尊重的國土。東西之路敞開了一百多年，但也只有一百年，等到元代覆亡，幕又重新閉起來」。（〈美〉卡特《中國印刷術的發明和它的西傳》）在這樣的背景下，元朝皇帝與外國人接觸的機會大增。尤其是通過宗教和外交等手段，一批批西方人來到蒙古大汗的宮廷。

第一節　成吉思汗西征中的歸降者

在成吉思汗西征過程中，曾招降了中亞和波斯的一些伊斯蘭教徒上層人物，他們隨蒙古統治者南征北戰，建立了不朽的功勳。

阿剌淺，又名札八兒火者，史稱寒夷氏，為穆罕默德後裔。阿剌淺早年經常往來於大漠南北，販賣牲畜皮毛。一二〇三年，他騎著一匹白色駱駝，趕著一千隻羯羊，沿額爾古納河打算到居住在黑龍江內外興安嶺中的布特哈遊獵部落進行貿易。途徑班朱尼河，正好遇到成吉思汗敗於怯烈部首領汪罕，設誓河邊。阿剌淺與成吉思汗邂逅相遇，一見面便受到成吉思汗的器重。他參加了班朱尼誓約，為盟誓的十九人之一，此後便棄商從軍，追隨成吉思汗四處征戰，並在滅金和佔領金中都的過程中立下了赫赫戰功。成吉思汗攻佔金中都後曾說：「朕今日得至此者，阿剌淺之功也。」窩闊台繼位後，命其管理西域驛站，死時一百一十八歲。

阿剌瓦而思，舊稱「回鶻八瓦耳氏」，原為外裏海的八瓦耳（Bavard）地方的千夫長。成吉思汗西征，部隊駐紮於八瓦耳，阿剌瓦而思率部歸順。他跟隨成吉思汗攻克了瀚海軍、輪台、高

成吉思汗像

昌、撒馬爾罕等地，後戰死於軍中，其後裔也都效忠於元朝皇帝。

曷思麥里，原為西遼咨則斡兒朵人，仕於西遼國王直魯古。屈出律篡奪西遼政權後，他仍效忠於故主，伺機為直魯古報仇。一二一六年，蒙古大將哲別奉成吉思汗之命西征，曷思麥里率部迎降，成為哲別西征的先鋒。由於他作戰勇猛，指揮得力，在西征中可謂戰必勝、攻必克，哲別經常在成吉思汗面前誇獎他的戰功。哲別西征回師後，正好趕上成吉思汗準備親征西夏，曷思麥里便將自己在征戰中獲得的珍寶盡數奉獻給成吉思汗，並請求隨大汗出征。成吉思汗對他十分欣賞，對左右群臣說：「哲別常稱道曷思麥里的功勞，他的軀幹不高，聲譽卻很大。」於是接受了他的奉獻，任命他為必闍赤，讓他常在自己左右征殺，為元初著名戰將。

賽典赤·瞻思丁，原為布哈拉人，世為貴族。成吉思汗西征時，他「率千騎以文豹白鶻迎降」，充任成吉思汗的帳前侍衛，隨其征戰。他在窩闊台和蒙哥時專管燕京路，忽必烈時升為燕京宣撫使、中書平章政事，一二七四年任雲南行省平章政事。他在雲南推崇儒學，提倡禮儀，婚姻行媒，種植秔秄桑麻，創立孔子廟、明倫堂，對雲南地方的政治、經濟和回族的發展起了積極作用，成為元代卓有聲譽的政治家。

成吉思汗西征中歸降的另一位著名人物哈只哈心，其祖先為阿魯渾人，曾兩次到麥加朝聖，辦事勇敢果

成吉思汗在回教寺院演說

斷。成吉思汗西征攻打花剌子模國時，他率部據守一個水口，與成吉思汗對抗。史載他：「鎮河水里渡，太祖皇帝兵壓境，公斷渡修壘，堅守持久，眾怨公不降，懼破則殘爾。公嘆曰：『慶興有天，我非不知？但臣子分當爾。』眾益頹洞，將內變，遂降。上按劍問抗師罪，先斷其髮，將誅之。正色對曰：『臣各為其主，非罪也。死不過汗一席地，何恨！但恐無名爾。』上壯而釋之。」（元‧許有壬《至正集》卷五十三）哈只哈心歸順成吉思汗後，主動請纓，招降了失剌子國，深得成吉思汗信任。以後他又隨蒙哥之弟旭烈兀西征，重返波斯，幫助旭烈兀創建了伊兒汗國。他的子孫則留在了中原。

這些人只是蒙古西征歸降者中的代表。那時蒙古的西征雖然殘酷，但對抵抗後被俘的歸降者卻至為信任。成吉思汗把這些人的抵抗視為英雄行為，時常稱讚。一二二二年，成吉思汗率軍攻打不花剌，國王摩訶末逃遁，其子札蘭丁企圖重振旗鼓，成吉思汗又敗札蘭丁，一直追擊到申河（印度河）。札蘭丁被蒙軍包圍，走投無路，便從高崖上躍馬投入波濤洶湧的印度河逃走。諸將還要去追擊，成吉思汗看到這種勇敢行為，忙命停止追擊，誇曰：「大丈夫當若是。」並對自己的兒子們說：「這才是你們應當效法的榜樣啊！」

就這樣，成吉思汗在西征過程中收容了大批中西亞貴族，對他們加以重用，在建立元帝國過程中發揮了巨大作用。

第二節　羅馬教廷與元朝皇帝

蒙古西征震動了整個歐洲，羅馬教皇試圖用宗教的力量對蒙古皇帝施加影響。因此在整個元代，教廷向蒙古地區派出了一批批使節和傳教士。他們力圖向元朝皇帝們宣傳天主思想，令其接受福音，同時又把蒙古皇帝的狀況帶回歐洲，成為天主教歐洲和元朝皇帝之間的重要媒介。

一、首次出使——不成功的接觸

由於蒙古的西征，使羅馬教廷開始注意這股強大的力量。一二四五年，

教皇英諾森四世在法國里昂舉行主教會議，商討有關事項。在會議上，他們聽說蒙古宮廷中有一部分基督教信徒，這無疑大大刺激了教廷的情緒，於是決定向蒙古派出使團。這便是羅馬教廷向中國派出的第一個使團，其首領為柏朗嘉賓。

柏朗嘉賓（Jean de plan Carpin），義大利人，方濟各會教士。一二四五年四月十六日，他受教皇

柏朗嘉賓謁見教皇圖

派遣從里昂出發前往中國，只有兩人隨行，其中一人還因病中途返回。

前往中國的道路異常艱辛，但這絲毫沒有動搖柏朗嘉賓的決心。他在遊記中這樣寫道：

> 因為我們奉教廷之命即將出使韃靼人和東方諸民族，我們領悟了教皇陛下和各位尊貴的紅衣主教們的旨意，於是便選擇首先出使韃靼人。因為我們害怕即將有一種來自這一方向的危險威脅上帝的教會。儘管我們曾擔心會被韃靼人或其他民族的人所殺戮或終生成為他們的俘虜，或者是會遇到飢餓、乾渴、寒冷、暑熱、受虐待和過度的勞累會使我們難以忍受，所有這一切果然大量地降臨到我們頭上……然而，為了能夠根據教皇陛下的命令而實現上帝的意志，為了替天主教徒效勞，我們至少要真正調查這些民族的意圖和計劃，以將之揭示於天主教徒們。為了不使前者的突然入侵會使後者像過去多次由於人類的罪孽而造成的那種處於措手不及的境地，以及為了使天主教諸民族不會遭到大規模的殺戮，我們就難以鍾愛自身了。（耿升譯《柏朗嘉賓蒙古行記》）

柏朗嘉賓隨身帶有教皇致蒙古大汗的信件，信中歷訴蒙古人虐待天主教徒的事實，並用上帝的名義威嚇蒙古人，若不改邪歸正，上帝必將嚴刑懲罰。信中還勸說蒙古大汗接受洗禮，與天主教國家建立盟邦關係。

經過近一年的旅途，一二四六年四月四日，柏朗嘉賓一行抵達西蒙古拔都的幕帳。在這裡，柏朗嘉賓進行了一系列覲見大汗之前的準備工作。他首先向拔都進獻了禮物，並將教皇的信件交給了拔都，向他陳述了此行的目的。拔都很快找人將信譯成蒙古文，經過仔細審閱和研究，覺得沒有什麼問題了，才讓柏朗嘉賓等前往首都哈剌和林覲見貴由。

七月二十二日，柏朗嘉賓抵達和林，雖然教皇信函的譯文和使者的談話已經由拔都轉奏給了貴由，但由於貴由當時還沒有繼位，不便主持朝政，因此，柏朗嘉賓只好等待。貴由命令有關部門送給他們一頂幕帳和一些食物，又讓他們前往失剌斡耳朵去拜見皇太后。那裡正在舉行推舉貴由為皇位繼承人的選舉大會。他們在失剌斡耳朵住了四個星期，目睹了選舉的全過程。

八月二十四日，貴由汗登基，是為元定宗。柏朗嘉賓參加了受位典禮，看到貴由汗的金帳「用來搭幕帳的支柱以金片相裹，然後用金鍵將其他支柱釘

哈剌和林想像圖

在一起。幕帳的天幕和內壁也蒙上了一層華蓋布。而外面則是用其他織物裝飾的」，「成群結隊的人聚集在一起，他們面對南方而立，彼此之間相隔投擲一石之距。他們一邊跪拜祈禱，一邊逐漸離開，始終面向南方。……扶貴由登上皇帝寶座，首領們對他參拜，全體庶民都向他跪拜」。（耿升譯《柏朗嘉賓蒙古行記》）慶典期間，柏朗嘉賓被允許進入金帳中向貴由汗行禮。

八月底，貴由汗正式接見了柏朗嘉賓。直到這時他才有機會仔細端詳這位新皇帝：

> 這位皇帝大約有四十至四十五歲，或者更年長一些。中等身材，聰明過人，遇事善於深思熟慮，習慣上舉止嚴肅矜重，任何人沒有見過他放肆地狂笑或者一時的心血來潮而輕舉妄動。

柏朗嘉賓再次向貴由呈上教皇的信函，說明了此次出使的使命和目的。貴由汗命人將信札又翻譯兩次，以便更準確地理解其中的意旨。顯然，他對教皇信的內容很惱火。經過反覆斟酌，貴由汗以相當傲慢的口氣給教皇回了一封信：

> 天神的力量，全人類的皇帝致大教皇的真實信札：因提議與吾人締和，你教皇及所有天主教徒遣使給我們，這是我們從使者那裡獲悉並且是你的信札所宣布的。故此，若你希望與我們締和，你教皇及所有國王、諸侯當立刻前來與我訂立和約。然後你將同樣得知我們的回答和我們的期望。你信函的內容說，我們應受洗成為天主教徒，對此我們簡單答覆說，我們不明白我們為何應這樣做。至於信函的其餘內容，即：你對屠殺那麼多的人，特別是天主教徒、波蘭人、摩拉維亞人和匈牙利人，感到震驚。那麼我們同樣回答說，這也是我們所不明白的。然而，為避免我們對此置不作覆，我們給你如下的回答：因為他們不服從天神的旨意及成吉思汗的命令，而設謀殺害了我們的使者，因此天神命令我們消滅他們並把他們交給我們手裡，設若天神不如此做，人又焉能奈他人何？但你們西人認為僅你們是天主教徒並且蔑視他人，而你們焉知天神意圖將其恩典賜與何人？但我們在天神護佑下摧毀了從東到西的整個土地。如這不

是天神的力量，人們又焉能為此？因此你若接受和平，願意把你的城堡交與我們，你教皇和天主教王公當立即前來見我締和。然後我們將知道你希望與我們保持和平。但若你不相信我們的信札及天神的指令，也不傾聽我們的告誡，那麼我們將明確知道你們希望戰爭，然後我們不知道將發生什麼事，僅天神知道。（耿升譯《柏朗嘉賓蒙古行記》）

信的後面蓋有「上帝在天，貴由汗在地，上帝神威，眾生之主之印」的御璽。以後通過翻譯將覆信內容逐字對柏朗嘉賓解說，以避免產生誤會。

十一月十三日，貴由汗的覆信最後發交柏朗嘉賓。同日，柏朗嘉賓踏上歸途，並於一二四七年十一月回到里昂，將覆信交給了教皇。貴由汗的覆信現存於梵蒂岡檔案館。柏朗嘉賓本人此後則成為安蒂瓦利（Antivari）的大主教，直至一二五二年去世。他生前將出使蒙古的經過寫成一部行記，使我們了解了他與元定宗的交往狀況。可以肯定，這是一次不成功的接觸。

二、紛沓而至的使者

柏朗嘉賓的失敗並沒有使羅馬教廷氣餒。繼此之後，教皇英諾森四世又派出了阿思陵為首的使團前往蒙古。

阿思陵是倫巴底的多明我會士，曾奉教皇之命出使駐屯裏海的蒙古軍，謁見伊兒汗。他的使團才約在一二四五年出發，一二四七年五月抵達蒙古軍統帥拜住的營地。同柏朗嘉賓出使時一樣，拜住詳細詢問了阿思陵此來的意圖，阿思陵回答說帶有教皇致大汗的信札。於是他們同蒙古人一道將教皇信札譯成波斯文，再轉譯為蒙古文。

不幸的是，在拜住營帳阿思陵同這位蒙古將領發生了激烈衝突。當蒙古人詢問其來意時，他的回答是奉「一切人類中最偉大」的教皇之命而來，使得蒙古人難以容忍。之後他又勸說他們停止屠殺，懺悔其罪惡。當他拜見拜住時，又拒行三跪禮，更讓脾氣暴躁的拜住憤怒異常，大罵：「汝輩勸我等為天主教徒，是欲與汝等同為狗矣！」幾次要殺掉阿思陵，多虧有人勸阻才算了事。最後拜住決定把阿思陵送到大汗那裡，由大汗親自裁決，讓他看一看貴由汗和教皇誰更偉大。事已至此，阿思陵覺得已沒有再見大汗的必要，

便拒絕前往和林。

在交涉過程中，貴由汗派人送來了一道聖旨，說明了他的意圖。於是拜住接受了教皇的信札，將其馳驛遞呈大汗，他自己則根據貴由汗的旨意給教皇回了一封信。信的內容大致與柏朗嘉賓帶回的信件相同，只是語氣更加倨傲。阿思陵帶著覆信於七月二十五日回歸歐洲，與他同行的還有兩名蒙古使者，這也是蒙古向歐洲派出的最早使節。教皇於一二四八年十一月二十二日給拜住的覆信就是由他們帶回的。

一二四八年，法國國王路易九世來到塞浦路斯，準備發動第七次十字軍東征。指揮蒙古駐波斯軍隊將軍伊治加台（Ilehikadai）遣使去見路易九世，說大汗及其全家都打算改信天主教，並建議蒙古與十字軍聯盟對付伊斯蘭埃及。路易九世立即對此作出反應，派安德·龍如美（Alias de lonjumeau）為首的使團前往蒙古。他們帶著法王的國書及名貴禮物。實際上，這次使團也是由教皇英諾森四世任命的。

一二四年一月二十五日，龍如美等隨蒙古使臣出發，經安那托利亞、喬治亞到了伊治加台的軍營。然後繼續東行觀見貴由汗，以便簽訂一項條約。但非常不幸的是，當他們到達葉密立的貴由汗營帳時，貴由汗早已去世。當時正由皇后斡兀兒海迷失攝政。皇后接見了龍如美一行，收下法王的信札和禮物。在她看來，龍如美一行是藩國來朝的使臣，這大大滿足了她的虛榮心。因此她在給法王的回信中，很明確地表達了要求對方歸順的意思：

> 和平是好事，蓋在和平之地，用四足行者可以安然食草，用兩足行者可以安然耕田。用將此事諭汝知悉，汝不來附，則不能獲得和平。蓋長老若斡將向吾人奮起，使眾人執兵而鬥，茲命汝等每年貢獻金銀，設若違命，將使汝與汝民同滅。（〈法〉伯希和著、馮承鈞譯《蒙古與教廷》）

一二五一年龍如美回國。臨行前，海迷失皇后賜給了他金錦，並派兩名蒙古使者持信隨之前往。法王見到皇后的覆信很失望。但龍如美告訴他，在蒙古轄境內有許多基督教徒，並傳言拔都之子撒里答有意皈依基督教。為了與撒里答取得聯繫，路易九世決定再做一次嘗試。

一二五二年，路易九世又派遣方濟各會教士盧布魯克出使蒙古，目的是

勸諭撒里答皈依天主教。一二五三年五月七日，盧布魯克帶著法王的信函從君士坦丁堡出發，七月三十一日到達撒里答的駐地，把法王的書信交給了他。撒里答對此沒有作出回答，而是把盧布魯克一行人送去見他的父親拔都，因為「若無他父親的意見，他什麼都不敢幹」。（〈美〉柔克義譯注，何高濟譯：《盧布魯克東行記》，下同）拔都會見了盧布魯克，並詳細詢問其行的目的。盧布魯克據實回答，並表示希望留下傳教。但拔都通過譯員告訴他，若無蒙哥汗的許可，他是不能這樣做的，他們必須自己去見蒙哥汗。就這樣，拔都又派人送他們前往蒙古覲見元憲宗蒙哥，十二月二十七日，盧布魯克到達蒙哥汗的營地，這個營地是隨著蒙哥汗的行蹤不斷移動的。

一二五四年一月四日，蒙哥汗接見盧布魯克。經過特許，盧布魯克唱著讚美詩，胸前捧著《聖經》走進營帳。當時蒙哥坐在一張榻上，穿一件帶斑點的光滑的皮衣，像是海豹皮。盧布魯克看到他：「個頭不大，中等身材，年紀是四十五歲。」蒙哥對盧布魯克很客氣，要過《聖經》，看了好一陣才還給他。然後賜給他清澈而芬芳的米酒。為表示尊敬，盧布魯克只像徵性地喝了一點，然後，便跪下向蒙哥汗陳述道：感謝上帝保佑他們從遠方來見蒙哥汗，祈求天主賜給他幸福和長壽。接著又說：

　　我王陛下，我們聽說撒里答是個基督教徒，而天主教徒們聞此莫不喜悅，特別是我的君主法蘭西國王。因此我們來見撒里答，我的君王叫我們給他送去和平的信函……撒里答把我送往他父親拔都那裡，拔都又把我們送來見你。上帝已把世界上的大權賜給了你，那麼我們祈求陛下賜允我們留在你的土地上，……我們沒有金銀珠寶送給你，只有把我們自己奉獻給你，好為上帝服務，為你向上帝祈禱。

蒙哥汗回答：

　　如陽光普照四方，我的權力，還有拔都的權力也及於四方。因此我們不要你們的金銀。

但由於盧布魯克的譯員很快喝醉了，無法翻譯後面的話，盧布魯克不得

不向蒙哥告辭。剛回到住處不久，他便被告知蒙哥汗同意他們留下一段時間，並讓他們選擇是先到哈剌和林等他，還是辛苦一點隨他的營帳一起行走。盧布魯克選擇了後者，表示要隨時為大汗的長壽而祈禱。

這樣在以後的三個月中，盧布魯克一直住在離蒙哥營帳不遠的地方。這期間，盧布魯克曾好幾次在蒙哥面前為其祈禱祝福。他目睹了蒙哥燒骨占卜的程序和他喝醉時的樣子，還看見蒙哥汗曾手拿十字架為他的妃子祝福。蒙哥汗對盧布魯克則隨時召見，賜給他們豹皮袍子，到教堂去觀看誦經，向他詢問《聖經》和《祈禱書》上的圖畫及其意義。四月五日，他隨蒙哥來到哈剌和林，五月二十四日又與蒙哥汗相見，重申了自己出使的目的，並要求繼續留下來。五月三十一日，蒙哥最後一次召見盧布魯克，向他談起了蒙古人的信仰問題：「我們蒙古人相信只有一個神，我們的生死都由他掌握，我們也誠心信他」。神「賜給你們《聖經》，你們卻不遵行。他賜給我們占卜師，我們按照他們的話行事，我們過得平平安安」。言外之意，天主教並不比蒙古人的宗教信仰好多少。然後，他又對盧布魯克說：「你在這兒待得太久了，我希望你回去……你願意帶我的口信或我的信札嗎？」盧布魯克只得表示願意。接著他們互相商量了回程的供給、護送問題。最後，蒙哥汗賜給魯氏一杯酒，告別說：「你還有很長的路要走，準備好食物，那你可以健康地到達你的國家。」

按著蒙哥汗的意思，有關人員寫好了給法王的回信，交給盧布魯克。信中的口氣一如以前，說：

　　一切聽說我之訓誡並能理解，但不相信而跟我們打仗的人，均將得知和發現，他們是有眼無珠，取物而無手，行路而無腳，這是神的永久訓誡。

他還告誡法王：

　　長生神的訓誡是我們要告知你們的。當你們聽見和相信時，如你們願服從我們，那就遣使給我們，由此我們將確知你是要和平，還是要跟我們打仗。

八月十八日盧布魯克一行離開哈喇和林，經拔都營地返回。一二五五年八月十五日到達的黎波里。那裡的主教另派人將蒙哥的信送去給法王，他則留下來撰寫有關自己出使蒙古的著作。

在蒙哥宮廷，盧布魯克還看到許多其他地方派住蒙古的使團，其中不乏各地宗教機構派出者，這說明蒙古宮廷與各種宗教的關係是非常融洽的。當然，尊重並非信仰，對於使者們所帶來的羅馬教廷的勸諭，蒙古皇帝們或直接或迂迴加以拒絕。但客觀上，這些使團增進了西方與蒙古宮廷間的相互了解，其作用是不容忽視的。

三、元代宮中的傳教者

在早期蒙古大汗左右，不乏基督教徒。他們有的是蒙古西征中的俘虜，有的則是自己東行企圖宣揚基督福音。平日裡，他們仍恪守基督教規，保持著不同於東方的生活方式。他們中也不乏有才能者受到蒙古大汗的重用。例如：

元太宗窩闊台汗時的列邊阿答（Rabbanate），本是「基督教修道士，但屬聶思托里派。因為國王大衛（David）在世時，他是大衛家人……大衛死後，大衛之女，即成吉思汗之妻曾召見他，因有其父這一舊誼，也因他是基督教徒，他便成了她的謀士和聽悔修道士。並在成吉思汗的同意下成了達達人（韃靼人）的朋友。大衛之女死後，他成了達達人（韃靼人）中的客居修道士」。（〈法〉伯希和著，馮承鈞譯：《蒙古與教廷》，下同）在窩闊台汗征服亞美尼亞時，列邊阿答曾「求合罕頒布諭旨，禁止殺戮手不持兵而無抵抗之民，俾留為主用。合罕乃委以大權，命之親征，並頒諭旨於諸統將，命遵列邊之命」。他的行為使被征服地區的教民得到保護。窩闊台死後，繼承汗位的貴由也非常信任列邊阿答。列邊阿答還舉薦了西利亞人愛薛，受到貴由汗的重用，為元朝做出了重大貢獻。

再如盧布魯克在蒙哥汗宮廷時，曾見到許多基督教徒。他們經常為蒙哥的妃子們進行祈禱，妃子們對他們也很信任，她們的居室中都擺有十字架，以便隨時禮拜。蒙哥汗也曾接受一個亞美尼亞人送的銀製十字架，並賜給一些錢幫助他重建教堂。但是這些人在蒙古大汗面前的行為並不能毫無約束，

更不用說自由傳教了。只有元世祖忽必烈繼位以後，天主教在中國的事業才有了大幅提升。

一二六〇年忽必烈繼承汗位，一二七一年定國號為元，一二七九年滅南宋，定都大都（今北京）。從此元朝統一中國，蒙古從原來的不穩定的游牧生活方式向固定的農耕生活轉變，其統治重心也開始南移。忽必烈接受並推行漢法，勸課農桑，發展經濟，加強中央集權，使大都很快成為一個著名的大都會。在文化和宗教政策上，忽必烈本人雖信奉喇嘛教，但對其他各種宗教卻基本上保持兼容並蓄的態度。他曾說：「全世界崇奉的預言人有四，基督教徒說的是耶穌基督，回教徒說有摩訶末，猶太教徒說有摩西，佛教徒說有釋迦牟尼。我對這四人，都致敬禮。」（《馬可波羅遊記》）對於天主教，忽必烈發出了到中國開發傳教事業的邀請。不久以後，除景教徒以外的其他教派傳教士便接踵而至，其中有許多人在大都傳教，與元帝有相當密切的聯繫。

孟高維諾（John de Monte Corvino）是中國第一個天主教區的創始人。他是義大利人，方濟各會士，曾在波斯一帶主持教務，對東方天主教情況有所了解，因此被教皇尼古拉四世（Nicolas IV）派遣出使中國。一二八九年，

孟高維諾帶著教皇致元世祖的書信起程東行，經亞美尼亞、波斯、印度，最後於一二九三年抵達大都，覲見忽必烈。忽必烈對他優禮有加，准其在大都傳教。這樣天主教的其他教派開始在中國滲透，打破了聶斯托里派一統天下的局面。

有關孟高維諾在中國傳教及其與元帝交遊情況，是透過他給歐洲的三封信札得知的。其間，他和羅馬教廷整整有十二年失去聯繫。他

元世祖忽必烈像

孟高維諾像

的第二封和第三封信都寫於大都。在第二封信中，他講述初到大都時，聶斯托里教士對他非常妒嫉，常在皇帝面前捏造不實之辭加以誣陷，使他險遭不測，幸而有人自認誣告才得以澄清。經過努力，孟高維諾排除聶斯托里派的干擾，向忽必烈呈遞了教皇國書，請其皈依天主教，卻沒有成功。但忽必烈對他很客氣，為他提供了各種方便。忽必烈之後的元成宗對他也很信任，並支持他在大都建造了第一座正宗的天主教教堂。至一三〇五年時，入教者已達六千多人。孟高維諾的第三封信寫於一三〇六年二月，信中自述已得到元成宗的禮遇，並在大汗宮廷中得到一職位，可以定時入宮。元成宗還在宮中特設專座相待，將其看作是教皇的特使，因此他受到了比其他各教主管者更為崇敬的待遇。他還說，元成宗很希望歐洲能不斷派使者到中國來。

　　一三〇七年，教皇克雷芒五世接到孟高維諾的信，他沒有想到孟高維諾在中國的傳教進展得如此順利，決定特設汗八里（即北京）總主教區，任命孟高維諾為總主教，命其統轄「契丹」和「蠻子」各處，總理遠東教務，有權簡授主教和劃分教區，在傳教上有相當的自主權。同年七月，教皇又派聖方濟各會主教七人，攜其任命從海道來華，協助孟高維諾傳教。其中三人即主教哲拉德（Gerardus）、裴萊格（Peregrinus de Castello）和安德魯（Andress de Perugia）於一三〇八年到達大都，傳達了教皇的任命。之後三人相繼任泉州的主教，天主教在中國的傳教力量大大加強。

　　孟高維諾在大都傳教期間，另一位歐洲傳教士也來到這裡，他就是方濟各會士顎多立克（Odoric de Pordenone），中文通常譯為和德理。他是義大利人，早年過著清苦的托缽僧生活，立志作為一名傳教士到中國旅行傳教，因此從年輕時起就一直在做這方面的準備工作。一三一六年，鄂多立克起程來華，

經過近九年艱苦的旅行，終於在一三二五年到達大都。當時汗八里教區總主教孟高維諾正深得大汗寵信，在宮廷中聲望極高。鄂多立克決定協助孟高維諾傳教。他在大都居住了三年，其間曾觀見泰定帝，彼此知遇很深。他經常為泰定帝祈禱祝福，在泰定帝出巡時，又將自己攜帶的銀盤作為禮物送給他。

　　鄂多立克對北京的宮廷建築、元廷的規章禮儀都有詳盡的記載。他說，大都城有十二個城門，每個城門之間相距兩英里，規模宏大，人口眾多，是世界上少有的大城市。皇帝居住的宮城外圍有四英里長，內有許多壯麗的宮殿，宮牆內還有一座小山，山上遍植樹木，稱為綠山。山旁鑿有水池，上跨一級美之橋。池裡有無數野鵝、鴨子和天鵝，是帝王遊樂的好去處。皇帝居住的宮殿內有二十四根金柱，牆上懸掛著上好的紅色皮革。宮中央有一大甕，兩步多高，用一種寶石製成，甕四周都繞著黃金，每角有一龍，極為精美。甕裡的酒是從宮廷用管子輸送進去的，甕旁放著很多金杯，隨意飲用。

　　泰定帝經常在宮內舉行各種慶典，屆時皇帝坐在御座上，皇后坐在左邊，下面還有妃子和其他婦女，右邊是長子，一切都井然有序。鄂多立克也經常參加這樣的慶典宴會，並不失時機地傳揚天主教義，觀察宮中的情況，對於天主教在大都立穩腳跟起了很大作用。鄂多立克於一三二八年起程返回義大利，一三三〇年到達威尼斯，來中國旅行整整花了他十四個年頭。回到歐洲後，他在病榻上敘述了自己到中國傳教的經歷，在歐洲引起很大的迴響。臨去世前，他還不斷地說：「我還準備再一次旅行到中國去，這樣我可以安葬在那裡，以此來感謝中國人民和中國所

和德理像

呈現的一切美好的事物。」

　　一三二八年，中國教區大主教孟高維諾在大都去世，天主教在中國的傳教事業受到很大打擊。

　　　孟高維諾死後，傳教的努力不是增加了，而是衰落下去。歐洲教會的混亂，旅途極其遙遠而危險以及拉丁歐洲與北京之間的通訊困難，都使得傳教機構難以擴大，或甚至難以保持其實力。而孟高維諾之後也沒有一個繼任者值得一提，中國又一次變得離歐洲更遙遠了。（〈英〉赫德遜《歐洲與中國》）

　　其後直至元朝滅亡，只有元順帝與羅馬教廷間有過比較頻繁的接觸。

　　一三三六年，在信教的阿蘭官員勸說下，元順帝專門致書教皇，信中說：

　　　長生天氣力裡，皇帝之皇帝聖旨，咨爾西方日沒處，七海之外，法蘭克天主教徒之主，羅馬教皇。朕遣法蘭克人安德魯及隨從十五人至爾教皇處，設法修好，俾今後時德通聘。仰爾教皇賜福於朕，日禱時不忘朕名。朕之侍者阿蘭人，皆天主之孝子順孫，朕特紹介於爾教皇。朕使人歸時，仰爾教皇，為朕購求西方良馬，及日沒處之珍寶，以免饗壁，准此。鼠兒年六月三日，書自汗八里城。（引自沈福偉《中西文化交流史》二百四十三頁）

　　作為回報，教皇本篤十二世派出了一個由四位方濟各會士組成的使團前往大都。他們攜帶著元順帝所要求的東西於一三三八年起程，其中有一位叫馬黎諾里的人最終於一三四二年到達北京。元朝為他安排了隆重的接待儀式，前有十字架導引，並有焚香和唱聖詩的隨後，為元朝皇帝祝禱。馬黎諾里向元順帝進呈了教皇覆書，八月十九日，元順帝在慈仁殿接受了所獻良馬。這些馬長一丈一尺三寸，高六尺四寸，昂高八尺二寸，全身純黑，後面二蹄純白，「神駿超逸」，轟動了元廷，元順帝非常喜愛，稱其為「天馬」，命儒臣們為其吟詩作賦，並騎上這匹馬讓周郎繪圖以作紀念，這幅畫

直到清嘉慶時還存在宮中。元順帝很看重這匹馬，將其比作人中的英才，多次稱讚它是「世間傑出者也」。

馬黎諾里在大都住了四年，一切費用均由元廷供給，服侍他的雜役也是元順帝特派來的。一三四六年，馬黎諾里西返，元順帝贈給他足夠三年之用的旅途用品、馬二百匹。一三五三年，他到亞威農向教皇英諾森六世呈遞了元順帝的國書。元順帝表示尊重天主教，在中國的天主教徒可以遵從教皇的意志，並歡迎傳教士繼續到中國來。

馬黎諾里是元代到過中國並留有記錄的最後一個歐洲傳教士。從此，羅馬教廷和元朝皇帝間便失去了聯繫。直到明朝末年，這種聯繫才得到恢復。

元順帝像

風生卓犖權奇虎視龍騰按圖考式曾未足并周騁八
尺者六脩倍猶贏色應玄武尺端長庚回眸電激頓轡
嘉爾遠誠摩于赤墀傾瞻莫矜既稱其德亦貌其形高
大華神靈下迎四踐寒燠爰至上京皇帝臨軒使拜迎
稱臣拂郎國邈限西溟蒙化效貢願歸聖明皇帝謙讓
譯來庭東踰月窟梁雅足經朝欽大河河伯屏營莫赫
惟乾秉靈惟房降精有產西極神駿難名彼不敢有重
之贊贊曰
欽定四庫全書　　　　　　　　文安集　卷十四
十一日勑臣周朗貌以為圖二十三日詔臣揭傒斯為
一尺三寸有奇高六尺四寸有奇昂高八尺有二寸二
皇帝御極之十年七月十八日拂郎國獻天馬身長丈
天馬贊
雜文
欽定四庫全書　　　　　　　　文安集卷十四
　　　　　　　　　　　　　　　　元　揭傒斯　撰

《文安集‧天馬贊》書影

第三節　蒙古繁盛的直接見證人

　　有元一代，除了羅馬教廷派出的使節和傳教士不斷東來外，其他形式的交往亦接連不斷。這一方面是因為東西方交通的恢復，另一方面則是元帝國勢力範圍的不斷擴大，國力不斷強盛所致。許多西方人慕名而來，其中即包括國家使團，也包括受到利益驅使的商人。他們對元朝宮廷有的是走馬觀花，留下的只是大概印象；有的長期遊歷南北，時時出入宮廷，受到元帝的倚重；有的則在朝廷為官為宦。應該說，他們分別以不同的眼光注視著這個大帝國。

一、海屯朝見蒙哥汗

　　在地中海東岸的西亞地區，曾有過一個小亞美尼亞國，蒙古西征時，小亞美尼亞國無疑也受到衝擊，但它卻和元朝保持了相當密切的聯繫。其國王海屯一世在蒙哥汗時一度來到和林，這是兩國交往史上的大事。

　　早在元定宗時，海屯就曾派遣他的兄弟、大元帥仙拍德攜帶禮物和貢品，入朝貴由汗。貴由汗對他非常優待，恩寵之極，下詔旨嘉賞海屯的這一行為，為兩國的友好往來打下了基礎。一二五一年，蒙哥在拔都支持下繼承汗位，拔都便派人到海屯王宮廷，讓他去朝見蒙哥以示慶賀。這樣海屯一世於一二五四年踏上了漫長的旅途。

　　由於害怕鄰近的突厥人襲擊，海屯偷偷地喬裝出發，十二天以後抵達達卡兒思城，拜見了駐在那裡的西亞蒙古軍統帥拜住那顏。拜住那顏護送他到了瓦爾丹尼斯村的曲兒忒王府，等待隨後而至的禮品運送隊伍。同時準備隨他同行的教士、王公也都匯聚於此。

　　海屯帶著這些人先進見拔都及其子撒里答，受到優禮相待，再由他們派人護送前往蒙哥營帳。同時九月十三日，海屯朝見蒙哥，向他進獻了貢品。對於海屯的到來，蒙哥很高興，《海屯紀行》說他「獲得汗之恩寵」是可信的。因為，這樣既可以顯示蒙元強大無比，遠人來朝的繁盛，也顯示蒙哥對朝貢者的優容。海屯在蒙哥營帳停留了幾十日，最後蒙哥發給他一道蓋有御

璽的詔書，內容大致是：不許人欺凌他及他的國家，將亞美尼亞置於蒙古人的保護之下。同時又頒給他一紙敕令，允許各地教堂擁有自治權，在一定程度上確認了西方宗教在元朝疆域內的自由。這對於海屯來講是非常重要的。

十月一日，海屯回國，途中遇見了前去朝覲蒙哥汗的撒里答，在瓦爾丹尼斯村的曲兒忒王府，他又派教士出使拔都的營帳，向拔都出示蒙哥汗的敕令和詔書，以便讓他也頒發相同內容的敕令。八個月以後，海屯一世回到了亞美尼亞。

二、忠於忽必烈的愛薛

在蒙古宮廷中，有許多來自世界各地的貴族、將領、學者、學生等等。他們通過自己的努力，為蒙古的發展做出了重大貢獻，贏得了相應的地位，忽必烈時期的西域人愛薛便是其中的一個。

愛薛，西域拂林人。「通西域諸部語，工星曆、醫藥」。他的父親不魯麻失在當地是位有名的賢人，由於景教徒的推薦，拖雷之妻唆魯禾帖尼別吉下令徵召，不魯麻失年老不能應命，便以子愛薛代行。大約在一二四六年前後，愛薛從敘利亞來到哈剌和林，先是侍奉唆魯禾帖尼別吉，後由教士列邊阿答推薦給元定宗貴由，在宮廷中擔任要職，參預了當時國家大政的處理。由於愛薛才華出眾，又直言敢諫，當時還在潛邸的忽必烈對他十分看重。忽必烈繼位後，自然對他刮目相看。史載：中統三年（一二六二年）春，忽必烈下詔，二月八日作佛事，集合教坊伎樂及鸞輿法駕迎之，搞得排場很大，愛薛勸諫說：「今高麗新附，李璮復叛，天下疲弊，靡此無益之費，非所以為社稷計也。」忽必烈聽從其言，停止了這一作法。不久，忽必烈又臨幸長春宮，想在那裡住下，有不理朝政之虞，愛薛又單身直入宮廷力諫，忽必烈恍然大悟，拍著他的肩膀說：「非卿不聞此言！」馬上還宮。中統五年（一二六四年），忽必烈到保定府的新安境內打獵「日且久」，愛薛「乃從容於帝前問供給之民曰：得勿妨爾耕乎？帝為罷獵」。像這樣的事，在愛薛和忽必烈之間經常發生。忽必烈曾對皇太子說：「有臣如此，朕復何憂？」（何紹忞《新元史》卷一九九）可見對他的看重。

憑著忽必烈對他的寵幸，愛薛能夠在宮廷政治鬥爭中主持正義，為當時

人垂重。一二七六年丞相伯顏滅南宋，班師回朝，權勢日灼，因而受到政敵的誹謗和攻擊。愛薛卻站在伯顏一邊，力述其功，終於說服忽必烈，保全了伯顏的聲譽，維護了統治集團內部的穩定。當然，愛薛對忽必烈更是極盡其忠。一二八三年，他奉命隨丞相孛羅出使波斯，進謁伊利汗阿魯渾，當時孛羅被阿魯渾留在了伊利汗國，而愛薛卻帶著伊利汗贈予的寶裝束帶回到了中國，進呈給忽必烈。忽必烈非常感動，動情地說：「孛羅生吾土，食吾祿，而安於彼；愛薛生於彼，家於彼，而忠於我，何相去之遠耶？」從此愛薛更加受到忽必烈的賞識。

由於愛薛學有專長，忽必烈一直讓他擔任與科學有關的工作。他從一二六三年起，長期掌管西域星曆、醫藥二司事務。一二六八年又兼領廣惠司事務，執掌修製御用回回藥及和劑。出使伊利汗國後，忽必烈打算授他平章政事，愛薛不願擔任行政職務，故一再辭謝。一二八九年，元朝設置崇福司，由愛薛任崇福司使，管理全國也里可溫基督教徒，後又進翰林學士，承旨兼修國史。愛薛曾應聘在馬拉格天文台工作，撰寫了多種天文學著作，

賞賜不可勝計後屢使巴圖王所道遇海都游兵副者
前行失對遇害特里後至曰我為天子使可以非禮犯
之耶游兵語屈乃曰前者偽使此真使也釋之遂獨得
還帝嘗謂侍臣曰有特里則朕之宗族將不失和矣海
對曰臣志在王室其事未辦不敢奉命令臣母在絳州
返應十四年帝謂特里曰在朝官之要重者惟汝所擇
都覬伺巴圖王為備已嚴意乃帖然特里始終凡四往
老且病得侍朝夕幸也詔從其請授絳州達魯噶齊至

欽定四庫全書　元史　卷一百三十四

元十五年平陽李二謀亂特里捕問盡得其狀中書奏
進其秩帝曰特里宣惟能辦此耶加宣武將軍至元十
八年病卒於官年六十四子達蘭台嗣官信武將軍同
知大同路總管府事

阿錫頁

阿錫頁西域佛琳人通西域諸部語工星曆醫藥事定
宗直言敢諫時世祖在藩邸鋒鏑之中統四年命掌西域
星曆醫藥二司事後改廣惠司仍命領之世祖嘗詔都

《元史‧愛薛傳》書影

同時還把中西亞地區的天文學成果帶到中國，對郭守敬製造天文儀器和創制《授時曆》提供了不小的幫助和借鑒。

忽必烈去世後，元成宗鐵穆耳對他仍很信任，不久即授其平章政事之職。這時愛薛直言敢諫的性格仍沒有改變。一三○三年，元成宗身體不好，八月又發生了大地震。皇后很擔心，便把愛薛找來，問他：「卿知天象，災異殆民所致？」愛薛回答：「此天示警，誠民何與？願熟思之。」皇后埋怨他道：「卿何不早言？」愛薛答：「臣事世祖及皇帝，雖寢食未嘗不見，臣今累月不入侍，言何由達皇后？」言辭咄咄逼人，說得皇后一時語塞。這說明愛薛當時在宮廷中威信的確很高。

一三○七年元成宗去世後，愛薛參與了當時汗位的爭奪鬥爭。《元史》載：「成宗崩，內旨索星曆祕文，愛薛厲色拒之。」愛薛失去了靠山，不久便與世長辭，被封為拂林忠獻王。愛薛在元朝先後侍奉三帝，其忠誠贏得了元帝的信任，彼此間建立了深厚的感情。作為外國人，身居他鄉，能做到這一點是相當不容易的。

三、他們遊歷了最廣泛的世界

與愛薛同時，還有幾位外國人對忽必烈產生過巨大影響，其中最具代表性的當屬義大利人波羅父子。

波羅父子為義大利的威尼斯城人。當時的威尼斯是西歐和東方在地中海貿易的中心，威尼斯商人在對外貿易方面取得不小的成就。他們富於冒險精神，為了商業利益不惜任何代價，因此在當時聞名遐邇。此外，由於歐洲的十字軍東征，威尼斯城邦控制了地中海東部的貿易和交通，其勢力範圍同蒙古統治區連在了一起，這就為二者間的往來提供了許多便利條件。為了擴大商業資本，許多威尼斯商人把目光轉向了東方，波羅家族很早就加入了這一潮流。

波羅家族是威尼斯著名的貴族，也是一個商業世家，其成員大多長於國際貿易。一二六○年，這個家族中的兄弟兩人，尼古拉‧波羅和馬菲‧波羅帶著貴重商品到君士坦丁堡銷售，獲得很大利益。商業的成功使兄弟二人興奮異常，為了獲取更大的利益，他們決定暫不回家，而是從這裡又採辦了許

多珠寶，繼續到東方販賣。不久以後，他們來到金帳汗國別兒哥汗的王都，別兒哥汗見到兩位遠道而來的客人極為高興，給予了隆重的接待。為了酬謝別兒哥汗的盛情，他們獻出了全部珠寶，供他觀賞和把玩。別兒哥汗欣然接受，作為回贈，還加倍償還了珠寶的價款，同時又贈送了許多貴重的禮品。

一年以後，波羅兄弟打算回家。不巧別兒哥汗和伊利汗國的旭烈兀之間發生激烈的戰爭，回歐洲的道路很不安全。他們只好繞道而行。當走到布哈拉時，遇到了元世祖忽必烈的使者，彼此相處多日，很是融洽。使者建議兄弟二人隨其晉謁忽必烈，並保證說，大汗還沒有見過義大利人，如果他們到達都城，肯定會受到隆重接待，並得到豐厚的賞賜。經過慎重考慮，兄弟二人決定隨使者前往蒙古。

正如使者所說，忽必烈特意為他們舉行了一次盛大的宴會，親切接見了他們。忽必烈慈祥地和他們交談，殷切地垂詢西方各地的風土民情、羅馬人的皇帝和其他天主教君主、王公等人的情況。忽必烈表示非常希望了解這些君主在國內怎樣位尊勢隆、國土怎樣遼闊以及怎樣治國、立法、指揮軍事等等。他還特別關心教皇的起居及工作狀況、教會的事業、宗教的崇拜和天主教教義等問題。波羅兄弟對此都一一作了回答。

忽必烈聽了兄弟二人的介紹、對西方的興趣驟增，他決定派一個使團到

馬可‧波羅覲見忽必烈

馬可‧波羅向教皇呈遞忽必烈書信

羅馬教廷，並讓波羅兄弟陪同。要求教皇派一百名既精通天主教教義，又熟諳七藝的學者來中國，並順便取回一些耶路撒冷聖墓長明燈中的聖油。使團出發不久，使者病倒無法前往，波羅兄弟只好自己繼續完成使命。一二六九年，他們抵達阿克城，但不巧原來的教皇克雷芒四世已經去世，新教皇還沒有選出。教皇派駐阿克城的專使維斯康堤告訴他們，必須等待新教皇選出後才能履行使命。於是波羅兄弟決定先回威尼斯探親。回到家後，兄弟二人才得知尼古拉‧波羅的妻子早已去世，留下一個遺腹子馬可‧波羅，這時已經十五歲了。年輕的馬可‧波羅聽了父、叔的介紹，十分嚮往中國，請求父親帶著自己一同前往。

　　波羅兄弟在家鄉待了兩年，但新教皇還是沒有選出。他們擔心自己在歐洲居留時間過長，會使忽必烈很不高興，便決定先回中國覆命。這次還有馬可‧波羅同行。他們先到阿克城，讓教皇傳使代發了致忽必烈的信，又到耶路撒冷取了聖墓長明燈中的燈油，便匆匆忙忙出發了。但就在他們動身不久，義大利紅衣主教協會派使節來到阿克城，宣布專使維斯康堤當選為新教皇，取名格里高利十世（Gregorg the Tenth）。新教皇馬上派人將波羅三人召回，重新寫了覆信，準備了許多珍貴的禮物，並派兩名教士隨他們一起前往。但教士害怕戰亂，便將證書、公文、禮品交給波羅三人，自己則中途返

回。波羅三人經歷千辛萬苦,終於在一二七五年回到上都。

在皇宮,忽必烈專門集合文武大臣,為波羅三人舉行了一次盛大的歡迎會。波羅一行走近御座前,俯伏在地,叩頭向大汗致敬。忽必烈讓他們站起來,詳細詢問了此行經過,以及同教皇進行交涉的始末。波羅陳述之時,忽必烈始終聚精會神地靜聽。之後,波羅向他呈上了新教皇的書信和禮品。看了新教皇的信,忽必烈深受感動。他十分虔敬地接受了從聖墓中取來的燈油,命手下人以宗教的誠心妥善保存。當他發現馬可‧波羅時,便問這個人是誰。尼古拉‧波羅回答:「這是陛下的僕人,我的兒子。」忽必烈更加高興,連說:「歡迎歡迎,我很高興。」並下令將馬可‧波羅列入榮譽侍從的名冊中。於是君臣開懷暢飲,以示慶賀。

此後,忽必烈就一直把波羅三人留在宮中。年輕的馬可‧波羅聰明謹

馬可‧波羅再次觀見忽必烈

慎，擅長辭令，很快掌握了蒙古語言及其禮俗，能夠隨意用蒙文讀書和寫作。馬可‧波羅的機智贏得了忽必烈的寵信，經常讓他到各地和藩屬執行機密使命，或者隨自己到各地巡遊。每到一地，馬可‧波羅都盡量採集風土民情、奇聞軼事向忽必烈彙報。他曾向忽必烈獻計，製造攻城用的射石機，為攻取襄陽城立了大功。忽必烈經常在宮中召見馬可‧波羅。在馬可眼中，忽必烈「是一個中等身材，修短適中，四肢勻稱，整個體態配合得很和諧」的人，「他眉目清秀，英氣照人，有時紅光滿面，色如玫瑰，更增加了他的儀容豐采。他的眼睛烏黑俊秀，鼻樑高直而端正」。（《馬可‧波羅遊記》第二卷第八章）馬可還經常在公開場合歌頌忽必烈：「即使把世界上的一切天主教的皇帝和君主都集中起來──再加上撒拉遜人──也沒有這樣宏偉的國力，或者也不能完成像忽必烈那樣多的功業，他是世界上一切韃靼人的共主。」（《馬可‧波羅遊記》第二卷第八章）彼此間相互尊重，使他們建立起了非同尋常的關係。

　　時間一晃就是十七年，波羅三人積蓄了一大筆財富，都是價值連城的珠寶和黃金。他們希望有一天能夠衣錦還鄉。可是，忽必烈對他們卻恩寵日勝，一點讓走的意思都沒有，他們也一直無法啟齒。終於有一天，三人見忽必烈的心情特別好，便立即抓住時機，跪在他面前，請求他恩准回國探親。忽必烈聽罷十分傷感，並設法勸阻說：「你們為什麼甘冒那麼多危險，而去進行這樣艱難的長途跋涉？如果你們回去的目的是為了求利、那麼我可以加倍賞賜給你們現有的俸祿，而且只要你們需要，任何榮華富貴都可以如願以償。」波羅三人一時無話可說，事情只得擱了下來。

　　正在這時，伊兒汗國阿魯渾的妻子卜魯罕去世，王后留下遺囑：只有她的族人才能繼承王妃之位。遵照王后的遺囑，阿魯渾汗立刻派了三名使者來到中國求婚。忽必烈欣然應允，命人在王后親族中選出一位姿色絕倫又有才識的姑娘闊闊真遠嫁伊兒汗國。但前往西方的陸路被戰爭阻礙，八個月後，伊兒汗國使者和闊闊真又返回了皇都，使者們非常著急。

　　正巧奉命出使東南亞的馬可‧波羅返回都城，向忽必烈報告了出使經過，說海上航行非常安全。這話傳到了伊兒汗國使者耳中，他們馬上找到波羅三人，請求他們陪同一起從海道回國。伊兒汗使者向忽必烈表達了這一意思，儘管忽必烈很不情願，但又不好拒絕，只好勉強答應。

　　忽必烈召見了波羅三人，真誠地對他們的離去表示惋惜和眷戀，希望他們同家人團聚一段時間後再回來。同時，忽必烈又下令特意為他們鑄造兩塊金牌，以保證路上的安全。他還寫了給法國、英國、西班牙等國國王的信件，讓波羅三人帶上。

　　一二九一年冬，波羅三人隨同伊兒汗使者、闊闊真公主等六百多人從泉州乘船出海。完成護送闊闊真公主的任務後，三人於一二九五年回到闊別二十六年的故鄉威尼斯。在威尼斯，他們經常向人們談說自己的中國之行。後來，馬可・波羅又將他的所見所聞寫成了《馬可・波羅遊記》，在歐洲引起強烈迴響，人們對東方的嚮往之情越來越濃。兩個世紀以後，歐洲開闢新航路運動便和這本遊記有著密切關係。

第三章 /
大明皇帝與東西客人

　　西元一三六八年，朱元璋稱帝，建元洪武，從此明帝國開始了二百七十六年的統治歷程。

　　就皇帝與外國人的關係而言，時間上可以萬曆帝為界，分為前後兩個階段。在前一個階段，各國貢使紛紛來朝，皇帝們將此視為周邊弱小國家對泱泱文明大國的朝拜，這無疑滿足了中國人古已有之的那種高傲自大的心理，作為回報，皇帝們的賜予往往也是非常慷慨的。而在後一個階段，則是西方宗教的融入。傳教士們攜帶的西洋奇器，引起了皇帝們的極大興趣，從而打開了緊閉的宮門。雖然皇帝們天朝大國的心理仍在作祟，但畢竟對外來傳教士給予了更多的寬容，多了些彼此平等對話的成份。明帝國似乎正在走向世界！

　　中國開放的態勢，在皇帝與外國人的關係中得到了明顯的體現。

第一節　客死中國的國王

明王朝建立伊始，便非常重視與周邊各國的交往。洪武、永樂二帝多次派使臣赴西域、波斯、東南亞各國宣慰，說明明朝的對外政策，勸其來貢，使被元末動亂隔斷的中外交通重新恢復。在此基礎上，明朝政府制定了外藩朝貢制度，明確了朝貢的形式和周期。一時朝貢者不絕於道。值得一提的是，永樂時期有好幾位國王前來朝覲，結果死在中國，成為中外帝王交往的一段佳話。

一、遣使宣慰和十五不征之夷國

明初，以鄭和下西洋為中心，明朝對外派遣使節之頻繁，遠遠超過以往朝代。「明祖既定天下，分遣使者奉詔書往諭諸國，或降香幣，以祀其國之山川，撫柔之意甚厚。而不傷國體，視前代為得。」（《明史》卷五十六）據統計，明政府對亞非國家派出的使節，在洪武間年大約有五十七次，而永樂年間則更達六十八次之多。在明朝中央政府機構中，專門設立了掌管出使外國的行人司。這個機構最初設於洪武十三年，下設行人一名，官階九品，左、右行人各一，從九品。不久，又將行人改為司正，左右行人改為左右司副，增設行人三百四十五人。洪武二十七年，調整各司品秩，升行人司為正七品衙門。明帝對行人司的工作十分重視，洪武帝曾專門傳諭行人司各官：

> 凡為使臣，受命而出，四方之所瞻視，不可不謹。孔子曰：行已有
> 恥，使於四方，不辱君命，可謂士矣。爾等當服膺是命言。縱情肆欲，
> 假使命而作威作福，虐害下人，為朝廷之辱矣。自今或捧制書，或奉命

出使，或催督庶務，所在官吏淑慝，軍民休戚，一一諮詢，還日以聞，庶不負爾職也。（《明太祖實錄》卷一三八）

明中央政府對行人司的賞罰也是相當嚴格的，凡出使稱職者，例得升遷。而失職者則要加以懲戒。如此使明王朝的各項外交政策通過使節得到了貫徹執行。

除此而外，對於派遣使節的程序，外國迎接使節的禮儀也做了明確規定。在遣使之前，由翰林院草擬詔書。至遣使當時，在皇宮內奉天殿陳說各種儀仗，百官入觀。皇帝駕臨奉天殿，禮部官捧詔書，由尚寶司奏請在詔書上用寶，再用黃銷金袱裹起放在殿內案上。這時，使者就位，向皇帝四拜，再跪下，由承制官宣布皇帝的任命曰：「皇帝敕賜爾某詔諭某國，爾宜恭承朕命。」使者起身再拜，禮部官捧詔出殿授以使者，使者捧詔出午門，置龍亭中，皇帝還宮。當使進入所去的國境後，要先派人通知國王。國王派人遠迎，同時在國門外公館處搭設彩棚，陳龍亭香案，備金鼓儀仗大樂。又在城內各街巷結彩，在王殿上設立闕亭、香案及捧詔官位。使者到時，國王及官吏要在國門外迎接，行五拜禮，將龍亭迎入宮殿，放在殿中央。使者立於香案東，國王率眾北向，宣稱某某王接旨，國王下跪，上香，使者從龍亭中取出詔書，交給捧詔官，捧詔官捧至開讀案，交與宣詔官。宣詔官受詔，展詔官對展，國王及眾官跪聽宣讀後再拜，表示接受旨意，使者再把詔書交給所司頒行。如果皇帝賜給國王印綬及禮物，則頒詔後一併交與國王。（參見《明史》卷五十六）

從以上有關遣使禮儀的規

《皇明祖訓》之「不征之夷國」訓諭

定不難看出，明朝皇帝一開始就自認為周邊乃至更遠的國家都是自己的藩屬國。對於它們，明朝政府是具有統治權力的。而這種統治權的表現則是由朝廷頒給其國王印綬冊詔，授大明曆法。藩屬定期向明朝納貢以表其忠心向忱。剩下的就該是明朝政權作為天朝大國所要履行的庇護之責了。

基於這種認識，從朱元璋開始，歷朝皇帝都對所謂的「藩屬國」表現出眷眷柔情。洪武二年，朱元璋開列了十五不征夷國。這十五國大部分在東南部，計有朝鮮、日本、大琉球、小琉球、安南、真臘、暹邏、占城、蘇門答臘、西洋、爪哇、諡亨、白花、三佛齊、浡泥，並將這一方針用法律的形式固定下來。他在聖諭中說：

> 四方諸夷皆限山隔海，僻在一隅，得其地不足以供給，得其民不足以使令，若其自不揣量，來撓我邊，則彼為不祥。彼既不為中國患，而我興兵侵犯，亦不祥也。吾恐後世子孫倚中國富強，貪一時戰功，無故興兵，致傷人命，切記不可。（《皇明祖訓》「箴戒章」）

這種不許用兵海外的友好舉措，無疑對發展中外關係大有好處。不以強凌弱，消除了各國對中國皇帝的恐懼心理。十五不征夷國政治方略的確定，加之不斷的遣使宣慰，在海外各國樹立起了明朝皇帝寬溫仁厚的良好形象。

二、浡泥王魂斷南京

在南京市雨花台區鐵心橋鄉東南花村西的烏龜山南麓，有一座四百多年前的古墓，其地面木結構建築早已塌毀，只剩石柱礎，但墓穴和神道石刻卻保存完好。其神道石刻中有四個石人，臉部均高鼻樑，拱嘴唇，有鬚者呈八字形翹起，不同於中國人。顯而易見，墓主也並非是中國人。這就是明初不遠萬里，漂洋過海前來朝覲，不幸客死在中國的浡泥國王麻那惹加那之墓。

經過洪武朝的苦心經營，至永樂時，已形成了藩王不斷來朝的局面，而浡泥國王則是來覲諸王中的第一個。

浡泥國曾是加里曼丹島上一個歷史悠久的古老國家，在中國史籍中多有記載。唐高宗總章二年（六六九年），其國派「貢使」前來中國，這是兩國

國家間正式交往的開始。此後往來頻繁，至宋而極。宋太平興國二年，浡泥國國王向打派遣了一個政府代表團出使中國，受到了宋王朝的熱情接待。元豐五年（一〇八二年），又一次遣使來華。（見《宋史・浡泥傳》）至元代兩國交往漸疏，以至於「自後久絕」。（《殊域周咨錄》卷八）

朱元璋建立明王朝以後，不斷向周邊國家遣使宣慰，召其來貢。對浡泥國當然也不例外。洪武三年八月，明廷派監察御史張敬之和福建行省都事沈秩出使浡泥，力圖恢復隔斷了幾百年的交通。二人於第二年四月抵達，受到國王馬合某沙和丞相王宗恕的接待。中國使者向國王說明了中國的現狀，「皇帝擁有四海，日月所照，霜露所墜，無不奉稱臣」，勸其遣使中國。而國王卻以「地瘠民貧，愧無奇珍以獻」為由推托。中國使者表示：「皇帝富有四海，豈有所求於王，但欲王之稱藩，一示無外爾。」至此國王決定派遣亦思麻逸等四人隨中國使者至京。臨行前，國王要以金佩刀、吉貝布為贈，為中國使者「毅然辭之」，使國王深受感動。浡泥國使團於洪武四年八月十五日抵京。第二天，朱元璋接見了他們並賜宴於會同館。亦思麻逸等帶有國王給皇帝的表文，文中說：

> 勃尼國王臣馬合某沙為這幾年天下不寧靜的上頭，俺在番邦裡住，地阿沒至的一般。今有皇帝的使臣來，開讀了皇帝的詔書，知道皇帝登上了寶位，與天下作主，俺心裡好生喜歡。本國地面，是賔婆管下的小去處，乍消得皇帝記心。這幾日前，被蘇祿家沒道理使將歹人來把房子燒了，百姓每都吃害了。記著皇帝詔書來的福蔭，喜得一家兒人沒事。如今本國別無好的東西，有些不中的土物，使將頭目每替著我的身子，跟隨著皇帝跟前來的使臣去見皇帝，願皇帝萬萬歲，皇太子千千歲，可憐見休怪。洪武四年五月浡泥國王臣馬合某表。（明・宋濂《宋學士文集》卷五十五）

浡泥使者不久安全返回，向國王彙報了明朝情況，贏得了國王的信任。

永樂三年，浡泥新國王麻那惹加那繼位，特派使臣阿烈伯成來貢。永樂帝非常高興，特於同年十二月「遣使賫詔封浡泥國麻那惹加那為王，給印誥、敕符、勘合，並賜之錦綺彩幣」。（《明成祖實錄》卷三十九）通過這兩次出使，使浡泥國對明王朝有了全面了解。為進一步與明朝修好，國王麻

那惹加那決定親自訪華。

永樂六年（一四〇八年），麻那惹加那率領包括王妻他系邪、王弟、王子、王女及王妹、王親陪臣等一百五十餘人的訪華團前來中國。麻那惹加那等於當年八月二十日到京。永樂帝在奉天殿舉行歡迎儀式，接受其貢獻。儀式完畢後，國王又與永樂帝在奉天門進行了私下交談，麻那惹加那的話通過翻譯轉給了永樂帝。他說：

> 天以覆我，地以載我。天子以義寧我，我長我幼，處有安居，食有和味，衣有宜服。利用備器，以資其生。強不敢凌弱，眾不敢欺寡，非天子孰使之然也？天子功德暨於我者，同乎天地。然天地仰而見，躬而履，惟天子邈而難見。是故誠有所不通。僻陋臣妾，不憚險遠，浮詣闕下，以達其誠。

永樂帝回答：

> 惟天惟皇考付予以天下子養民，天與皇考視民同仁，予其承天與皇考付畀之重，惟恐弗堪，弗若汝言。

麻那惹加那又道：

> 自天子改元之初載，臣國屢豐和，山川之蘊珍寶者，霅然而呈；草木之不華者，蘿然而實；異禽蹌鳴而走獸率舞也。臣國之老曰：中國聖人德教，流溢於茲。臣土雖遠京師，然為天子氓，故矜奮而來覲。（明‧胡廣《渤泥恭順王墓碑》）

永樂帝聽到這一番頌揚之詞，心裡十分受用，誇獎其誠心，給了他許多賞賜，以後又連宴於奉天門，同時在會同館設宴招待其他人等。

九月的一天，麻那惹加那忽然患病，永樂帝很擔心，命御醫為其診視，賜下最好的藥為其調治，並派遣太監慰問，旦暮相繼，每天還命大臣輪流前去探視。每當回報說國王已經稍有好轉時，永樂帝便馬上喜形於色，高興異

建於南京的渟泥國王之墓

常。但到十月時，國王的病情加劇，他自知不治，便把其妻子召到身邊，說：「我疾，貽天子憂念，脫有大故，命也。我僻處荒徼，幸入朝睹天子聲光，即死不憾。死可體魄託葬中華，不為夷鬼，所憾者受天子深恩，生不能報，死誠有負。」然後又指著他的兒子說：「我即不起，其以兒入拜謝天子。誓世世毋忘天子恩。若等克如我志，瞑目無憾矣！」幾天以後，麻那惹加那去世，年僅二十八歲。永樂帝聞訊，異常悲痛，命輟正朝三日，舉國哀掉。同時命有關部門為其治喪，典禮十分隆重，賜諡「恭順」。對其陵墓設守墳者三戶，每年春、秋用少牢祭祀。

十一月，永樂帝命麻那惹加那之子遐旺襲封浡泥國王，並賜給他冠服、玉帶、儀仗、鞍馬、服物、器皿及金銀、錦綺、錢幣等。十二月遐旺等還國，永樂帝派中官張謙、行人周航護送，以表達對他的關心。

永樂十年九月，遐旺和其母再一次來到中國，第二天永樂帝在奉天門設宴招待。遐旺在中國逗留期間奠掃了麻那惹加那之墓，進一步同永樂帝聯絡感情，雙方的友誼更加深厚。直至第二年二月遐旺才回國。永樂帝賜給遐旺金一百兩、銀五百兩、鈔三千錠、銅錢一千五百緡、棉四段、綺帛紗羅八十匹、金織金繡文綺衣各一襲，並賜器皿、衾褥、帷幔諸物，異常優厚。

永樂帝與浡泥國王的這段友誼永遠地留在歷史記載中，也留在了兩國人民的心中。現在，浡泥國王麻那惹加那之墓作為兩國友好交往的歷史見證，受到了很好的保護。

三、其他朝貢的國王

明代周邊國家的國王親自到中國朝拜的事情主要集中在永樂一朝。除前述的浡泥國王外，還有滿剌加國王、蘇祿國王、古麻剌朗國王。他們都與永樂皇帝有過接觸，在中外帝王交往史上很值得一書。

朱棣即位不久，便於永樂元年十月派中官尹慶出使滿剌加。其首領拜里迷蘇剌大喜，遂遣使隨同尹慶入朝貢方物，他們於永樂三年到京，永樂帝頒詔封拜里迷蘇剌為滿剌加國王，贈給誥印、彩幣、襲衣、黃蓋等物。以後鄭和下西洋又到其國，兩國交往日深。

永樂九年七月十五日，拜里迷蘇剌率領其妻子及陪臣五百四十人來朝。

永樂對其輕去故鄉，跋涉海道萬里來朝的行為十分欣賞，特派官員前去迎接。國王到京後，永樂帝親自接見，並在奉天門設宴慰問。九月初一日，又在午門外賜宴招待。拜里迷蘇剌在南京停留了兩個月，九月十五日才啟程回國。永樂帝在告別時感慨地說：「王涉海數萬里至京師，坦然無虞，蓋王之忠誠，神明所祐，朕與王相見甚歡。」（《明成祖實錄》卷七十八）

永樂帝像

永樂十七年，新任國王亦思答兒沙又率領其妻子及陪臣前來朝拜。這一次是因為暹邏派兵侵擾其國，國王是來向永樂帝求援的。亦思答兒沙向永樂訴說了暹邏侵犯的狀況，請求裁斷。永樂帝當即頒詔給暹邏國，申明兩國同是明廷藩屬，不宜以兵相加。他譴責暹邏說：「聞王無故欲加之兵，夫兵者凶器，兩兵相對鬥，勢必俱傷，故好兵非仁者之心。況滿剌加國王既已內屬，則為朝廷之臣，彼如有過，當申理於朝廷，不務出此，而輒加兵，是不有朝廷矣。」（《明成祖實錄》卷一一四）暹邏懾於明廷之威，遂罷兵而回，兩年後，派遣使臣到明朝請罪，兩國之爭在永樂帝調停下得到圓滿解決。

亦思答兒沙去世後，其子西喱麻哈剌者繼位，他在位期間又率其妃及陪臣兩次來到中國，一次是永樂二十二年，一次是宣德八年。鞏固了兩國間的友好關係，進一步發展了兩國帝王間的友誼。

蘇祿國是位於現在菲律賓境內的一個島國，其內部分為三個國家，即東國、西國和峒國，其中以東國為尊。永樂十五年八月，三國首領一起率親屬及隨從組成了三百四十多人的龐大使團來到中國，向永樂進獻了金鏤錶、珍珠、寶石、玳瑁等物。幾天後，永樂帝御封巴都葛叭答剌為東王、麻哈喇托葛剌馬丁為西王、叭都葛巴剌卜為峒王，並分別賜給印章、誥命等鞍馬儀

仗。蘇祿國成為大明眾多藩國中的一員。

三王在北京活動了二十七天才回國。天有不測風雲，在回國途中，東王巴都葛叭答剌染病，在德州去世。永樂帝聞訊不勝悼痛，命令有關部門妥善處理此事，為其營造陵墓，並遣官諭祭，賜諡「恭定」。在永樂給東王的諭祭文中，高度讚揚了巴都葛叭答剌的功績：

死生者，人理之常。爾享爵祿於生前，垂福慶於後嗣，身雖死殤，而賢德芳名流播後世，與天地相為悠久，雖死猶生，復何憾哉？

陵墓建成後，永樂帝又親自為其撰寫了碑文，直到現在，墓碑仍保存完好。東王墓成為德州一處重要的歷史遺蹟。明清兩代對蘇祿東王的祭尊不斷，並形成了完整的制度，這是令人欣慰的。

永樂一朝，還有一位外國國王死在中國，他就是古麻剌朗國國王干剌義亦敦奔。古麻剌朗國，《殊域周咨錄》載：「前代無考。」永樂十五年九月，永樂帝派太監張謙出使古麻剌朗國。十八年其國王率妻子、陪臣隨張謙來到中國。干剌義亦敦奔對永樂帝說：「雖為國中所推，然未受朝命，幸賜之。」請求永樂帝賜封名號。永樂當即發佈詔書，封他為古麻剌朗國王，頒給印誥、冠帶、儀仗、鞍馬等物。永樂十九年正月，干剌義亦敦奔回國，行至福建時得病，於同年四月二十四日病逝。永樂帝敕葬閩縣，派禮部主事楊善前往諭祭，賜諡「康靖」。對其墓葬加意保護，有關部門要每年祭祀。不久以後，永樂帝又命其子剌苾繼承王位，率眾歸國。

永樂一朝先後有四個國家的國王泛海朝貢，其中有三位死在中國，託葬在他鄉，這在歷史上是空前的。

第二節　明帝欽賜外國詩

文治和武功兩者並重，這是衡量帝王賢否的重要標誌。明初朱元璋和朱棣武功的卓越是眾所周知的，勿庸贅言。同樣他們在文治方面也很突出。他

們身後都留下了數量可觀的御製詩文。在這些御製詩文中，是否有他們與外國人交往的記錄呢？回答是肯定的。

一、明太祖問詢海外風俗

朱元璋年輕的時候，曾在皇覺寺出家為僧，因此他對佛教有著特殊的感情。做了皇帝以後，自然也崇敬佛教。他曾詔徵東南戒德名僧，在南京蔣山大開法會，親自和群臣一起頂禮膜拜。對僧人自然另眼相看，對來自外國的僧人也不能不注意。他曾做過一首詩，名為《天竺僧》，是專寫一名來自印度的僧人的：

> 比丘乾竺來，情思脫禍胎。
> 去鄉十萬里，飛錫不塵埋。
> 宵晝觀孰大，無時不常懷。
> 志立無上等，必欲精神諧……

我們無法考證這位印度僧人姓字名誰，但可以肯定是朱元璋和他必是有過一番接觸，建立了一定感情的。

朱元璋出身貧寒，沒有受過正規教育。但他很好學，做了皇帝仍然如此。他對日本風俗的關注就是一個很好的例子。

日本有一個僧人絕海中津，於一三六八年來到中國學習禪宗和鑽研詩文，在中國居留了十年之久。一三七六年，朱元璋在大內武英殿召見了他，詢問日本遺蹟。當談到關於徐福的傳說時，朱元璋詢問日本是否真有徐福的祠堂。絕海中津作了一首詩作答，詩中說：

明太祖朱元璋像

熊野峰前徐福祠，滿山藥草雨余肥。

只今海上波濤穩，萬里好風須早歸。

朱元璋得知日本真有徐福祠，非常高興，便和了一首詩賜給絕海中津：

熊野峰高血食祠，松根琥珀也應肥。

當年徐福求仙藥，直到如今更不歸。

絕海中津得到這首御製詩，如獲至寶。帶回日本後，什襲珍藏。一四〇二年，明惠帝朱允炆派遣僧人道彝天倫和一庵一如出使日本，絕海中津還將此詩捧示給他們看，並讓他們按原韻和詩。道彝天倫的詩為：

採藥秦人舊有祠，春風幾見術苗肥。

老禪曾到中華國，御筆題詩賜遠歸。

一庵一如的詩為：

掛錫龍河古佛祠，一生高潔厭輕肥。

賦詩召入金鑾殿，攜得天香滿袖歸。

對這一事件給予了充分肯定和高度評價，堪稱一代盛事。

一三八一年，日本南北朝懷良親王派嘻哩嘛哈出使中國，受到朱元璋的接見。其間朱元璋向他問起日本風俗，他便作了一首《答大明皇帝問日本風俗》的詩作答：

國比中原國，人同上古人。

衣冠唐制度，禮樂漢君臣。

銀甕儲清酒，金刀膾素鱗。

年年二三月，桃李自陽春。

　　據說朱元璋看了這首詩，「惡其不恭，絕其貢獻」。因為嗶哩嘛哈竟當著他的面把自己的國家與大明帝國相提並論，認為日本事事和中國一樣，嚴重損傷了這位天朝大國皇帝的自尊心。但從中也不難看出，朱元璋為了制定適度的外交政策，是不放過任何學習機會的。

二、永樂封山岳的紀盛之作

　　永樂帝作為明朝天子，他和外國人的交往並不是平等的，而是以「宗主」自居。這在他的封外國山為鎮國之山所作的詩文中有明顯的體現。

　　永樂三年，滿剌加國王遣使中國，向永樂帝申明向恭文明，願同中國列郡，歲效職貢，請求封其山為一國之鎮。永樂帝欣然應允，封其西山為鎮國山，並御製碑文，勒石山上。其詩為：

> 西南鉅海中國通，輸天灌地億載同。
> 洗日浴月光景融，兩崖露石草木濃。
> 金花寶鈿生青紅，有國於此民俗雍。
> 王好善義思朝宗，願比內郡依華風。
> 出入導從張蓋重，儀文禡襲禮虔恭。
> 大書貞石表爾忠，爾國西山永鎮封。
> 山君海伯翕扈從，皇考陟降在彼穹。
> 後天監視久彌隆，爾眾子孫萬福崇。

　　永樂四年，因為日本足利義滿將軍捕海寇有功，成祖贈給他白金千兩、織金彩色幣二百，綺繡衣六十件，銀茶壺三、銀盆四及綺繡、紗帳、衾褥、枕席等物，海船二隻。同時封其肥後的阿蘇山為壽安鎮國之山。並賜詩曰：

> 日本有國鉅海東，舟航密邇華夏通。
> 衣冠禮樂昭華風，服御綺繡考鼓鐘。
> 食有鼎俎居有宮，語言文字皆順從。
> 善俗殊異羯與戎，萬年景運當時雍。

皇考在天靈感通，監觀海宇罔不恭。
爾源道義能迪功，遠島微寇敢鞠凶。
鼠竊蠅嘬潛其蹤，爾奉朕命搜捕窮。
如雷如電飛蒙衝，絕港餘孽以火攻。
焦流水上橫復縱，什什伍伍擒奸凶。
荷校屈肘衛以從，獻俘來庭口喁喁。
彤庭左右誇精忠，顧咨太史疇勳庸。
有國鎮山宜錫封，惟爾善與山增崇。
寵以銘詩貞石礱，萬世照耀扶桑紅。

　　詩中讚揚了日本的文明善俗和足利義滿取締倭寇的功績。但從「爾奉朕命」等詞句中也流露出了其大國主義思想。

　　永樂六年，浡泥國王麻那惹加那在北京世逝，其子遐旺繼位，隨臣以新王名義向永樂帝請求封國之後山為鎮國之山，永樂帝感慨萬端，因為麻那惹加那死前也曾向他提及此事。於是永樂帝封其山為長寧鎮國之山，御製碑文，其銘詩曰：

炎海之墟，浡泥所處。
煦仁漸義，有順無迕。
懍懍賢王，惟化之慕。
道以象澤，遹來奔赴。
同其婦子，兄弟陪臣。
稽顙闕下，有言以陳。
謂君猶天，遺其禮樂。
一視同仁，匪厚偏薄。
顧茲鮮德，弗稱所云。
浪舶風檣，實勞懇勤。
稽古遠臣，順來怒逆。
以躬或難，矧曰家室。
王心亶誠，金石其堅。

足利義滿像

西南番長，疇與王賢。

矗矗高山，以鎮王國。

鐫文於石，懋昭王德。

王德克昭，王國攸寧。

於萬斯年，仰我大明。

此詩既是對浡泥國王傾心向化的頌揚，也是在炫耀自己創造的盛世。

永樂十四年，朱棣詔封可赤里為柯枝國王，並封其國中之山為鎮國山，他同樣親自為其撰寫碑文，內附以銘，曰：

截彼高山，作鎮海邦。

吐煙出雲，為國洪龐。

時其雨暘，肅其煩燋。

作彼豐穰，祛彼妖氛。

庇於斯民，靡災靡沴。

室家胥慶，優游卒歲。

山之巋矣，海之深矣。

勒此銘詩，相為終始。

永樂帝的封外國山岳，賜詩作，這是當時大明皇帝文治遠被海外的重要標誌。正如沈德符所說：「蓋凡封外國山者凡四見，皆出睿製詩文，以炳耀夷裔……如文皇帝威德，直被東南。古所未賓之國，贔屭宏文，昭回云漢，其盛恐萬禩所未有也。」（明‧沈德符《萬曆野獲編》卷一）

第三節　明帝與使節

據統計，從洪武至正統的八十年間，外國派遣來華的使團竟達七、八百次之多。而每次使節的人數，少時六、七人，多至五、六百人，甚至有達到

一千二、三百人之多的。由此不難想見當時各國使者紛杳而至的盛況。這些使團在明朝皇帝們「厚往薄來」、「懷柔遠人」思想的庇蔭下，無不在中國得到了隆重優厚的接待。無不乘興而來，滿意而歸。當然也有假冒使者，騙取皇帝信任的，又當別論。那麼在皇帝和這些使節之間到底發生過什麼事呢？

一、「朕猶爾父也」

永樂五年九月，朝鮮國王李遠芳命世子李禔為進表使，率領使團前往南京，以祭奠剛剛去世的皇后。永樂帝對此非常重視，特意吩咐前來呈報的朝鮮官員說：「你們國的太子可不能從海路走，為安全起見，可由北平府陸路過來。你們這次回國，也從這條路走，先看一看道路的險易程度，好做安排。」當李禔一行快到南京時，永樂又先行派遣錦衣衛指揮、千戶以千餘騎迎入江東驛館。隨即又命禮部尚書鄭賜、太監黃儼前去慰勞。李禔進入南京後，住進了會同館，永樂帝又命禮部尚書趙羾去拜望他，猶如接待國王一般。

不久，永樂在西角門接見了李禔。他一改平日威嚴的面孔，表現出極溫和的神態，將李禔叫到自己跟前攀談起來。由於是第一次見面，加之李禔年齡尚小，所見不多，因此對於如此龐大的場面顯得有些緊張。當永樂帝問他年紀多大了時，李禔竟一時語噎，答不上來。幸好當時侍從的朝鮮右軍同知總制李玄代他答道：「十四歲。」接見結束時，永樂賜給李禔彩絲衣五套，汗衫裏衣、囊、靴各一。侍從官員三十五人各賜彩絲衣一套，打角夫以下七十八人各賜絹衣一套。同時又在西角門設宴招待李禔。晚上，永樂帝又命黃儼、吏部尚書蹇義到會同館陪同李禔共進晚餐。

不久，李禔到宮中謝恩，永樂又在西角門第二次接見了他，並仍舊叫他來到御座前，詢問離開朝鮮多少天了，路上情況如何，是否讀書，讀的什麼書等。李禔一一作了回答。晚上，戶部尚書夏元吉、太監黃儼、韓帖木兒、尚寶司丞奇原又到會同館陪李禔共進晚餐，此後黃儼等人在永樂授意下每天都要到會同館來一次，看看有沒有什麼要辦的事情，好隨時解決。六部尚書也依次而來，陪伴這位少年世子。

第三次接見時，永樂又命李禔到自己身邊，他仔細端詳了一會兒李禔，

自言自語道：「臉龐面貌真像你的父親，只是身高不一樣罷了。」接著賜給李禔仁孝皇后編的《勸善書》和《孝慈皇后傳》各一百五十本。

這一年的元旦李禔也是在南京度過的。那天，永樂帝到奉天門接受百官朝賀，李禔位列六部侍郎之後。後來他還專門到皇后殯殿致祭。在正月辛酉皇帝祭天地時，京城百官都穿朝服行禮，李禔因為沒有朝服，負責籌備的官員準備將其放在西班九品官的後面行禮。朝鮮隨員馬上向禮部申述：「太祖皇帝賜我國冠服之詔有曰：國王一品准中朝三品。在辛未年，高麗世子定城君入朝，位在六部尚書之次。今使我世子不間於朝列，而位於九品之外，與野人、猺子雜處，願親奏陛下。」禮部尚書將此言轉奏給了永樂帝，永樂帝馬上過問：「朕已令位於二品，何故不然？」尚書回答說因為沒有朝服，永樂立即決定為他製作朝服、祭服。在祭祀時，李禔的位置也被放在了六部尚書之後、侍郎之前。

在平日裡，永樂對李禔的活動也很關心，他怕李禔終日住在會同館內難免寂寞，特意讓他去朝天宮、靈谷寺、天禧寺、天界寺、能仁寺等京師名剎遊玩，這樣李禔在南京一直住到正月末。

李禔回國前兩天，特意向永樂辭行。永樂在武英殿接見了他，並作御製詩一篇贈給李禔。他讓李禔當眾將御製詩讀一遍，然後深情地說：「朕猶爾父也。」接著又對隨侍的朝鮮官員道：「朕作詩與你世子，不是秀才賦詩，此詩有益於汝國。」臨行前一天，李禔又向永樂謝恩，剛說「朝貢，臣子所當為，不意聖恩至此」一句，便忍不住傷心落淚，再也說不下去了。永樂也依依不捨，不住寬慰他說：「終始如一，終始如一……」為了保證李禔回國安全，永樂特命太監護送至遼東，並一再叮嚀：「朝鮮國王使十五歲兒子朝覲萬里，其忠誠至矣。汝於護送之際，若使世子小有不安於心者，罪汝無赦。」

基於此，陪伴的內官盡心竭力，須臾不離世子之側，渡水涉險，身自扶掖，使李禔等順利回國，圓滿完成了這次出使任務。

「朕猶爾父也」表明永樂帝對朝鮮君臣有著特殊的感情，這是其他周邊國家無法與之相比的。（吳晗輯《朝鮮李朝實錄中的中國史料》上編卷三）

二、沙哈魯使團所見到的永樂帝

哈烈是西亞波斯帖木兒帝國的一個地方。洪武、永樂時期，封於哈烈的帖木兒的第四子沙哈魯打敗了撒馬兒罕的哈里，控制了整個帖木兒帝國。沙哈魯有與明朝修好的願望，這與永樂帝的想法不謀而合。永樂曾力圖調節沙哈魯與撒馬兒罕的哈里二人的不睦關係，勸雙方念在「一家之親，恩愛相厚」的份上，也應該「休兵息民，保全骨肉，共享太平之福」。（《明史》卷三三二）而沙哈魯也曾致書永樂帝，「以朋友之誼」，勸永樂帝皈依伊斯蘭教。一來二去，兩人對雙方的了解越來越多，友誼也不斷加深。永樂十七年，沙哈魯又派出了一支龐大的使團前往中國，將兩國的友好關係推向了顛峰。

這一年的十一月二十四日，使團離開哈烈都城。整個使團包括隨行的商人在內有五百十一人之多，正使為愛迷兒・沙的・火者。第二年八月，他們到達明朝西部重鎮玉門關。在這裡有許多中國官員奉皇帝之命前來歡迎，使團受到很好的款待。此後使團每到一地都得到優待。這是與永樂帝「懷柔遠人」的思想相一致的。

十二月十四日，使團起了個大早，在天還沒亮時抵達北京城門。使團成員們對北京的雄偉印象很深：

北京是一座很雄偉的城市，城池四邊各長一法兒珊，共長四法兒珊……在通往內城的入口處，鋪有一條用整齊石頭砌成的長七百步的道路。當使臣們來到路邊時，他們被要求下馬。他們徒步走到路的另一頭，抵達宮

沙哈魯像

門。十頭大象站在宮門的盡頭，左邊五頭，右邊也是五頭，把象鼻伸向路上。使臣們穿過象鼻，進入皇宮。

永樂帝準備在宮中接見使臣。又經過幾道門，使團成員們被引到預定被接見的大殿前。和其他人一起等候永樂帝出現。

殿內放著一個每邊各為四腕尺的御座，這個御座的四周是欄杆，像基督教聖龕的橫木。而且鋪上中國黃錦緞，整個用金縷繡成龍鳳的圖像以及其他中國圖案。一把金椅放在御座上。

天亮時，永樂帝從後宮中出來了。在侍臣簇擁下登上御座，坐在金椅上。使臣們看到了永樂帝的面孔：「皇帝是中等身材，他的鬍鬚不很多，也不很少。他的中鬚約有二、三百莖，長得足以在他坐的椅上繞三、四個圈」。很快，下面的官員也各就各位，在兩邊排列開來。一時全場鴉雀無聲。永樂帝先審理了一批囚犯後，才接見這些使者。

使臣們被領向前去，以致離皇帝的寶座僅十五腕尺遠。那些手捧木牌的官員中，有一個人上前，跪著用中國話讀一篇介紹使臣情況的奏文，其大意是說，使節是作為波斯皇帝陛下及其諸王子的代表，來自一個遙遠的國家，攜有進獻皇帝的禮物，並來至御座下表示臣服。

於是在翻譯的指點下，使臣們向永樂帝行了三跪九叩頭禮。雖然做得不太規範，但足以表明他們的誠意。使臣向永樂帝獻上了沙哈魯的國書，永樂又把他們叫到跟前，詢問了一些沙哈魯的情況。他問使臣：「國中穀物是貴還是賤？」當使臣回答：「穀賤糧豐」時，他顯出極為高興的樣子，說：「因為你們的國王真正心向上帝，全能之主也就賜給你們大量美好的東西。」他接著又說：「我要遣使給合剌‧玉速夫（巴答黑商君主），因為那裡有極好的馬匹，通往那裡的道路安全嗎？」使臣回答：「道路安全。如有沙哈魯之命，到達那裡就更容易。」接見之後，永樂帝讓他們到外面就餐，安排休息。

此後，沙哈魯使團在北京住了五個多月，和永樂帝有過多次接觸。他們到北京的第二天，永樂帝在宮中設宴招待他們。當時永樂帝坐在寶座上，「在皇帝頭上，十腕尺高處，張開一個黃緞華蓋，四周是十四腕尺，狀若天篷。其上繪有四條相互搏擊的龍」。使者們被帶到永樂跟前，跪在地上行跪叩禮，之後才讓他們入席。宴會異常豐盛，其間夾雜著各種具有濃郁民族特色的表演，一直持續到中午。在這一年年底和第二年年初，永樂帝又讓沙哈魯使團參加了紫禁城新宮落成的慶祝典禮和新年大赦令的頒布儀式。在屢次召見中，永樂帝曾將三隻鷹賜給沙的·火者，叮囑他們要好好照管。

在這期間，有一件事曾一度使永樂和這些使臣的關係緊張了一番。永樂到京城以外的一個地方去打獵，但不久使團成員被告知要到城外去迎接皇帝回京。來者神情慌亂，沙的·火者感到奇怪，便問其緣由，才知永樂帝在騎沙哈魯進獻的一匹老馬打獵時從馬上摔了下來，受了傷，不得不返回。永樂帝很惱怒，責怪沙哈魯所進的馬為劣馬，要把使臣逮捕發配到遼東去。幸虧隨侍的大臣相勸：

> 陛下生使臣的氣，他們卻是無辜的，因為他們的君王進獻好馬或壞馬，這些人無選擇餘地。他們不能叫他們的君王獻好禮物。而且，即使陛下把使者碎屍萬段，那無害於他們的君主。另一方面，皇上的惡名要在這裡傳開，世人都會說中國皇帝違背了一切慣例，把離家多年的使臣囚禁和懲罰他們。

這才使永樂帝的怒氣有所緩和，准許赦免他們。沙的·火者等聽後非常不安，馬上出發到永樂帝的營地去。當他們跪著晉見永樂帝時，他還在向沙的·火者抱怨說：「我騎你們獻的一匹馬去打獵，它因太老和太弱，失蹄把我掉下來。打從那天起我的手還痛，已經青黑，僅在搽了很多藥後痛才稍減。」（〈波斯〉火者·蓋耶速丁著、何高濟譯《沙哈魯遣使中國記》）

沙的·火者馬上解釋說：「此馬乃昔日大愛迷兒之馬也。大愛迷兒者，愛迷兒帖木兒古兒汗也。沙哈魯王獻陛下以此馬，欲表示其最敬之意也。王謂貴國必以此馬為馬中之寶也。」（張星烺《中西交通史料彙編》第四冊）聽說是帖木兒十六年前的坐騎，沙哈魯是作為珍貴的紀念物進獻的，永樂才

轉怒為喜。

兩天後，宮中便發生了三大殿火災，永樂帝已無暇顧及沙哈魯的使團。永樂十九年六月，使團離開北京，一年以後回到哈烈。使團成員火者，蓋耶速丁將出使經過寫成《沙哈魯遣使中國記》，如實記述了永樂帝和波斯使者之間的交往。

三、明武宗與「葡使」火者亞三

葡萄牙在中國文獻中稱為佛朗機，是最早向中國實行殖民統治政策的國家之一，也是派遣使團攜帶國書到中國來的最早的歐洲國家之一。其最早向中國派遣使節之事發生在明正德年間，而且明武宗和所謂葡使火者亞三之間曾有過一段不尋常的交往。

十五、十六世紀，伴隨著東西方航路的開闢，在歐洲掀起了一股到東方尋求黃金和財富的浪潮，而葡萄牙則站在這一浪潮的前列。一五一一年，葡萄牙佔領了滿剌加，滿剌加與中國的關係一向很密切，葡人從這裡得知了中國的大略情況。神秘的中國自然引起了葡萄牙政府的注意。為了和中國建立貿易關係，葡萄牙政府決定派遣使團到中國去。

他們選擇了藥劑師出身但富於才幹的湯姆·佩雷斯為正使，目的就是想入京觀見明朝皇帝，向他呈遞國書，要求兩國正式通商。佩雷斯於正德十二年八月十五日到達廣東屯門港，他們馬上與當局接洽，經廣東布政使吳廷舉許可住進了廣州懷遠驛。由於葡人不諳中國禮儀，在進入廣州時鳴放禮炮表示尊敬，引起了中國當局的不安。此事被總督陳金得知，他一面下令讓葡使在光林寺習禮三日，然後引見，一面將葡使進京觀見的請求奏報給明武宗。朝廷這才知道還有佛郎機這個國家。因為沒有朝貢先例，明武宗傳諭廣東守臣收下貢物，再賜給相當代價的物品，令其回國，從而拒絕了佩雷斯入京觀見的請求。

佩雷斯不甘於就這樣一無所獲而歸，於是通過火者亞三打通關節，在廣東留了下來以等待時機。火者亞三，可能是一位住在滿剌加的華裔，由於精通葡萄牙語，熟悉中國情況，故他在佩雷斯使華時扮演了一個重要角色。在佩雷斯來華之前，受葡人指派他「風漂到澳，來往窺伺，熟我道路」，在佩

明武宗像

雷斯被遣歸時，又是他通過金錢加奇物賄賂當地官員，使佩雷斯得以滯留廣東。火者亞三手腕高明，不久他又結織了廣東鎮守中貴，對他們假稱自己是滿剌加國遣禮使臣，請其疏薦入京，獲得批准。正德十五年一月二十三日，火者亞三和佩雷斯離粵北上。當時明武宗正南巡駐蹕南京，因此他們直抵南京與明武宗相見。

火者亞三是經過江彬的介紹與明武宗見面的。當時明武宗對江彬正是寵幸異常、言聽計從的時候，對他介紹的火者亞三當然也就另眼相看。再加之火者亞三聰明伶俐、很會辦事，很快便得寵於明武宗和江彬。明武宗把他留在身邊，讓他陪侍左右，由於火者亞三說話不太順暢，明武宗經常故意讓他說話出洋相，拿他取笑。這位使臣給明武宗孤寂的生活帶來了些許快樂和輕鬆，很快成為他的新寵，令人刮目相看。

正德十六年一月，火者亞三和佩雷斯隨明武宗回到北京，居住在會同館。這時的火者亞三仍以滿剌加使臣的身分活動，倚仗明武宗的寵幸，驕橫傲慢。當提督禮部主事梁焯到會同館見他們時，火者亞三拒不跪拜，梁焯一怒之下，鞭杖之。火者亞三忍不下這口氣，把事情告訴了江彬。江彬譏斥：「他曾與當朝天子相嬉無間，怎麼肯跪你這樣的小官呢？」言外之意，你梁焯真是不自量力。而這時的佩雷斯也以葡使的身分活動，表明自己的態度和要求。

正在這時，滿剌加國使者為昔英來到北京，向明朝申述了葡萄牙侵佔其國土的種種不法行為，請求明朝幫助其收復失地。滿剌加使臣的出現，一方面揭露了葡萄牙無視中國，吞併其藩屬國的野蠻行徑，另一方面也使火者亞三冒充滿剌加國使臣的真相暴露無遺。朝廷一時為之大譁。群臣紛紛要求對其做出處理。但明武宗還沒有來得及做出決定，便於這年三月十四日崩逝

了。舊主已去，新君初立，他當然不會像武宗那樣去庇護火者亞三和佩雷斯。不久以後，火者亞三以冒充使節罪被逮。在審訊時，他說出了自己的真實身分，落了個被殺頭的下場。對於佩雷斯，則連同貢禮一同被遣返回粵，正德十六年九月二十一日到達廣州後即被投入監獄，第二年四月死於獄中。

葡萄牙的首次來華遣使最終以悲劇結束，明朝皇帝與歐洲使節的交往在一開始便籠罩上了一層不祥的陰影。直到歐洲傳教士東來，這種狀況才得到改變。

第四節　利瑪竇與萬曆帝

在歷史上，外國宗教與中國的接觸總是處於斷斷續續的狀態之中。西元七世紀唐太宗時傳入的景教、十三世紀元朝時傳入的也里可溫教，都因為東西方陸路交通的阻隔而漸告消亡。十五至十六世紀，隨著歐洲地理大發現和東西方航路的開闢，再次激起了天主教向東方傳教的熱情，一批批傳教士紛紛來華，形成了具有深遠影響的明清間天主教在華傳教和中西文化交流的浪潮。而站在這一浪潮前面的就是這樣一個人，是他改變了在華傳教策略，贏得了士大夫文人的好感，也是他打開了緊閉著的紫禁城的大門，取得了一朝天子的信任，為天主教在中國的傳播找到了最強有力的保護者。他就是被稱為「在華傳教事業奠基人」的利瑪竇。

一、利瑪竇其人

利瑪竇（Matteo Ricci），義大利人。一五五二年十月六日生於馬爾凱省的馬切拉塔城。父親喬萬尼・利奇以行醫為業，並在教皇領地內經營多處產業。母親喬萬娜・安喬萊是位「品德高尚，對耶穌會特別虔誠信奉」的天主教徒。馬切拉塔是個風光旖旎的城市，面向蔚藍的亞得里亞海，背倚鬱鬱蔥蔥的山崗，自古即為兵家必爭之地。馬切拉塔還是個具有悠久歷史的文化聖地，早在古羅馬時代，這裡就有城池興起，哥德時代和文藝復興時期的城

利瑪竇像

牆、豪華的宮殿、優雅的教堂無不令人心曠神怡。然而這自然的美景、富裕的生活、歷史的痕跡和壯麗的藝術都沒有在利瑪竇幼小的心靈中引發更多的激情，反而使他更加嚮往耶穌的故鄉——聖地拿撒勒。這不能不歸功於他自幼受到的天主教會的教育。

還是在童稚之年，利瑪竇就在尼古拉‧白啟完神甫創辦的學校中學習基礎語法。九歲時，耶穌會在馬切拉塔城開辦學校，利瑪竇成為最早入學的學生之一。他在人文科學和文學課程方面成績優異，並從這個時候起產生了日後要當教士的念頭。十六歲時離開家鄉，進入羅馬大學攻讀法律。在羅馬，利瑪竇認識了耶穌會總會的神父們，並在其影響下於一五六九年加入了該會在羅馬的組織——聖母會，從而邁出了他一生從事宗教事業的第一步。一五七一年八月十五日，他來到耶穌會總會駐地——聖安德列備修院並提出入會申請，得到批准。經過一年的修練生活，一五七二年九月他被送進耶穌會創辦的羅馬公學，學習哲學和神學。在這以後的幾年中，耶穌會的發展進入了一個決定性階段。他們把向東方傳教列入了首要事務，從而激發了諸多教士們的熱情，這其中也包括年輕的利瑪竇。

他認為能夠到遙遠的荒漠之地去傳播福音，為上帝灑盡熱血是極為榮耀的事情。經過一再懇求，一五七七年五月，教會終於批准他去印度傳教。一五七八年九月十三日到達金色的果阿。

果阿位於印度西海岸中部，自從一五一〇年被葡萄牙佔領後，就成為葡萄牙在遠東的擴張基地和進行宗教傳播的大本營。一五三三年教皇克雷芒

七世下令建立果阿教區，統轄遠東教務。當時分布於東方各個國家的傳教士就是由果阿教區直接指派的。利瑪竇到達果阿後，先進入果阿修道院繼續攻讀神學，繼而又教授拉丁文和希臘文。由於他豐富的學識和辦事幹練，一五八二年被遠東教務視察員范禮安選調前往中國，並於同年八月七日抵達澳門。在那裡，他開始專心學習中國的語言和文字，自此開始了他在中國內地傳教的艱難歷程。

二、歷盡艱辛入宮門

十六世紀的中國還是一個相當封閉的社會。由於沿海海盜的不斷搔擾，致使中國人不自覺地對外國人產生了一種敵視心理。除非他是作為使者給皇帝進貢或者是因嚮往中國文明而來，否則就會一律禁止入內。這無疑給耶穌會在華傳教設置了一道難以逾越的屏障。應該說，中國的大門一直對上帝的使者關閉著。最早被派往中國的方濟各‧沙勿略雖幾經努力，卻始終未能實現去中國傳教的願望，最後在珠江口外的上川島含恨而終。

利瑪竇似乎從他的先驅者身上吸取了必要的經驗。因為在最初進入中國內地時，他是剃鬚剃髮，穿著和尚衣服的。為了進入內地，他又以重金賄賂兩廣總督的下屬，獲得了「可在肇慶建堂久住」的許諾。一五八三年九月，利瑪竇和羅明堅來到肇慶，說「他們是僧人，事奉天帝，來自天竺國，航海四年，嚮往中國政治昌明，願得一塊清淨土，建屋造堂……終身事奉天帝」。（羅光《利瑪竇傳》）在知府王泮直接參與下，利瑪竇等不久便在肇慶城東建起一座歐式教堂。為了擴大影響，他們又在教堂中陳列了從西洋帶來的西洋鏡、自鳴鐘、日晷、三稜鏡、世界地圖等物，一時名噪遐邇，觀者紛至杳來，絡繹不絕。但不久當地居民便對他們的到來產生了懷疑，甚至出現成群圍攻教堂的事件。利瑪竇一行不得不於一五八九年遷往韶州。

在韶州，利瑪竇最大的收獲就是有機會同瞿太素進行頻繁交往，彼此建立了良好的關係。瞿向利瑪竇學習西方的天算，將近兩年之久，彼此成為莫逆。由於瞿為高官之子，又是著名的學者，故他對官場情況非常了解，在文人中也有一定影響。因他之故，韶州地方的大小官員乃至文人學士不久便跟利瑪竇熟識起來，這些人在一定程度上保證了利瑪竇在韶州居住的安全。但

這裡也並非風平浪靜。有一天，若干人趁天黑扔石頭圍攻他們的房屋，他們出來攆，就逃之夭夭，然後又大量湧來，裡邊人左閃右躲，才沒被石頭砸中。最後在知府的干預下，事態才平息下去。

為了便於活動和交往，瞿太素建議利瑪竇改穿儒服。因為在中國和尚處於社會的底層，只有儒生文人才受到社會的普遍尊重。利瑪竇接受了這一提議，很快由洋和尚變成了洋儒生。事實證明，這一策略的改變對他的事業大有好處。許多人慕名前往拜會，與其討論學術，其中包括南來北往經過韶州的高官顯宦。利瑪竇博學的聲名遠播他方。

隨著與中國官宦接觸的增多和對中國社會了解的深入，利瑪竇感到雖然他在韶州的事業取得了很大的進展，但若要將成果擴大又面臨重重困難。

利瑪竇與徐光啟

在中國這樣一個極端專制的國家中，「官吏彼此之間百般依順，奴顏婢膝，下級對上級敬畏之至，大官又對聖裁敬畏之至。因此，假若不溯至皇上那個根子，從他那裡著手，大門就永遠不可能向神聖福音打開」（裴化行《利瑪竇評傳》）基於此，利瑪竇多次表示要想在中國站穩腳根，使全中國人皈依天主教，就必須設法使中國的最高統治者——皇帝成為教徒，然後利用皇帝的權威和聲望去影響中國人民。利瑪竇深信，只要能進入北京，就會很容易達到這一目的。一五八八年，羅明堅返歐洲，要求

教皇派遣使團至京，但因教皇頻頻更換而未果。而就在同一年，萬曆帝頒布詔書，免去升授官面聖之儀，自此神宗視朝日稀，以後乾脆就深居大內不出，和他接觸的只有幾個親近太監而已。利瑪竇要靠自身的努力去爭取這可貴的觀見，實在難而又難。他只有去找關係，等待著一切可資利用的契機。

恰巧，一五九五年，兵部侍郎石星奉詔赴京，路過韶州，慕名與利瑪竇相見。石侍郎有個二十歲的兒子，因鄉試不中，精神失常。他請利瑪竇幫助醫治，隨同北上。利瑪竇當然不會放過這一有利時機，當即表示願意陪同他的兒子一路去北京，沿途為他祈禱。經過六個星期的顛簸，一五九五年五月利瑪竇隨同石星的家人到達南京。當時明政府正與日本人作戰，南京被一片緊張的戰爭氣氛籠罩著。從平民到官府對有關外國人的話題皆異常敏感。石星不敢私自帶一個「番夷」進京，於是勸利瑪竇留在南京，自己一個人到北京去了。利瑪竇在南京拜訪了兵備道徐大任，請求留居南京，遭到拒絕。利瑪竇被迫退回南昌，第一次進京的努力失敗於中途。

南昌是南方重鎮，文人薈萃之地。同時也是宗室建安王朱多𤏳、樂安王朱多焿的駐節地。利瑪竇到南昌不久，便通過關係與他們相識。他們對利氏博聞強記、過目不忘的本領深為嘆服，彼此相來往從，建立了良好的關係。在此期間，利瑪竇刊行了他的著名的《交友論》，在知識界引起轟動，人們更加敬佩他的學問。同時利瑪竇不斷遊說二王，尋找入京的時機，在寄往歐洲的信件中，利瑪竇這樣描寫他當時的處境：

> 我們比以前更靠近京城了。這還不單單是從事實上說，也是指手續而言。也就是說，從此地進京比從任何地方更容易。因為可以仰仗建安王的斡旋，或者依靠朋友們在宮廷身居要職的親戚。其中有三位的父親現任京師府尹，在帝國全境都有勢力。（裴化行《利瑪竇評傳》）

正在這時，利瑪竇聽說前南京禮部尚書王忠銘從海南被召前往北京，並傳聞他有可能升遷北京禮部尚書，拜內閣大學士。利瑪竇立即派人趕往韶州告訴那裡的郭靜居神父，叮囑他在王忠銘經過時設法拜訪，求其把傳教士帶往北京。王忠銘過去曾與利瑪竇有過接觸，很爽快地答應了。於是，郭靜居安排了韶州教務，便一同馳往南昌。利瑪竇向王忠銘展示了想要送給皇帝的

利瑪竇、徐光啟《天主實義》書影

禮品，王忠銘讚不絕口，表示一定要在皇帝萬壽節之前趕到北京，把貢品獻給皇上。一五九八年六月五日利瑪竇一行離開南昌，九月七日到達北京，住在王忠銘寓所。但非常遺憾，王忠銘並沒有得到傳聞中所說的任命，他不得不失望而回。臨走前，他還想方設法幫助利瑪竇打通關節，但終因戰爭吃緊，任何人都不願同外國人發生聯繫而宣告失敗。兩個月後，利瑪竇只得返回南京。

　　第一次進入北京雖然以失敗告終，但利瑪竇更加堅信要接近中國皇帝就必須以「進貢」的方式上北京。一五九九年六月，利瑪竇派郭靜居去澳門籌備再次入京進貢的物品，他自己則同南京的達官貴人建立關係，隨時探聽有關北京的消息。這時，中國和日本在朝鮮的戰爭已經結束，氣氛大為緩和。經瞿太素介紹，南京禮部給事中祝石林發給了利瑪竇去北京的路票，又經祝石林介紹，一位姓劉的太監答應利瑪竇乘他運絲綢進京的船去北京。一六

〇〇年五月十八日，利瑪竇同龐迪我、鍾鳴仁、游文輝帶著貢品，乘船離開南京，沿運河北上。當行至山東臨清時，利瑪竇一行及其貢品卻被太監們當作進行交易的砝碼，落入了貪婪的稅監馬堂手中。

馬堂看到利瑪竇的貢品都是以前沒有見過的奇物，便覺得這是個很好的向皇上獻媚的機會。他想獨佔利益，於是便越過當時主管這類事務的禮部，單獨給萬曆皇帝上了一份奏章。

利瑪竇、徐光啟合譯《幾何原本》

奏章非常簡短，只是說有一異域人名叫利瑪竇，乘船來到臨清，自稱攜來若干方物欲敬獻陛下。據馬堂了解，此洋人為一好人，唯恐他在運糧船上遭人禍害，特撥予他船一艘，並派人護送至天津，令其在天津聽候聖上迅即裁決。（《利瑪竇評傳》）

萬曆帝將奏章轉給了禮部，禮部對馬堂的越權行為十分不滿，便有意拖延時間。三個月後，馬堂才接到「另本上奏，言明洋人所攜之物，前本語焉不詳」的詔命。馬堂趕緊吩囑利瑪竇將貢品清單繕寫進呈，以後又是漫長的等待，雖然奏章已經呈到萬曆帝那裡。

有一天，萬曆皇帝忽然想起了早先呈給他的一份奏疏，便問道：「那座鐘在哪裡？我說，那座自鳴鐘在哪裡？就是他們在上疏裡所說的外國人帶給我的那個鐘。」（《利瑪竇中國札記》）當值太監馬上稟道：「萬歲爺若不賜下馬堂公公的奏摺，夷人怎敢擅自進京？」萬曆皇帝這才想起那件奏摺一

直留中未發，於是立即批示：

> 天津稅監馬堂奏遠夷利瑪竇所貢方物暨隨身行李，譯審已明，封記題知，上令方物解進，利瑪竇伴送入京，仍下部譯審。」（《明神宗實錄》卷三五四）

萬曆皇帝的示諭，猶如一陣春風，吹化了阻礙道路的堅冰。馬堂立即組織人力，護送利瑪竇入京。一六〇一年一月二十四日，利瑪竇終於堂堂正正地踏進了這座傳奇城市的門檻。馬堂唯恐失去呈獻貢物的優厚好處，趕緊採取措施，將利瑪竇留在一個親信家裡，第二天自己帶著大隊人馬，攜帶貢物、奏摺直抵皇宮。

三、給萬曆帝的貢品

利瑪竇獻給萬曆帝的貢品共有四十多件。其中包括小幅天主像一幀；油畫兩幅（一幅半尺長，畫的是聖母，其中之一是聖路加教堂的聖母像摹本；另一幅是聖處女懷抱耶穌，旁邊有聖約翰‧巴蒂斯特）；鍍金邊、金絲封面的每日祈禱書一本；鑲寶石的十字架一具；報時自鳴鐘兩座，其一鐘擺外露，另一全鍍金銅製，高一掌，是上發條的；《萬國圖志》一幅；奧泰琉斯的《月相》；鋼弦琴一架，綴以純銀鏈的三角形玻璃柱兩個。（《利瑪竇評傳》）當這些貢品擺到萬曆帝面前時，據說「皇上展開天主像，凝視良久，恭恭敬敬地把它收入內庫」。

> 當皇帝看到耶穌受難十字架時，他驚奇地站在那裡高聲說道：「這才是活神仙。」儘管這是中國人的一句陳詞老調，他卻無意之中說出了真相。這個名詞在中國至今仍用於耶穌受難十字架。而從那時起，神父們就被稱為給皇帝帶來了活神仙的人。皇帝似乎從驚奇變得害怕看見這些雕像，他不敢和這些雕像目光相對，便把聖母像送給了他的母親。而她是篤奉她那沒有生命的佛像的，看到活生生的神的形象也感到不安。他害怕這些雕像逼真的神態，於是下令把它們放到她的庫藏裡……皇帝

親自向雕像表示致敬，並讓人在它們面前焚香和燃其他香料……。皇帝自己保留了一個最小的耶穌受難十字架，把它放在他心愛的房間裡。（《利瑪竇中國札記》）

這一切都表明利瑪竇的貢品深深震撼了這位深居內官的皇帝。和以往進貢不同，在一開始便顯示出此次進貢的不同尋常。

隨同貢品一起呈獻給萬曆帝的，還有利瑪竇的表章，這是經過中國文人幾次潤筆的結果。表章中稱：

> 大西洋陪臣利瑪竇，謹獻土物於皇帝陛下：臣本國僻遠，從來貢獻不通。逖聞天朝之聲教文物，竊願霑被餘澤，終身為之民，始為不虛此生。因此辭離本國，航海遠來，時歷三年，路經三萬餘里，始達廣東。語言未通，有同喑啞，因僦居而習華文，淹留於肇慶、韶州府，垂十五年，頗知中國古先聖人之學，於經籍略能記誦，而通其詣。乃復越嶺，由江西至南京，又淹留五年。伏念堂堂天朝且招徠四夷，遂奮志努力，逕趨闕廷。……臣自幼慕道，年齒逾艾，迄未婚娶，都無繫累。他非所望，謹此所獻之寶像祝萬世，祈純嘏，佑國保民，實則區區之忠悃也。伏乞皇上憐臣誠愨來歸，將所獻土物俯賜收納，則蓋感皇恩浩蕩，無所不容，遠臣慕義之憂應少伸於萬一。仰臣在本國，忝列科名，已叨祿位。天地圖及度數，深測其秘，所製觀象考驗日晷與中國古法吻合。倘皇上不棄疏微，使臣得於至尊之前，罄其愚昧，又區區之大願，而未敢必也。臣不勝感激待命之至！（蕭一山《清代通史》）

萬曆皇帝對貢品的興趣，使利瑪竇同他的接觸有了一個良好的開端。

四、萬曆帝的門客

在利瑪竇所進貢品中，最令萬曆帝感興趣的就是自鳴鐘。但當萬曆帝第一次看見那座較大的鐘時，鐘還沒有調好，到時辰不響，於是他命令立刻宣召神父們進宮進行修理。利瑪竇告訴管事的太監，這些鐘是一些非常聰明的

工匠創製的，不需要任何人的幫助就能日夜指明時間，並有鈴鐺自動報時，每一個指針指示不同的時間。還說要操作這些鐘並不難，兩三天內就可以學會。聽了太監的彙報，萬曆帝欽命欽天監的四名太監去跟利瑪竇學習鐘錶技術，並讓他們三天內將大鐘修好。太監們學習很刻苦，很快便記住了自鳴鐘的內部構造，自如地進行調試。三天還沒有到，萬曆帝就迫不及待地命令把鐘錶搬進去，看著指針的走動，聽著「嘀嗒」的聲音，萬曆帝非常高興，對太監和利瑪竇給予獎賞。

在宮中沒有一座內殿的天花板高得足以容得下大時鐘。萬曆帝便命利瑪竇提供圖紙，命工部於第二年特意為此鐘建造了一座鐘樓。這座鐘樓有樓梯、窗戶、走廊，裝飾物富麗堂皇，上面刻滿了人物和亭台，用雞冠石和黃金裝飾得閃閃發光。為建此鐘樓，工部花費了一千三百兩銀子，最後被安裝在御花園中，萬曆帝經常光顧。

至於那座鍍金的小自鳴鐘，萬曆帝更是隨時把玩，從不離身，並從向利瑪竇學習鐘錶技術的四名太監中抽出兩名專門負責給這座小自鳴鐘上發條。

利瑪竇與沙勿略

據說，皇太后聽說有人送給皇上一架自鳴鐘，便要皇帝叫太監把它送來給她看。皇帝想到她可能會喜歡它，擔心被她留下，同時他又不想拒絕她的要求，便把管鐘的太監找來，要他們把管報時的發條鬆開，使它不能發聲。皇太后玩了幾天，見不能鳴時，才把它又送了回去。（《利瑪竇中國札記》）正是從萬曆帝開始，把玩品味造型各異的自鳴鐘錶成為中國的一種新時尚。稱自鳴鐘為西方傳教士打開中國宮廷大門的敲門磚，是一點也不過分的。

萬曆帝對所進的一架鋼弦琴亦表現出極大興趣。但宮中沒有

人能彈這種琴，於是他又派了四名太監，向利瑪竇他們學習演奏技術。利瑪竇便派龐迪我每天進宮教授音樂。為了讓萬曆帝了解音樂所表達的意思，利瑪竇又把曲譜大意寫成中文，取名為《西琴曲意八章》，每一章均以修身格言為題，其中多與天主教義有關，藉以提醒萬曆帝應該以歌曲中所提到的品德來治理國家。此書曾在中國文人中間廣為流傳。

利瑪竇的貢品大大調節了萬曆帝在宮中孤寂的氣氛，並勾起了他一睹外國人

萬曆皇帝像

風采的念頭。可他又不願打破不在任何人之前露面的規矩，於是就派了兩名最好的畫師為利瑪竇等畫像。當萬曆帝見到一臉大鬍子的利瑪竇的肖像時，便認為此人是回民。但隨身太監告訴他，他們不是回民，而是來自遙遠的歐洲。萬曆帝又想知道歐洲帝王的服飾、髮式、宮殿是什麼樣子。由於這些問題三言兩語說不清楚，利瑪竇接受了使團一名僕人的建議，將他們自己收藏的一幅凹雕耶穌像進了上去。這幅畫上畫著煉獄裡的天使、男人和靈魂正在呼喚耶穌。那些人中間就有教皇、國王、王后及其他貴族，全都佩帶著標誌，面貌和服飾都描繪得很清楚。於是利瑪竇用中文寫了一份簡短的說明，並順便解釋了基督耶穌是個什麼樣的人。這樣既回答了問題，又向皇帝宣傳了基督福音，真是一舉兩得。

後來利瑪竇又呈上一幅繪有威尼斯的聖馬可教堂和廣場以及威尼斯共和國的一些旗幟的畫，介紹了歐洲皇宮的情況，滿足了萬曆帝的好奇心。利瑪竇和萬曆帝雖未謀面，但間接接觸頻繁。萬曆帝甚至傳出旨意，允許利瑪竇等可以隨時進宮調鐘或從事其他工作，並讓太監和官員陪同他們在城牆上行走。

　　按照規定，貢使到時間必須離開北京。因此當利瑪竇隱約表現出想要繼續留在北京時，遭到了禮部的拒絕。禮部表奏認為利氏一行不宜留居京都，請遣其去廣州，押解登舟回國。但隨著時日的推進和了解的增多，萬曆帝越來越不願意利瑪竇等離開。再加之身邊太監的唆教，更加堅定了萬曆帝的意志。因此，對於禮部的屢次表章，萬曆帝都留中不發。幾個月後，禮部似乎明白了皇帝的心思，便不再堅持原來的決定。

　　利瑪竇等先是擺脫宦官馬堂的控制，住進四夷館。同年五月，又遷出四夷館，租賃民房居住。其所需的衣、食都由皇家供應。一六〇六年八月，利瑪竇等在北京宣武門前購置了一處房產，共有大小房間四十多間，同時遷入居住。從此，利瑪竇可以自由出入，同京城的文人官宦進行廣泛交往，並不時出入於宮廷，成為萬曆帝名副其實的門客。

五、天子腳下的墓地

　　一六一〇年五月三日，利瑪竇訪客歸來後感到有些頭痛，就上床休息。一天以後，病情加重，經多方延醫治療無效，於五月十一日安然逝去。按照教會當時的規定，凡死在別處的人，其遺體都必須遷回澳門葬在一起。而且事實上，到那時為止，所有在中國傳教去世的人確實都葬在了澳門神學院的墓地。

　　但利瑪竇生前對自己死後葬在什麼地方好像有所安排，他一直考慮在郊外購買一處墳地，說明很希望把自己葬在北京，這與他的後繼者想法相同。於是，在徵求了許多高官顯宦朋友們的意見後，一份以龐迪我名義書寫、經李之藻修改補充的奏章送到了萬曆帝面前。奏章中稱：

> 　　臣等外國微臣，豈敢希冀分外，所悲死無葬地，泣血祈懇天恩，查賜閒地半畝，或廢寺閒房數間，俾異城遺骸得以埋瘞。而臣等見在四人，亦得生死相依，恪守教規，以朝夕瞻體天主上帝，仰視聖母聖躬萬萬歲壽。既享天朝東土太平之福，亦畢螻蟻外臣報效之誠，臣等不勝感激。（楊廷筠《絕徼同文紀》）

　　一個月以後，萬曆帝批准了龐迪我的請求。經官員協助將平則門外二里

溝一所楊姓太監私人建造的寺廟賜作墓地。計地基二十畝，房屋三十八間。同年十一月一日，利瑪竇的靈柩下穴於御賜墓地。

葬禮舉行時，萬曆帝還派遣大員致祭。墓地正門掛上了「欽賜」的匾額。利瑪竇墓碑文由京兆尹王應麟撰寫。碑上刻有漢文大字「耶穌會士利公之墓」。左、右分別用漢文和拉丁文寫有利氏生平。碑頂為雙螭盤繞，碑額有十字架圖案。歷經近三百年的風雨滄桑，利瑪竇墓至今仍保存完好。墓地的賜予，給萬曆帝與利瑪竇的關係畫上了一個完滿的句號。

利瑪竇墓

六、接踵而來的曆局支柱

在晚明來華的天主教傳教士中，其中有幾位與皇帝有密切交流。他們主要集中在萬曆和崇禎兩朝，其中萬曆朝主要有龐迪我和熊三拔。

龐迪我，又稱龐迪峨，字順和，西班牙人。一五七一年十一月六日出生於馬德里附近的巴爾德莫羅。此地離當時的耶穌會活動中心托萊多城不遠，受其影響，龐迪我於十八歲時在托萊多加入了耶穌會，在修道院中接受嚴格的教育。一五九六年被派往東方傳教，一五九九年抵達澳門。當時利瑪竇在華的傳教事業取得了很大進展，正急需助手，於是他被派往中國。一六〇〇年初到達南京與利瑪竇會合，並於同年五月和利瑪竇沿運河北上，直達北京——當然是打著給萬曆帝進貢的旗號。

在北京，龐迪我除了和利瑪竇一起向萬曆皇帝進貢西洋物品外，他還自己單獨與萬曆帝有所接觸，出入宮門。萬曆皇帝想知道西方皇帝的喪葬儀式，龐迪我便將剛收到不久的西班牙國王菲利浦二世的殯葬圖呈進，並通過太監告訴萬曆帝，西班牙國王死後要安放在一個鉛製的棺柩中，而不像中國那樣選用上等木料做棺木，用鉛棺可以達到長期保存屍體的目的。西班牙有專門紀念已故國王的教堂，裝有國王屍體的棺柩移到教堂後再封存在石砌的墓穴中。他還通過傳播科學知識的方式接近萬曆帝，曾用象牙精心製作兩個日晷送給萬曆，並奏說：「象牙石刻晷二具，或看日、看星，或看月，皆可測之時刻。臣等學道餘閒，頗習曆法，二物係臣等製造，謹附進御前，以為皇上宵夜旰食之一助。」（《熙朝崇正集》卷二）另外，在利瑪竇和龐迪我進給萬曆帝的貢品中，有一架鋼弦琴，萬曆帝很想聽一聽它的韻味，便派四名太監向龐迪我學習彈奏方式。四位太監對龐迪我相當尊重：

> 在開始上課之前，這些學音樂的學生堅持要舉行慣常教師見新弟子或者不如說弟子拜新教師的儀式。他們要求龐迪我神甫耐心而又勤奮地教他們，不要在發現他們對這門從未接觸過的藝術學習得很慢時感到不耐煩。隨後，為了保證取得進步，他們也向古琴舉行了同樣的儀式，就好像它是一個活人那樣。（《利瑪竇中國札記》）

這樣，龐迪我每天進宮教授太監演奏，持續了一個月之久，當太監在萬曆帝面前成功地用西洋琴彈奏樂曲的時候，無形中縮短了萬曆帝與龐迪我之間的距離。應該說，龐迪我和利瑪竇一樣，是傳教士進入中國宮廷的先驅者。

利瑪竇去世後，龐迪我成了北京地區傳教士的實際領導者。在萬曆朝後期，他和熊三拔一起參加了明宮修改曆法的準備活動。

熊三拔，義大利人，字有綱。一五七五年生，一六〇六年來華，居於北京，學習漢文。龐、熊二氏具有豐富的曆法知識，在中國士大夫中影響很大。李之藻就曾上疏萬曆，建議說：「如蒙俯從末議，敕下禮部急開館局，徵召原題明經通算之臣如某人等，首將陪臣龐迪我等所有曆法，照依原文譯出成書，進呈御覽」。萬曆三十八年（一六一一年）「十一月朔日食，曆官推算多謬，朝議將修改。明年，五官正周子愚言：大西洋歸化人龐迪我、熊三拔深明曆

龐迪我居住的南堂

法，其所攜曆書，有中國載籍所未及者。當令譯上，以資採擇。禮部侍郎翁正春等因請仿洪武初設回回曆科之例，令迪我等同測驗，從之。」（《明史·外國傳》）龐、熊二人是最早參與中國曆法修改的西方傳教士，影響很大。

正當龐迪我、熊三拔在北京活動不斷擴大之時，從南京颳起了一場反教浪潮。一六一六年五月，南京禮部侍郎沈潅上奏《參遠夷疏》，指出：

近年以來，狡夷自遠而至，在京師則有龐迪我、熊三拔等，在南京則有王豐肅、陽瑪諾等……其說浸湟人心……伏乞敕下禮、兵二部……合將為首者，依律究遣，其餘立限驅逐。（梁家勉《徐光啟年譜》）

當時萬曆帝對傳教士正心存好感，故對沈潅之奏沒有理會。八月，沈潅又第二次上疏，指控耶穌會士們以邪說惑眾，圖謀不軌，萬曆皇帝對其仍然置之不理。同年十二月，沈潅再上第三疏，向萬曆帝進言：「伏戎於莽，為

患叵測。」在這種情況下,十二月十八日萬曆帝傳出諭旨,批准將在北京的傳教士龐迪我、熊三拔和南京的王豐肅、謝務祿一同押解出境。龐、熊二人被送回澳門,於次年相繼去世。

一六二八年,年僅十六歲的崇禎皇帝即位。不久,便除去了禍國殃民的魏忠賢,同時將過去受閹黨迫害革職的有用之才召回北京。信奉天主教的徐光啟於一六二九年復職,並很快成為明廷「閣老」。在徐光啟影響下,崇禎皇帝開始啟用西方傳教士參與修曆。

明初頒行的「大統曆」是根據元朝郭守敬的「授時曆」制定的。但由於年代久遠,失誤很多,故自明太祖朱元璋以後,推測日食和月食往往與實際不符,因此有明一代屢次有人提出修改曆法,都被禮部以「古法未可輕變,請仍舊法」為藉口回絕了。(《正教奉褒》)

徐光啟復職禮部後,不久便遇到了一六二九年六月二十一日的日食。欽天監官員按「大統曆」和「回回曆」推算均出現錯誤,唯獨傳教士用新法推算準確無誤。崇禎帝因日食失驗,擬將台官治罪。徐光啟趁機上疏崇禎說:「台官測候本郭守敬法。元時嘗當食不食,守敬且爾,無怪台官之失占。臣聞曆久必差,宜及時修正。」(《明史》卷二五一)並建議委託耶穌會傳教士幫忙修改曆法,崇禎帝採納了這個意見。九月二十七日崇禎帝詔令傳教士龍華民、鄧玉函進入曆局參預修曆,制定新法,生活費用由明廷擔負。

鄧玉函是德國人,一六二○年來華,是當時來華傳教士中最博學的人。他在曆局與龍華民等日逐講求翻譯,共同著述翻譯曆說、曆表草稿七卷。七個月後鄧玉函去世,龍華民因不懂曆法也離開曆局。徐光啟又上疏,請求由湯若望和羅雅谷二人替補,獲得批准。

自從傳教士參加曆局工作以後,有關西方天文曆象的書籍開始得到系統翻譯,以此為基礎,到明末完成了長達一百三十六卷的《崇禎曆書》。

崇禎帝任用傳教士修曆,開啟了中國朝廷起用西方傳教士之先河,邁出了皇帝與傳教士關係的具有重要意義的一步。

第五節　南明宮廷與西方傳教士

　　一六四四年，雄踞東北的清政權突入山海關，佔領北京，加之李自成農民起義軍的打擊，明朝最後一個皇帝崇禎於煤山自盡，統治中國二百七十六年的明朝宣告滅亡。但在南中國，明朝餘部及皇室還有一定勢力，他們力圖重整舊業，恢復大明河山。一六四四年六月，在馬士英、阮大鋮、史可法擁立下，崇禎帝的從兄、萬曆帝的孫子福王朱由崧在南京稱帝，年號弘光；不久弘光帝被清兵俘殺，唐王朱聿鍵於一六四五年六月二十六日在福州稱帝，改元隆武；第二年，清兵又攻入福建，隆武帝被俘自縊，同年十一月，萬曆帝之孫桂王朱由榔在廣東肇慶被擁立為帝，建元永曆。此後永曆朝廷輾轉於廣西、雲南，與清廷對抗十六年之久，一六六一年被吳三桂於緬甸擒獲，次年絞殺於昆明。在南明朝廷，前後相繼的弘光、隆武、永曆三帝與西方傳教士都有相當密切的關係，相知頗深。西方傳教士在南明三朝的活動深達於內廷，直接影響著三帝的政策，甚至一度被看作是挽救亡明政權的救星。

一、三帝之友畢方濟

　　方豪先生在其《明末清初旅華西方與士大夫之晉接》一文中曾說：「吾嘗謂方濟為初來教士中第一奇人，雖利瑪竇、湯若望亦有所不及。」這裡所說的方濟即是明末傳教士畢方濟。由於他和上至皇帝、下至文人官吏都有廣泛交往，故而在當時有著很高的聲望。

　　畢方濟是義大利人，原名Sambiasi，字今梁。萬曆三十八年（一六一〇年）來華抵澳門，三年後到北京，再往各地傳教，足跡及於嘉定、上海、松江、河南、山西、山東、南京等地。每到一地，他都盡量多和當地人交往，取得他們的信任。據費賴之引巴篤里書，說他精通文學數理，又奉朝命測量北極高度，觀察日食，改良曆法，並預測某年日月食有驗，為人推重。在北京時，徐光啟曾有意向朝廷推薦他，沒有結果，直到崇禎十二年（一六三九年）冬，畢方濟上書崇禎帝，條陳救國之策：一明曆法以昭大統、二辦礦脈以裕軍需、三通西旁以官海利、四購西銃以資戰守（黃伯祿《正教奉

褒》），才受到崇禎帝的重視。不久詔旨「畢方濟著劉若金伴往海上，商議澳舶事宜」。畢方濟成為崇禎欽差，效命明廷。

　　崇禎帝殉國後不久，福王在南京稱帝。還是在河南藩邸時，他就與在開封傳教的畢方濟相識，建立了良好的關係。稱帝後，他便派人請畢方濟來朝協助。在《聖諭歐羅巴陪臣畢方濟》文中，他稱畢方濟「誠於事天，端於修身，信義素孚」，不久就派畢方濟出使澳門，請求葡萄牙派兵援助。一六四五年三月底，畢方濟從南京出發，南下澳門，途中聽說南京失守，弘光遇難。又聽說唐王朱聿鍵在福州稱帝，畢方濟不得不改變方向，投奔隆武。畢方濟與隆武帝曾在常熟相識，其時因聿鍵得罪被廢為庶人，親族多不願歸附。唯獨畢方濟對他很好，故他在心裡對畢氏充滿感激之情。即帝位不久，他曾寫信給畢方濟，說：「臣民強我監國，汝識我已二十年，我誓恢復祖業而竭力為吾民謀幸福。盼我老友速來以備諮詢。我作書召汝已三次，今欲任汝為武職大員，然後任汝為使臣，願汝有以慰我。」畢方濟到隆武朝廷後，深得隆武帝的倚重。畢氏曾以修身、齊家、治家、平天下之道向隆武進《修齊治平頌》，隆武特作《答友人高士畢方濟字今梁進修齊治平頌，有引》云：

> 　　畢今梁，西域之逸民，中國之高士，余迎昭於奉藩，在烈廟庚午辛
> 未間。丙子冬，余以罪廢隆，羈重圖，今梁冤惜，力白當事撫臣，余事
> 得明。甲申秋釋，乙酉春再晤。今余登極八閩，今梁奉召來朝，進頌合
> 規。文叔云狂奴故態，詩以裁答，兼弁文首。天地年年故，蟾烏日日
> 新。金蘭一友道，彙篇五人倫。憐彼華夷若，拯余方寸仁。借旒安世
> 後，太昊委來真。

他希望畢方濟繼續完成去澳門的使命。

　　隆武敗後，永曆帝也很重用畢方濟。永曆元年，畢方濟受命去澳門借兵，葡萄牙人遣兵三百人，帶大炮數門，給圍攻桂林的清軍以重創。在宦官龐天壽協助下，畢方濟在廣州建堂建屋，後清軍攻入廣州，畢方濟仍固守不去。直至一六四九年去世，畢方濟歷侍南明三朝，對三帝可謂盡忠而卒。

二、永曆皇族皈依天主教

在永曆朝廷，天主教的活動是相當活躍的，這不能不歸功於早已入教的宦官龐天壽。龐天壽原為崇禎皇帝的太監，大約在一六三○年左右經龍華民受洗，在北京皈依天主教，教名為亞基樓。一六四四年崇禎帝自縊後，他南渡南京，追隨福王，後在隆武朝廷擔任司禮太監。隆武政權瓦解後，他又與瞿式耜等人擁立桂王，改元永曆，深得永曆帝倚重。《天主教傳行中國考》說他始終忠於明朝政權，「為明盡忠，誓死不貳……多所匡救」。《永曆實錄》稱他「淳謹」、「樸率」。他在永曆朝中的官職為：總督粵閩恢剿、聯絡水陸軍務、提調漢土官兵、兼理財催餉、便宜行事、仍總督勇衛營、兼掌御馬監印、司禮監掌印太監。可見他是永曆朝廷中掌握相當權力的重要人物。作為一名天主教徒，龐天壽經常用自己的言行影響永曆帝：

> 龐天壽等奉教大員又常左右之，永曆漸知教理真正，迥非異端邪說可比。特憚於物議，未敢毅然信從。若皇家諸人，如兩宮太后與正宮皇后等，因龐天壽屢進言，蓋已習聞其說，深為悅服。曾在宮中安治小堂一所，供奉耶穌聖像，朝夕瞻拜。（《天主教傳行中國考》）

不僅如此，他還向永曆及其后妃力薦西方傳教士瞿安德。瞿安德的介入，不僅擴大了天主教在永曆宮廷的影響，而且相當程度上改變了永曆朝廷的信仰成份。

瞿安德是德國人，一六○三年生，一六二七年入耶穌會，一六四○年自里斯本來華，一六四六年抵達澳門。不久，正趕上永曆派龐天壽、畢方濟出使澳門，向葡人求援，葡人即派兵三百，攜大炮數門前往。瞿安德即以隨軍司鐸身分進入內地。龐天壽對瞿安德十分尊重，《永曆實錄》卷二十五載：「天壽事天主教，拜西洋人瞿紗微為師，勇衛軍旗幟皆用西番書為符識，類兒戲。又薦紗微掌欽天監事，改用西曆。」瞿安德對永曆政權的穩定曾起過不小的作用，「天壽曾偕瞿神父至湖廣調遣軍隊，聞清兵追永曆，群臣散走，天壽亦欲逃亡。瞿氏曉以大義，天壽聞之感泣，誓以身許國。回朝後並直告永曆帝，帝乃重視瞿氏。」（方豪《中國天主教史人物傳》）正因為如

南明永曆王太后受洗圖

此，瞿安德得以自由出入永曆朝廷，在宮中聖堂舉行彌撒，宣講教理。平時和永曆帝相互往來，瞿氏經常送一些新奇之物，諸如曆算儀器、聖母抱耶穌像等給永曆帝。一來二去，宮中都知道有個瞿安德神父，也都相信他的宣傳。加之龐天壽、瞿式耜等人的影響，永曆二年，永曆宮中的皇太后、皇后提出了入教的請求。瞿安德在宮裡的小教堂中為她們舉行了授洗儀式。她們一位是王皇太后，教名烈納，她是天啟帝之妃，正后死，進位為皇后；一位是馬皇太后，教名瑪利亞，為永曆帝父之次妃，

永曆帝的生母；另一位是永曆帝正后王氏，教名亞納。當時，皇子慈煊正好誕生，按太后們的意思，也要讓瞿安德為他授洗，但永曆帝不許。不久，皇子得重病，瞿安德進言說，如果皇子受洗，並按教規撫養，必蒙天佑。永曆帝這才批准受洗，教名公斯當定。和他們同時領洗的還有宮中妃嬪五十人，大員四十人，太監無數。經過瞿安德的努力，除永曆帝以外，其宮中大部分人都受洗皈依了天主教，使永曆宮廷成為當時天主教信徒的集結之所。瞿安德一直在永曆朝中活動，大約在一六五一年十二月，在追隨永曆途中被清軍擒殺。

與瞿安德同時在永曆宮中活動的還有葡萄牙傳教士曾德昭，他先到廣州主持教務，後來隨同瞿安德去肇慶，在宮中教堂舉行彌撒，永曆帝及眾后妃

也都參加了。彌撒完畢後，永曆帝特賜他旅費四十兩，王太后贈銀六百兩。可見永曆帝后對他的看重。

三、皇帝的使者——卜彌格

永曆政權在清軍的強大攻勢下岌岌可危，為此他們多次派人至澳門尋求援助。但當時澳門葡人害怕得罪清朝政府，擔心以後受到報復，便不願出面援助。於是澳門當局同瞿安德商議，建議永曆派遣使節去羅馬覲見教皇，爭取教廷的庇護。本來永曆皇室打算派龐天壽擔任特使，龐也願意前往，但他年事已高，無法勝任。王皇太后決定由瞿安德的助手、當時在宮中主持教務的西方人卜彌格代之。

卜彌格，原名米海爾・博依姆。一六一二年生於波蘭東部的利沃夫城，一六二九年加入天主教耶穌會，一六四三年隨葡萄牙人從里斯本起程來華，一六四七年從海南島登陸。在那裡，卜彌格勘測地形，考察地理，積累了大量翔實的科學資料，同時還對當地的社會、民俗、政治、歷史作了研究，為以後服務於永曆宮廷打下了堅實的基礎。一六五〇年，他輾轉到達澳門，不久便被派往廣西永曆皇帝的行在，協助正在那裡傳教的瞿安德。憑著自己對中國傳統和文化的深刻了解，他採取了較為靈活的策略，千方百計迎合中國人的心理，很快便得到了永曆皇帝和皇室成員的信任和好感。當斟酌特使人選時，很自然他被選中了。卜彌格，這個來自西方的福音傳播者，此時卻代表著遠在東方的永曆朝廷，踏上了出使羅馬的漫漫長路。

卜彌格像

卜彌格一行主要攜帶有皇太后致教皇和耶穌會長書。致教皇書為：

　　大明寧聖慈肅皇太后烈納致諭於因諾曾爵，代天主耶穌在世總師、公教皇主、聖父座前。竊念烈納本中國女子，忝處皇宮，惟知閫中之禮，未諳域外之教。賴有耶穌會士瞿紗微在我皇朝，敷揚聖教，傳聞自外，予始知之。遂爾信心，敬領聖洗，使皇太后瑪利亞、中宮皇后亞納及皇太子當定，並請入教領聖洗，參年於茲矣。雖知瀝血披誠，未獲涓埃答報。每思躬詣聖父座前，親聆聖誨，慮逆遠國難臻，仰風徒切，伏乞聖父向天主前，憐我等罪人，去世之時，賜罪罰全赦。更望聖父與聖而公一教之會，求天主保佑我國中興太平，俾我大明第十八代帝，太祖第十二世孫，主世等悉知敬真主耶穌。更冀聖父多遣耶穌會士來，廣傳聖教。如斯諸事，俱惟憐念。種種眷慕，非口所宣，今有耶穌會士卜彌格，知我中國事情，即令回國致言我之差聖父前，彼能詳述鄙意也。俟太平之時，即遣使官來到聖伯多祿、聖保祿台前，致儀行禮，伏望聖慈鑒茲愚悃，特諭。永曆四年十月十一日。

皇太后致耶穌會長書與上述大致相同，茲不復錄。此外，卜彌格還帶有受龐天壽之託帶給教皇和耶穌會長的信。其致教皇信文為：

　　大明欽命總督粵閩恢剿，聯絡水陸軍務、提調漢土官兵，兼理財催餉、便宜行事；仍總督衛營、兼掌御馬監印，司禮監掌印太監龐亞基樓‧契利斯當，膝伏因諾曾爵代天主耶穌在世總師、公教真主、聖父座前。

　　竊念亞基樓職列禁近，謬司兵戎，寡昧失學，罪過多端。昔在北都，幸遇耶穌會士，開導愚懵，勸勉入教，恭領聖水，始知聖教之學，蘊妙洪深，夙夜潛修，信心崇奉，二十餘年，罔敢少息。獲蒙天主保佑，報答無繇，每思躬詣聖座，瞻禮聖容，詎意邦家多故，王事靡監，弗克遂所願懷、深用悚仄！但罪人一念之誠，為國難未靖，特煩耶穌會士卜彌格，歸航泰西，來代告教皇聖父，在於聖伯多祿、聖保祿座前，兼於普天下聖教公會，仰求天主，慈炤我大明，保佑國家，立際升平。俾我聖天子，乃大明第拾捌代帝，太祖第拾貳世孫，主臣欽崇天主耶

穌，則我中華全福也。當今寧聖慈肅皇太后，聖名烈納；昭聖皇太后，聖名瑪利亞；中宮皇后，聖名亞納；皇太子，聖名當定，虔心信奉聖教，並有諭言致聖座前，不以宣之矣。及愚罪人，懇祈聖父，念我去世之時，賜罪罰全赦，多令耶穌會士來我中國，教化一切世人悔悟，敬奉聖教，不致虛度塵劫，仰徼大造，實無窮矣！肅此少飾愚悃，伏維慈鑒不宣。永歷四年歲次庚寅陽月弦日書。慎餘。

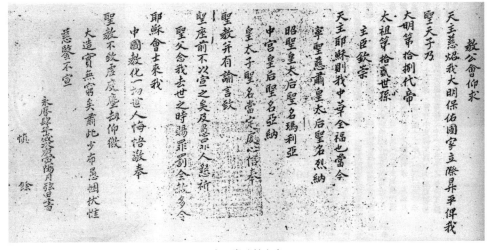

龐天壽致教皇書

在皇太后和龐天壽的致諭和信件中，最重要的一點便是要求教會多送耶穌會士到中國來，並保佑大明帝國中興太平，從道義和人員上給南明政權以更多的支持。從中可見南明政權派員出使歐洲的真實目的。

卜彌格一行於一六五〇年十一月從肇慶起程赴澳門，一六五一年元旦離開澳門，衝破澳門當局的重重阻力，經印度果阿、波斯、土耳其等地，於一六五二年抵達威尼斯。後至羅馬，把皇太后和龐天壽的信呈給教皇。但教皇懷疑他不是中國派往羅馬教廷的使節，對他的身分進行了三年多的審查，一六五五年才得以結束。教皇和耶穌會長分別給皇太后代表的永歷朝廷回了信。教皇在信中說：

教宗亞歷山大第七覆書於大明太后烈納。在基利斯督之愛女，敬祝

平安，且致宗徒之降福。接閱來書，灼見我太后信教之誠，不能不訝異天主之慈愛。蓋此唯一真主，天地神人萬物之大君大父，已默牖汝衷，脫離謬妄之歧徑，致入光明之坦途。似此奇恩，允宜銘感於無窮也。夫支那去此渺遠，恍若別一世界，乃教士不畏艱險，涉風濤、渡重洋，遠至支那，不為名利，別無希冀，惟欲救汝等靈魂耳。凡此者皆天主恩佑，願我太后中心藏之，並以之詔告子孫，俾信望日切，依持日篤，守誠益密，終獲天主所許之永祉。我太后既以善表倡率於先，尚須堅持至終，更願皇子當定，將來克體斯旨，率國人悉歸正教，然世途多舛，天主全能聖意，原非吾人所能窺測，亦惟盡其在已，孜孜為善斯已耳。所求代禱一節，自當一一照辦云云。一六五五年十二月十八日。

耶穌會長高斯溫‧尼格爾給永曆帝的信為：

　　特此志謝。耶穌會總會長高斯溫‧尼格爾上大明中國睿智大皇帝書：
　　憶者會士利瑪竇趨赴大明中華，進呈天主圖像及天主母圖像於令先祖睿智萬曆皇帝，得蒙俯賜虔心收納，並敬謹叩拜。嗣是中邦矩公，奉行天條者，不乏其人。又有帝王親當敝會士多人，褒揚聖道。近皇太后遣敝會士卜彌格來此，得知寰宇對陛下崇敬聖像，均表敬仰。深信陛下不久必能師法皇太后，傾心聖教，恭領聖水。亟願至尊天主賜四溟升平，止講定鹿，如昔時唐太宗文皇帝、玄宗至道皇帝、高宗大帝、建中聖神文武皇帝時代，使大明皇圖璀璨，德合天地。耶穌會全會為此祝禱，為此不斷虔求天主。謹請敝會瞿、卜二會士與其他將赴中夏敷揚聖教者，託庇於陛下，並願為大皇帝陛下竭誠效忠。一六五五年十二月二十五日吾主耶穌基督聖誕瞻禮日肅。羅馬。

卜彌格帶著教皇和耶穌會長的信，來不及回波蘭故里探望一下親人，便於一六五六年三月三十日從里斯本出發返回中國，一六五八年八月到達交趾。他熱切期待著與永曆帝的相見，在一封信中曾寫到：「我將從此地往依永曆皇帝。緣其母、其妻子皆曾領洗也。皇帝現在正統率四軍與戰象百頭，

及所領五國之眾，進討叛逆，光復餘地。」（沙不列《卜彌格傳》）但事實上，那時的南明政權已處於風雨飄搖之中，永曆皇帝被清軍追得無處藏身。卜彌格已經無法和他取得聯繫了。

　　一六五九年八月二十二日，卜彌格在中越邊境鬱鬱而終。永曆政權出使羅馬請求西方援助的嘗試失敗了。西方傳教士與明朝皇帝的關係宣告結束，他們只有尋求新的庇護，那便是剛剛進關不久的大清帝國。

第四章／
兩朝帝王與湯若望

　　清朝入關代明而治之後，新的王朝顯示出比明朝更加生機勃勃、更加寬容的特點。在統治方略上，大刀闊斧地革除了明朝統治時代諸多弊政，採取了一系列具有自己民族特色的統治手段。同時對於原來可資利用的政策加以繼承，其中在利用外國傳教士為其服務這一點上，就具有相當的代表性。入關伊始，清統治者便對具有豐富天文知識的傳教士採取了優待政策，隨著接觸的不斷深入，彼此間建立了深厚的感情。尤其是康熙帝，由於他對西學的興趣，常常要求外國傳教士們出入宮廷，為其講課。把傳教士看作是親密的朋友和顧問，這是恪守禮制的明代帝王們怎麼也無法做到的。傳教士們可以用他們的言行影響皇帝，甚至左右重大事情的決策，這在傳教士入華歷史上也是空前的。

　　所有這一切無不表明，清朝帝王同外國傳教士之間存在一種非同一般的關係。

第一節　明朝末帝與西洋寵臣

　　在中德交往的歷史過程中，湯若望是作為驕傲和自豪的象徵載入史冊的。

　　湯若望原名約翰・亞當・沙爾・貝爾（Johann Adam Schall Von Bell），一五九二年五月一日誕生於德國萊茵河畔的科隆城。由於從小受到天主教的薰陶和良好的教育，一六○八年他被推薦到天主教的高等學府──羅馬德意志學院學習哲學、神學、天文和數學。一六一一年加入耶穌會，一六一七年升為神父。在羅馬，從在東方的傳教者發回的信件中，湯若望獲得了大量有關東方，尤其是中國的消息。那個神秘的充滿魅力的國度強烈吸引著他，一六一六年一月二日他向耶穌會總會長提交了一份稟帖，請求派遣他到東印度或中國去傳教。恰巧中國耶穌會區龍華民派金尼閣到羅馬徵集去中國的傳教士，湯若望的請求很快得到批准。於是，一六一八年湯若望同其他人一起從里斯本啟程，經過艱難的旅途，於一六一九年七月抵達澳門。誰也沒有想到，此時還名不見經傳的湯若望，處身於王朝更替的中國，卻以他淵博的知識贏得了改朝前和換代後的帝王們的敬重和寵幸。南懷仁曾這樣說過：「沙爾對皇帝的影響比全部督撫和貴族加在一起的還大。神父亞當的名字在中國，要比任何一位歐洲著名人物在國外的名氣都大。」（恩斯特・斯托莫《玄通教師湯若望》）如果我們對湯若望同明清兩朝帝王的關係有了較多的了解，就會發現南懷仁對湯若望的評價是一點也不過分的。

一、修訂曆法　進獻儀器

　　湯若望到澳門時，正值南京教案發生，於是他不得不滯留澳門。情況稍有緩和後，一六二二年他與龍華民神父一起北上，於一六二三年到達北京。

在那裡，湯若望成功地預測了這年十月八日的月食，圓滿完成了見習期工作，並結識了戶部尚書徐光啟，彼此成為莫逆。一六二七年，他被派往西安府當教師。一六三〇年，在曆局工作的傳教士鄧玉函去世，修改曆法工作一時陷入困境。為使工作能夠繼續，同年五月十六日，徐光啟向崇禎帝具題了《修改曆法請訪用湯若望羅雅谷疏》，疏中在列舉了修改曆法的全過程之後，又說：

　　不意本年四月初二臣鄧玉函患病身故。此臣曆學專門，精深博洽，臣等深所倚仗，忽茲傾逝，向後緒業甚長，止籍華民一臣。又有本等道業，深懼無以早完報命。臣等訪得諸臣同學尚有湯若望、羅雅谷二臣者，其術業與玉函相埒，而年力正強，堪以效用……伏乞敕下臣部，就便行文，敦諭二臣，並行所在官司，資給前來，庶令人出所長，早奏厥績。（《徐光啟集・治曆疏稿》）

　　十九日，崇禎帝便批覆：「曆法方在修改，湯若望等既可訪用，著地方資給前來，該衙門知道。」（《徐光啟集・治曆疏稿》）諭旨很快被送到西安府，地方官不敢懈怠，急忙為湯若望準備好了轎子和遠行途中的食品，同

《崇禎曆書》

年秋天到達北京，進入曆局工作。

在曆局中，湯若望和羅雅谷努力地工作，以贏得人們的信任和好感。湯若望先後撰譯了《交食曆表》、《交食曆指》、《交食諸表用法》、《交食表》、《交食蒙求》、《古今交食考》、《恆星出沒表》等著作，並同其他人一起，完成了卷帙浩繁的《崇禎曆書》。為了表彰他所做的貢獻，徐光啟曾特為他和羅雅谷向崇禎皇帝請功：

> 如遠臣羅雅谷、湯若望等，撰譯書表，製造儀器，算測交食躔度，講教監局官生，數年嘔心瀝血，幾於顏禿唇焦，功應首敘。

並提出獎勵措施：

> 但遠臣輩守素學道，不願官職，勞無可酬，惟有量給無礙田房，以為安身養贍之地，不惟後學攸資，而異域歸忠，亦可假此為勸。（徐光啟集·治曆疏稿）

顯然，崇禎帝是批准了徐光啟的這一請求的。因為在次年徐光啟的後任李天經奉命查敘在事諸臣時，曾有過這樣的話：

> 遠臣羅雅谷、湯若望等，譯書撰表，殫其夙學。製儀繕器，撼以心法，融通度分時刻於教萬里外，講解躔度交食於四五載中，可謂勞苦功高矣！說者勸以異域視之，不知皇上君臨萬邦，覆載之下，莫非王臣，法取合天，何分中外？臣謂當如原題，查給田宅，以為遠人勸者也。（方豪《中國天主教史人物傳》）

在此期間，湯若望還利用一切可以利用的機會想方設法接近崇禎帝，並經常向崇禎帝進獻一些天文儀器，如一六三四年二月，他向崇禎帝進獻了一架裹在一個黃緞包裹內的帶有鍍金支架和銅附屬物品的神奇的望遠鏡。八月，他又向宮中進獻一批儀器，其中包括：天體儀一件、赤道與獸帶合製之圈環儀器一件，都用金屬製成，體積非常龐大；半面球形圖一張，是用

兩張巨大的紙葉製成的，上面畫著帶有經緯度的天球；水平式日晷一座，晷面用五埃勒長的白色大理石製成，指針立於一鍍金的龍體上，精美異常。一六三七年六月，他又代表傳教士向皇帝呈遞了天體儀器一件，儀器直徑長四戲，青銅質，僅材料的價值就達銀四百兩之多。此外，他還特意為皇帝製作過其他儀器，諸如象牙製的小日晷、望遠鏡、圓規、小號天體儀、星高機、地球半圓形圖等。崇禎帝對這些儀器非常喜愛，便決定把它們安放在皇宮中的某個地方，同時命令由湯若望和羅雅谷全權負責儀器的移放工作。湯若望終於踏入禁宮聖地。儀器安放好後，皇帝特意命設御宴恩賞二人。後來，崇禎帝經常蒞臨把玩這些儀器，並用湯若望所進的望遠鏡觀測日食和月食，每次都驗證了湯若望等所進新曆法的準確性。在事實面前，崇禎帝越來越相信傳教士所進曆法的正確。他非常高興，特意命令將湯若望的月俸提至二十兩，還賜給耶穌會御書的「欽保天學」的匾額。賜匾的儀式相當隆重，四位宣令官高馬踞背，向前開道，禮部的高級官員騎御馬、穿紅袍在全隊中央，後面是服裝鮮明、或騎馬或步行的軍隊跟隨護送，全隊打鼓吹號，驚動了半個北京城的人們。同時，皇帝也特賜湯若望本人一方牌匾，以表彰他的忠心和功勳。

二、欽命鑄炮　勸帝入教

　　崇禎帝從他的先祖手中接過來的是一個並不太平的天下。一則李自成領導的農民起義軍正如火如荼地發展，他們像滾雪球一樣，人數越來越多，勢力勢來勢大，明政府看來一時難以撲滅這場大火；二則在東北，新興的滿族政權屢屢犯邊，來去如疾風，致使邊庭頻頻告急。走投無路的崇禎帝思索著如何才能確保國家的安寧。他想到了製造火炮。

　　還是在徐光啟時，明政府曾從澳門購進一批火炮，給當時進犯的後金政權以沉重打擊。而通過治曆的實踐，崇禎帝益發相信只有西洋人才能完成此等重任。於是，他毅然決定由湯若望負責造炮。當時，有許多人表示反對，聲稱「堂堂中國若用其小技以禦敵，豈不貽笑？」對此，崇禎帝針鋒相對給以駁斥：「火炮是中國長技，若望比不得外夷。」（李遜元《三朝野記》）可見，崇禎帝對湯若望是何其信任。為了讓湯若望同意幫助造炮，崇禎帝精

心設計了行動的步驟。

一六四二年七月的一天，皇帝向兵部尚書授與了他的密令，要他開始不露痕跡地同湯若望談論火炮問題，如果他覺得湯若望通曉造炮技術，那麼就把皇帝諭令造火炮的聖旨當時頒下。湯若望並不知道這些，他興致勃勃地向尚書談起了歐洲製造武器的技術，最後他補充道：「如果我理解不錯的話，我們製造武器需要礦石、鉛、銅、錫、木料和黏土。而這些原材料在我們這個國家都不缺少。」尚書等的就是這句話，他立即掏出皇帝的聖旨，宣道：「天子聖諭，令你用礦石鑄冶大炮。挽救國家免於沉淪的責任，就放在你湯若望的肩上。」（恩斯特・斯托莫著，達素彬、張小虎譯《通玄教師湯若望》）湯若望根本沒有想到皇帝會下這樣的諭旨。他不願意一位傳播福音的使者去製造殺人的武器，故而上書請皇帝收回成命，無奈皇帝決心已定。經過教團負責人批准，湯若望不得不做出作為皇帝的臣民所應該做的事，那就是屈從於皇帝的意旨。

於是皇帝命令在皇宮內撥出一處地方作為製造場所，由湯若望全權負責其事。他首先精心設計了炮體結構，按鑄炮要求指揮充當兵工的太監們冶煉礦石，澆鑄炮筒，經過無數個日日夜夜的反覆試驗，終於製成了首批二十尊大炮和四十公斤重的鉛彈若干。這些大炮和鉛彈被運到城外二十公里遠的地方進行試放，結果十分

湯若望像

成功，騎兵跑出很遠去丈量射程並揀回彈丸。崇禎帝高興極了，下令為戰場之需澆鑄五百門這樣的大炮，但每門炮的重量不得超過三十公斤，以便在撤退時這些大炮可以由士兵背著走。

通過造炮，崇禎帝更加相信湯若望的軍事才能，他請湯若望為保衛北京而修建的防禦工事提建議，湯若望根據戰爭實用之需要，向皇帝進呈了一個防禦工事的木製模型。在這個模型上，他設計了三角射擊區域，以便於互相支援防守。皇帝對他的設計很滿意，下令按湯若望的設計建造防禦工事。但迷信的指揮者認為三角射擊區是個惡兆，便擅自改成了四方形，事實證明了這種改動的錯誤。當李自成攻打北京時，就是從這裡打開缺口的。

湯若望雖然博得了崇禎帝的好感，但他始終沒有忘記自己的真實使命——傳播福音，他利用一切可資利用的機會，不斷向宮中人員講授天主教教義，招收新教徒。尤其對於崇禎帝，為使他皈依天主，湯若望進行著不懈的努力和試嘗。崇禎十三年（一六四〇年），廷臣們在皇帝的金庫中偶然發現了一件四十年前利瑪竇送給萬曆帝的鋼琴，崇禎非常重視，想聽一聽西方音樂，便命湯若望修理之。湯若望馬上做出銀製的琴弦，將其修整一新。為了讓崇禎帝在欣賞音樂的同時了解天主教義，湯若望又特意用中文寫了一份彈琴說明書，翻譯了十篇聖經的詩篇，親自譜曲後呈進。利用送還鋼琴的機會，湯若望又獻給崇禎兩幅珍貴的美術作品：一件是在羊皮紙上畫的耶穌生活圖，畫鑲在一個蓋有銀製盒蓋的框內，蓋上畫著四門徒，並有附記；另一件也是一幅聖像，大小近似真人，顏色也酷似真人，描繪的是三位國王去拜瞻幼時的耶穌。這兩幅作品被送進皇帝的寢宮。據說，崇禎帝在打開的聖像前靜坐了很長時間，凝神注視著圖畫的情景和內容。侍女三次催請他吃飯，他都置之不理。以後的十餘天裡，崇禎帝在太和殿中展出了這些畫像，令宮中人等和大臣參觀禮拜，他自己也經常瀏覽。湯若望得知這種情況後，認為勸化皇帝皈依天主的時機已經成熟，於是於同年十一月上書，勸崇禎奉教。疏中稱：

> ……竊惟天主者，天上真主也。主天亦主地，主神人亦主萬物。猶國家之有帝王，國所不統，理無二上，不容齊耦，勢以必從，不容疑貳者也。試觀普世之人，莫不畏天敬天，蓋天非蒼蒼上伏之天，天上有真

主焉。人心對之自然加肅，不敢戲諭。比之臣民，望九重而叩，叩九重內之聖明，非徒叩也。且天主者為自主神體，不著形聲，大智全能造化萬有，而常宰制之。更於萬有之中，加愛人類，故當創造初人之時，賦以良心正理，而人各有受生之初，亦莫不各有當然之則。此所謂性教也。以故趨善避惡，不慮而知。凡遇忠孝大節，舉仰慕之渴望，凡遇奸宄巨慝，舉疾惡之若仇。如有疾痛，則呼父母，有冤抑患難，則呼天。人窮反本，於慈益著，豈非秉彝同然哉？獨惜世風日下，人欲橫流，人生其間，漸淪昏罔。而性教不足以勝之。於是天主大發仁慈，戢隱真威，同人代出而不著形聲，天主之體降寓形聲人體之中，在世凡三十有三載，闡揚大道，普救群生，而恩施至此已極。救世功畢，亭午升天，遺有經典七十三冊，並命宗徒等布教萬國。凡遂其教者，必與上升，以享真福。蓋天主至公，無善不報。此又比之人主，論功行賞，輕重大小，並及靡遺者然。從此宗徒等奔走四方，廣行教法，以後代有好修樂道之士，上順主命，下重人靈，相繼傳宣，以迄今日。即臣等輕棄家鄉，觀光上國，意實為此，不敢隱也。總之天主正道，與釋道等教殊趨，以昭事天地真主為宗旨，以導人仁孝忠良為本份，以悔過遷善為入門，以生死大事有備無患為究竟。王者用以治國，則俗樸風醇，人心和協。君子奉之修身，則存順歿寧，永遠吉祥。誠普世之人，所當以務欽崇，以符造物之本旨。以一人生之歸向者也。臣故不揣荒陋，敢因進書而陳其大略如此。伏維聖明垂察。（劉准《天主教傳行中國考》）

　　湯若望的上書，對崇禎帝確實有過不小的震動。對此劉准在《天主教傳行中國考》中頗有所及：「崇禎帝因左右侍不乏奉教之人，業已習聞其。茲又閱若望章奏，頗為心動。雖未能毅然信從，而於聖教之真正，異端之無根，固已灼有所見。」只可惜還沒等崇禎帝徹底改變，明朝政權便在李自成起義的吶喊聲中滅亡了。湯若望的願望化為泡影。

第二節　欽天監監正與阿瑪王

一六四四年六月七日，清軍在多爾袞指揮下進入北京城。同年十月十九日，七歲的順治帝福臨進入北京。由於皇帝還小，無法決定國家大事，故而一切軍政事務皆由攝政王多爾袞代為綜理。多爾袞軍功顯赫，在滿清統治集團中具有至高無上的地位，當時人都稱他為「阿瑪王」，意即大旗主、父親的意思。因此，在順治七年福臨親政以前的這段時間中，湯若望的處境與阿瑪王多爾袞有著直接的關係。

清軍佔領北京後，多爾袞便下令限內城居民三日內遷到外城，給八旗兵騰房。當然，耶穌會士們的住處也包括在內。於是，湯若望毫不猶豫地向多爾袞呈上了一本奏文，要求能夠批准他們繼續留在皇城內。奏書上說：

> 臣自大西洋八萬里，航海東來，不婚不宦，以昭事上主，闡揚天主聖教為本，勸人忠君孝親，貞廉守法為務，臣自構天主堂一所，朝夕虔修，祈求普佑，作賓於京，已有所年；曾奉前朝故帝，令修曆法，著有曆書多帙，付工鑴板，尚未完峻。而板片已堆積累累，並堂中供像禮器，傳教所用經典，修曆應用書籍，並測量天象各種儀器，件數甚多。若欲一併遷於外城，不但三日限內，不能悉數搬盡，且必難免損壞。其測量儀器，由西洋帶來者居多，倘一損壞，修理既非容易，購辦又非可隨時寄來。特為瀝情具摺，願請皇上恩賜臣與同伴諸遠臣龍華民等仍居原寓，照舊虔修云云。（徐宗澤《中國天主教傳教史概論》）

湯若望的請求，很快得到批准，多爾袞下令不許旗兵進入教堂進行騷擾。

湯若望的上書，不僅達到了預期目的，而且也使新王朝有機會了解了他的工作。因此不久以後，有人向多爾袞進呈黃曆時，多爾袞馬上想到了湯若望。他說：「這種舛錯百出之曆書，這上面的報告預測，既不能上合天象，亦不能下應地事，是要不得的。一位名湯若望的歐洲人曾制有較佳曆書，這一種曆書是應當行用的，你們從速把這個人喚來。」（魏特《湯若望傳》）

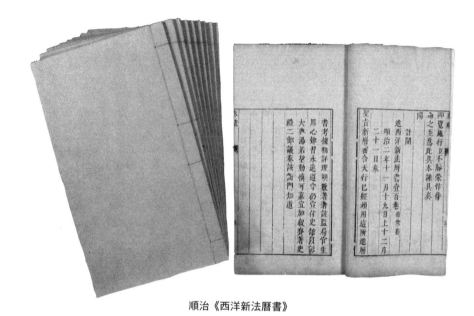

順治《西洋新法曆書》

與此同時，湯若望也在積極採取行動，主動同多爾袞接觸。順治元年六月，湯若望上書：

> 臣於明崇禎二年來京，曾用西洋新法釐正舊曆，製有測量日月星晷定時考驗諸器，盡進內廷，用以推測，屢屢密合，近聞諸器盡遭賊毀，臣擬另製進呈。今先將本年八月初一日日食，照西洋新法，推步京師所見日食限分秒，並起復方位圖像，與各省所見日食多寡先後不同諸數，開列呈覽。乞敕該部屆時公同測驗。

接到奏書，多爾袞馬上批示：

> 舊曆歲久差訛，西洋新法屢屢密合，知道了。此本內日食分秒時刻，起復方位，並直省見食有多寡先後不同，具見推算詳審。俟先期二日來說，以便遣官公同測驗。其窺測諸器，速造進覽。（《清實錄》，順治元年六月壬午）

七月，湯若望將製好的渾天星球儀、地平式日晷、望遠鏡、輿地圖等進

呈，受到多爾袞的稱讚。農曆八月一日，多爾袞又派大學士馮銓等攜帶望遠鏡等儀器，率領欽天監諸監生、官員至觀象台對日食進行測驗，結果「其初虧食至復圓時刻分秒及方位等項，惟西洋新法一一吻合。大統、回回兩法俱差時刻。」（《清實錄》，順治元年八月一日丙辰）這就更加堅定了多爾袞採用新法，重用湯若望的決心。不久後，湯若望進呈了修改後的民間曆書的範本，多爾袞下令「應用諸曆一應新法推算」，並將新曆定名為《時憲曆》。經過多爾袞同湯若望的共同努力，西洋新法終於取代了中國傳統曆法，這部曆法一直延用到清末。

　　鑒於湯若望在曆法修訂上的卓越成就，同年年底，清政府下令「欽天監印信著湯若望掌管，所屬該監官員嗣後一切進曆、占候、選擇等項，悉聽掌印官舉行」。（《清實錄》順治元年十一月己酉）儘管湯若望一再推辭，拒受此等官職，都未獲批准，最後不得不上任。湯若望成為中國歷史上第一位擔任欽天監監正的外國人。此後他和攝政的阿瑪王多爾袞一直保持著良好的關係，直到順治帝親政。

第三節　順治帝的「瑪法」

　　一六五〇年十二月三十一日，阿瑪王多爾袞在圍獵中猝然逝去。那時順治帝福臨已經十三歲，他不願意再有人在背後操縱他，於是很快便走上了親政道路，將國家權力的韁繩緊緊地握在了自己手中。作為國家的最高統治者，福臨需要有人指點迷津，需要有人諍言直諫。而當時的情況卻是「凡天下之事，朕既不予，亦未有向朕直陳者」，能夠靠得住的人寥寥無幾，只有欽天監監正湯若望能夠在學問和國事上給他幫助。而湯若望亦藉此迎來了他在華傳教的輝煌時代。曾有人為順治帝作傳說：

　　　　從一六五一年到一六五七年，他與耶穌會教士湯若望神父建立了密切的關係。湯若望曾給福臨的母親看好了病，並被尊為「義父」。後來，福臨改稱他為「瑪法」，意為「爺爺」。不僅在宗教問題和道德問

歐洲人繪順治皇帝像

題上，而且在處理國事時都向這位老傳教士請教。湯若望常被宣召進宮，福臨有時也駕臨教堂——南堂。特別是在一六五六和一六五七兩年。（〈美〉恆慕義主編《清代名人傳記》）

從現有記載看，順治帝與這位外國瑪法的關係已經遠遠超出了一般的君臣交往範疇。

在官階上，由於湯若望在欽天監的出色工作，順治帝屢次為他加封：一六四七年封為太常寺少卿，一六五一年九月十五日，在一日之內又加封三次，即從「通議大夫」到「太僕寺卿」和「太常寺卿」，官品從正五品一躍而為正三品。一六五三年四月二日，順治帝又賜其「通玄教師」稱號，在順治帝頒發的諭旨中，對湯若望的功績給予了高度讚揚，敕諭說：

朕惟國家肇造鴻業，以授時定曆為急務，羲和而後，如漢洛下閎、張衡；唐孕淳風、僧一行諸人，於曆法代有損益，獨於日月朔望，交會分秒之數，錯誤尚多，以致氣候應刻不驗，至於有元郭守敬，號為精密，然經緯之度，尚未能符合天行，其後晷度亦遂積差矣。爾湯若望，來自西洋，涉海十萬里，明末居京師，精於象緯，閎通曆法。其時

大學士徐光啟特薦於朝，令修曆局中，一時專家治曆如魏文奎等，推測之法實不及爾。但以遠人之故，多忌成功，歷十餘年，終不見用，朕承天眷，定鼎之初，爰諮爾姓名，為朕修大清時憲曆，迄於有成，可謂勤矣。爾又能潔身持行，盡心乃事，董率群官，可謂忠矣。比之右洛下閎諸人，不既優乎？今特賜爾嘉名為「通玄教師」，余守秩如故。俾如天生賢人佐佑定曆，補數千年之缺略，成一代之鴻書，非偶然也。爾其益懋厥修，以服厥官，傳之史冊，豈不美哉？（《清實錄》順治十年三月戊辰）

　　這篇「聖諭」被刻在以二龍戲珠圖案鑲邊的木匾上，懸掛在當時北京耶穌會住處的客廳裡，從而提高了天主教在全國的地位。

　　一六五七年八月，順治諭令為湯若望「加通政使司通政使銜，賜二品頂戴」（《清實錄》順治十二年八月）一六五八年，再封為「光祿大夫」，官階榮登一品大員之列。不僅如此，就連他的祖上三代也都被一一加封：其曾祖父約翰・沙爾・封・白爾・外得朵夫・克羅耶和莫根霍芬、曾祖母瑪格里塔・封・根莫尼被封為「琭珞」和「趙」；祖父約翰・沙爾・封・白爾、祖

湯若望製地平日晷

母里奧・封・艾爾德伯克姆被封為「王函」和「郎」；父親沙爾・封・白爾和母親瑪麗婭・賽發・封・美魯德受封為「利國」和「薛」。（〈德〉恩斯特・斯托莫著《通玄教師湯若望》）即使是一個中國人，這種三番五次的封賞也是極顯貴的了，更何況是對一個外國人呢！

順治帝對湯若望的禮遇不僅僅表現在加官晉爵上，而更多的是體現在日常交往和生活之中的。為了方便往來，順治帝特准免除了湯若望應該遵循的一大套宮中禮俗。湯若望的奏摺可以直接呈遞給皇帝，而且無論皇帝在寢宮、花園、圍獵還是在母親宮中，他都可以直接入見，無須由太監傳喚和面聖時的三跪九叩大禮。順治帝也經常召他進入寢殿，詢問有關事項，有時直到深夜。為了湯若望的安全，順治帝從不讓他晚上一個人單獨騎馬回家，而是派一些皇室親王護送，以防不虞。順治帝也經常駕臨湯若望的住處。這裡我們只要引述一位西方研究者對這方面軼事的有趣描述，便可充分了解他們之間交往的密切程度：

一般情況下，中國皇帝沒有出訪下級官吏的習慣，但對沙爾卻屬例外。順治皇帝經常去看望亞當・沙爾神父。一位編年史學家曾做過統計，皇帝在兩年之內曾二十四次訪問亞當・沙爾。由於皇帝經常不預告來訪時間，所以沙爾無須為迎接皇帝在大門口舖放地毯，或者在住房內特備一把椅子，連飯菜也不用隨時預備。皇帝有時突然來訪恰逢沙爾不在家，他就暫返蹕回宮並留人傳話：我過一會再來。皇帝有時帶一些貴族同來，也有時帶來六百多騎兵護駕。

皇帝在沙爾的房間內顯得十分隨便，時而在書案前的一張像學生坐的椅子或長條凳上就坐，更喜愛在沙爾的床上盤腿而坐。按中國當時的規定，凡是皇帝坐過的地方必須覆以金黃色以示尊貴，別人只能向那裡磕頭，以後再無人敢在該處坐臥。沙爾得知這一規定後，便詼諧地問皇帝：「陛下，您坐過了這裡所有可坐的地方，那麼以後我該坐在哪兒呢？」

皇帝有些吃驚：「瑪法，說真的，對於像你這樣學識淵博的人來說，再搞這些做法是不合適的，你覺得哪兒舒服就坐在哪兒吧！」

皇帝經常一連數小時在耶穌會屋內流連忘返。他參觀了教堂和住

房，連最後的一間密室也不放過，其足跡遍及每一角落。他參觀了很有學識的神父們給觀象台製作的儀器，又在院內的樹蔭下休憩。在傳教士們栽種的果樹上順手摘取水果吃。

「拿葡萄酒來，瑪法。」皇帝在沙爾那兒就像在自己家裡一樣。「我們如此辛苦地長談了半天，我又渴又累。」

沙爾送上山西省耶穌會士們釀製的紅葡萄酒，皇帝只呷了一口便將酒轉賜給了同來的五位大臣……皇帝指名要沙爾自己釀製的葡萄酒，沙爾雖對拿出這些太普通的酒有些擔心，卻也不敢違背命令。好在皇帝很喜歡這種酒，舉杯一飲而盡。說：「等秋天葡萄熟了，我還要來品嘗葡萄酒。」果然，十月時皇帝如約前來，並且稱讚酒味醇美。

這種隨便和悠閒，在一般的君臣交往中確實是很難出現的，更甚者，順治十四年（一六五七年），順治帝居然在湯若望的住處大宴群臣，以慶祝他的生日。在同一天，順治帝製作《天主堂碑記》，碑記說：「若望入中國，已數十年。而能守教奉神，肇新祠宇，敬慎蠲潔，始終不渝，孜孜之誠，良有可尚。人臣懷此心以事君，未有不敬其事者也。朕甚嘉之，因賜額名曰『通玄佳境』。」寫有此四字的匾額及刻有御製碑文的石碑至今仍保存於北京南堂中。

當然，作為順治帝的股肱大臣，湯若望並沒有得意忘形，而是嚴格恪守著君臣之道。他總是以適當的方式讓順治帝接受他的勸諫。順治十八年（一六六一年），湯若望七十大壽，朝中大員多贈壽序，在保存迄今的壽序中，都對他的這一點有所涉及。吳江金之俊（萬曆四十七年進士）稱他「匡贊英主」，「以道而忘乎術者」，「非以術教而以身教」；伯鄉魏裔介說他：「知無不言，言無不盡，而國家大事，有關係安危者，心直言以爭之。雖其疏章謹密不能，然而調燮斡旋，不止一，維褒有闕，仲山甫補之。所謂以犯言敢諫為忠，救時行道為急者，先生之謂也」；而合肥龔鼎孳更稱他「睹時政之得失，必手疏以秘陳。舉凡修身事天，展親篤舊，恤兵勤民，用賢納諫，下寬大之令，慎刑獄之威，磐固人心，鏚歷士氣，隨時匡建，知無不言」。（方豪《中國天主教史人物傳》）可見湯若望的敢諫在當時朝中是很有名望的。

一般人難以做到的，只要湯若望出面，問題就會得到圓滿的解決。順治十六年（一六五九年），鄭成功率精銳部隊北上，圍攻南京城，舉朝恐慌，年輕屏弱的順治帝也被這突如其來的事件嚇得驚恐不已。他企圖遷都，跑回關外的老家去。但這一想法受到皇太后的嚴厲斥責，說他是「坐在龍椅上的膽小鬼」。順治帝被激怒了，他舉劍劈了御座，決定親自掛帥出征，誓與敵人血戰到底。然而在王公大臣們看來，皇帝是不宜親征的。一旦皇帝戰死沙場，國家便會陷入一場新的混亂，因此他們苦苦勸說皇帝不要親征，就連皇太后也不得不去說好話，但近於瘋狂狀態下的順治帝根本聽不進去。關鍵時刻，人們想到了湯若望，只有他才可能說服皇帝。

顯貴們不約而同來到耶穌會館舍，求助於這位「瑪法」。為了年輕的皇帝免冒無端的危險，湯若望毅然決定進宮勸諫，他對順治曉之以理，動之以情，令順治帝十分感動，最後取消了親征計劃，一場風波平息了。於此不難看出，湯若望的話在年輕的順治皇帝心中的份量。

正因為如此，順治帝從湯若望所上的三百多件稟貼中選出一部分，帶在身邊，隨時查閱。順治帝親切地稱湯若望為「瑪法」（滿文「爺爺」），他曾頗為感慨地說：「瑪法為人無比。別的人並不是愛我，只是為了利祿而當官。所以常來求恩。他卻表示對恩寵已滿足，這真是不愛利祿愛君主啊！」順治帝與湯若望這種至親至密的關係一直維持到順治末年，成為中外交往史的一段佳話！

第五章／
康熙帝與外國人

　　順治帝去世後，年僅八歲的皇子玄燁繼承了皇位，年號康熙。康熙在位六十一年，成為清代統治中國時間最長的人。他在位期間，鞏固了邊疆，發展了生產，創造了前所未有的盛世局面。國力強盛，人民安居樂業，呈現出一派太平景象。治史者都公認，康熙帝是中國歷史上最偉大的帝王之一。

　　不僅如此，康熙帝對西方科學技術亦抱有濃厚的興趣，經常鑽研學習，並愛屋及烏，對來自西方的傳教士極為優待，經常與他們切磋學問，討論時事，言辭間表露出彼此間的信任。

　　因此，在康熙一朝，皇帝和西方傳教士之間一直保持著極為和諧的關係，儘管有「禮儀之爭」這樣不愉快的插曲，但並不能影響其主流。

第一節 「己不知，焉能斷人之是非？」

　　順治末年，湯若望的寵臣地位逐步動搖。由於受到幾位佛教高僧的影響，順治帝與湯若望的親密關係漸漸疏遠。過去反對新法的保守勢力乘機抬頭，對以湯若望為首的西方傳教士進行大肆攻擊。尤其是順治崩逝後，大臣鰲拜獨攬大權，不可一世，充當了保守勢力的靠山，而楊光先則成為反對新法的先鋒。

　　一六六四年，楊光先上《請誅邪教疏》，羅列了湯若望等人的「三大罪狀」，既潛謀造反、邪說惑眾、曆法荒謬。鰲拜不問青紅皂白，便將湯若望等送上了刑部大堂。同時被告的還有傳教士南懷仁、利類思、安文思、門人潘盡孝、學生李祖白等。但審來審去，楊光生所謂的三條罪狀卻查無實據。楊光先仍不肯罷休，他接著又指控湯若望「天算舛謬」，選榮親王葬期時不用正五行，反用《洪範》五行，致使山向、年月俱犯忌殺，事犯重大，從而導致了貴妃董顎氏、順治帝的先後崩逝。此論一出，朝野譁然，湯若望等的罪行猶如弒君，絕無寬赦餘地。一六六五年四月，湯若望被判以凌遲刑罰。就在將行刑前，北京地區發生了強烈地震，人們驚恐不已，普遍認為這是湯若望的冤情震

歐洲人繪康熙皇帝像

怒了上蒼所致。順治帝之母孝莊皇太后出面進行干預，結果湯若望被免去一死，獲釋返歸天主堂。一六六六年八月十五日，湯若望帶著深深的遺憾和罪名離開了人世，而楊光先奪得了在欽天監的領導權。

湯若望與楊光先的曆法之爭，在康熙幼小的心靈中留有很深的印象。不久後，康熙帝鏟除了鰲拜勢力，剝奪了四輔政大臣的權力，實行親政。為了驗證中西曆法的準確性，康熙命令楊光先與西方傳教南懷仁一起對天文現象進行預測，結果南懷仁所測準確無誤，而楊光先卻錯漏百出。康熙認識到了西方科學的先進，以此為契機，對湯楊之爭進行了重新審理。斷定湯若望並無謀反意圖，其「通微教師之名，復行給還。照伊原品級賜恤。應照原任通政使司通政使，加二級又一級，掌欽天監印務事」。革去楊光先欽天監監正職務，判處死刑，後恩詔免死，革職還鄉。

不僅如此，康熙帝還特賜白銀五百二十四兩，為湯若望修建墓地。派大臣到墓前致祭。祭文說：

> 皇帝諭祭原任通政使司通政使，加二級又加一級，掌欽天監印事務，故湯若望之靈曰：鞠躬盡瘁，臣子之芳蹤；恤死報勤，國家之盛典。爾湯若望，來自西域，曉習天文，特異象曆之司，愛錫「通微教師」之號。遽爾長逝，朕用悼焉。特加恩恤，遣官致祭。嗚呼！聿垂不朽之榮，庶享匪躬之報，爾有所知，尚克歆享。

康熙帝如此隆重地料理了湯若望的後事，這與他對西方科學的認識是密切相關的。

後來，康熙帝在談到他為什麼要學習西學時曾說：

> 爾等惟知朕算術之精，卻不知我學算之故。朕幼時，欽天監漢官與西洋人不睦，互相參劾，幾至大辟。楊光先、湯若望於午門外九卿前，當面測日影，奈九卿中無一知其法者。朕思，己不知，焉能斷人之是非？因自憤而學焉。（《聖祖仁皇帝庭訓格言》）

表明了他對西洋科學的認識。正是這種學習他人之長技的謙遜態度，才

奠定了他與西洋人交往的基本格調，也正是在湯、楊曆法之爭中，使康熙又發現了另一位學問淵博的西洋人——南懷仁。

第二節　皇帝顧問南懷仁的生榮與死諡

在康熙一朝，南懷仁是西方傳教士在中國的支柱。這不僅僅由於他在各方面的卓越成就，而是因為他使康熙帝認識到西方傳教士並非有人所說的那樣可怕可憎。從而扭轉西方傳教士在幼小的帝王心目中的形象，為康熙一朝帝王與西方傳教士的關係打下了良好的基礎。無論是對康熙帝還是對南懷仁而言，二者從相遇到相知都是極為幸運的。

一、幾度周折　漂洋來華

南懷仁字敦伯，一字勛卿，本名費迪南·維爾比斯特（Ferdinand Verbiest），一六二三年十月二十九日生於比利時西弗蘭德爾省首府科特賴克（Courtrai）附近的一個小鎮上。十二歲時進入耶穌會開辦的學校學習，

南懷仁像

一六四一年加入耶穌會。還是在他很小的時候，南懷仁便萌發了去海外當傳教士的念頭，雖然幾經努力都未獲批准，但他毫不氣餒。一六四六年，耶穌會終於同意了他的請求，決定派他和另外七位比利時傳教士到墨西哥傳教，但中途受到西班牙政府的阻撓，南懷仁只得又留下來。此後他先後在布魯塞爾、羅馬等地教書和學習，繼續尋求機會，但幾年之中仍毫無結果。正巧，到中國傳教的義大利人衛匡國回到歐洲徵集去中國的傳教人員，於是，耶穌會決定改變派南懷仁去南美傳教的計劃，

派他去中國，並讓他在衛匡國返華時同行。一六五六年一月八日，南懷仁隨衛匡國乘一艘荷蘭船從熱那亞出發去遠東，不料在地中海遭到海盜搶劫，南懷仁等只得又返回歐洲。一年以後，他們再次乘船東來，於一六五八年七月抵達澳門。一六五九年南懷仁進入內地，被派往西安傳教。此時正是湯若望在朝中受寵之時，經過全面考察，湯若望認為讓南懷仁到北京來更合適，於是便向順治帝進言調其進京。同時他又親自寫信給南懷仁，說經過耶穌會傳教團巡視員的批准，他以作為一名熟知天文和算學的傳教士被推薦給順治皇帝，以接替因病不能繼續在欽天監任職的德國傳教士蘇納。四月二十五日，陝西總督派員正式向南懷仁宣佈了朝廷命令。五月九日，南懷仁離開西安，沿途受到各地官員的悉心照顧，一個月後順利到達北京。此後二十八年間，南懷仁一直作為治理曆法的主要支柱，供職於欽天監，渡過了他既傳教又服務於清帝的漫長生活歷程。

二、效力朝廷　成就斐然

南懷仁進京後，工作盡心竭力，很快成為湯若望的得力助手。他對湯若望十分敬重，而湯若望對他也十分滿意，認為他不僅掌握了天文科學，而且為人謙虛、坦誠，因此在很短的時間內，二人便建立了深厚的友誼。他們對自己的事業抱著極大的希望。但好景不長，順治帝去世後，在鰲拜支持下的楊光先一夥人便以莫須有的罪名將湯若望等西方傳教士推上了審判台。當時湯若望已經七十三歲，年高體弱，重病在身，已無法與楊光先等進行辯論。危急時刻，南懷仁挺身而出，陪他出庭，代他答辯，逐條駁斥楊光先等強加的罪名，取得了曆法之爭中的主動權，同時也使年幼的康熙帝看到了這位年輕傳教士的不同凡響。一六六七年康熙帝宣布親政，這位少年老成的皇帝正是依靠南懷仁精熟的天文知識，開始了對保守勢力的攻堅戰。

康熙七年，南懷仁看到楊光先及監副吳明烜所制定的康熙八年曆法存有重大錯誤：一是一年之中竟有兩個春分和秋分；二是這一年本不該有閏月，而曆法中卻安排了一個閏十二月。於是便呈文陳述了自己的看法。康熙帝看後，覺得正是打擊保守勢力的良機，便派大學士李蔚等暗訪南懷仁，證實楊光先所進曆法確實有誤後，康熙便給楊、吳及南懷仁頒發了一道諭旨說：

天文最為精微，曆法關係國家要務。爾等勿懷夙仇，各執己見，以己為是，以彼為非，互相爭競，孰者為是，即當遵行，非者更改，務須實心，將天文曆法詳定，以成至善之法。

讓他們就康熙八年曆法問題當場進行辯論。吳明烜等拒不認錯，南懷仁又建議驗測日影方法來判斷是非。康熙帝准行親自參加了測試過程，經過三天的測驗，結果證實南懷仁的推測準確無誤。康熙帝當眾詔諭：「將吳明烜所算七政及民曆，著南懷仁驗看，差錯之處寫出。」不久以後，南懷仁向康熙帝進呈了一份報告，指出了曆法中許多通過天象觀測可以驗證的重大錯誤，並建議修改當年曆法。為慎重起見，康熙帝再一次命南懷仁和吳明烜用儀器對這些錯誤進行核實，結果「南懷仁測驗，與伊所指儀器，逐款皆符；吳明烜測驗，逐款皆錯」。據此，康熙帝降旨將吳明烜交部議處，楊光先革職，交與刑部，從重議罪。同時修改曆法，下令取消當年的閏十二月。康熙帝和南懷仁相互聯手，取得了打擊保守勢力的初步勝利，南懷仁的威望和地位大大提高。

楊光先被革職後，欽天監一時缺員很多。康熙八年二月二十九日，吏部議奏：「欽天監現有監副二員，應將南懷仁授以監副品級，管理監務。俟監正缺出，將南懷仁補授。」三月一日，康熙下旨授南懷仁為欽天監監副職銜。南懷仁不願在朝中做官，便上書康熙表示：

臣棄家幾萬里，惟澹泊修身為務，一切世榮，久已謝絕。況受祿服官，非所克任。用是仰籲皇上含宏，俯鑒臣愚，不諳世務，容臣辭監副職銜，俾得褐衣遂願，則臣感激皇恩，靡窮靡極。至於一切曆務，臣敢不殫心竭力，效區區之忠，以答高厚？庶臣素心克遂，而犬馬報稱有日矣！

對此辭書，康熙沒有批准，下旨「南懷仁著遵前旨供職，不必抗辭」。此後南懷仁又上書抗辭，仍未批准，最後還是接受了這一職務。

在欽天監監副任上，南懷仁精心建造了觀象台，創製了各種天文儀器。主要有天球儀、黃道經緯儀、赤道經緯儀、地平經緯儀、紀限儀、象限儀

等。這些儀器製作工藝精湛，先進準確，為中國天文學觀測做出了巨大貢獻。為使這些儀器得到充分利用，南懷仁又撰寫了《新制靈台儀象志》，對各種儀器的構造、功能、使用方法進行了詳細介紹。十三年正月二十九日，奏請頒行。康熙帝對此十分高興，下令授南懷仁欽天監監正，加太常寺少卿職銜。以後南懷仁又在康熙帝授意下編撰《康熙永年曆法》，將對日食、月食及行星位置的推測擴展到二千年之久，為日後的天文觀測提供了有價值的參考。康熙十七年七月，此書完成，呈進御覽，南懷仁又被授以「加通政使司通政使，仍加一級」的獎勵。南懷仁憑藉「治理曆法」受到康熙帝的重視，扶搖直上。

南懷仁監製的觀象台黃道經緯儀

康熙帝不但讓南懷仁負責治理曆法，而且在工程和軍事方面亦重用南懷仁。康熙九年夏，工部奉旨修建孝陵大石牌坊，需用柱子六根、坊子石十二件，預定於康熙十年十月初九、十一月十三、十四日通過盧溝橋。這些石料巨大，有的重量超過十萬斤，而盧溝橋在兩年前的洪水中受到嚴重破壞，後來費銀八萬兩才修復好。石料要過橋，又要保證盧溝橋的安全，這對工部來講確實是個不小的難題。經研究，工部提出了兩種方案：一是用由三百匹馬牽引的特製車輛過橋，這就要加固橋墩，需用銀一萬兩；二是從橋下水

南懷仁製渾天儀

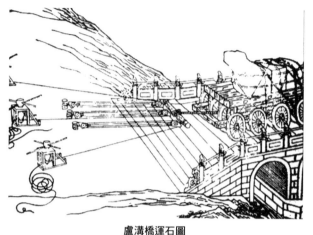

盧溝橋運石圖

中過河。當時康熙帝十分關心盧溝橋的安全，傾向於後一種方案，但工部大多數人卻不同意這麼做。於是康熙親自召見了南懷仁等，向他們徵求良策，並先後三次派南懷仁到盧溝橋實地考察。經過考察，南懷仁認為既不用馬拉車過橋，也不用從橋下過。他建議用絞盤牽引，以使巨石平穩過橋。這樣絕不會出現橋毀人亡、耽誤工期之事。於是，康熙讓南懷仁為總指揮，讓工部在橋西設十二個絞盤，橋東設六個絞盤，全部用人力推動絞盤運轉，結果巨石被安全運過盧溝橋。康熙帝更加信任南懷仁，以後又讓他視察萬泉莊河道，負責「挑河」工程，取得明顯效果。

康熙十二年，平西王吳三桂、靖南王耿精忠、平南王尚可喜之子尚之信先後起兵反清，史稱「三藩之亂」。戰爭之初，清軍擁有的火炮嚴重老化，許多不能使用，前線將領紛紛將殘損火炮運至北京，請求更換。康熙帝急忙召見南懷仁，要他盡快修復。但南懷仁卻以自己不懂兵器和在教之人不宜參與兵器製造為由辭不受命。康熙十分惱火，強令從命。南懷仁仔細檢查了火炮後發現這些火炮只是鏽蝕嚴重，並未損壞。在他的指導下很快完成了一百五十門大炮的除鏽工作，恢復了正常使用。但清軍火炮仍不能滿足戰爭需要，尤其是南方戰爭，山高水深，原有火炮運輸起來很不方便，因此急需輕型火炮。為解決燃眉之急，康熙又派人到南懷仁寓所傳旨：「著南懷仁盡心竭力繹思製炮妙法，及遇高山深水輕便之用。」（《清朝文獻通考》卷一九四）南懷仁接旨後，設計了一種炮彈重量僅三斤的輕型火炮。這種炮炮筒用合金鑄成，長九尺，炮筒壁厚由炮膛至炮口遞減，厚處二寸，薄處僅一寸，炮筒外包硬木套一層，用鐵箍固定，炮的總重量不足一千斤。為便於運輸，南懷仁又專門設計了四輪炮車。在試射中，命中率極高，炮彈能穿透四寸厚的木板。康熙聽說後，十分高興，命令依樣製造二十門送往前線，為平

南懷仁監造的大炮

藩勝利立了大功。

　　此後，南懷仁便與清代火炮製造緊密地聯繫在了一起。康熙二十年八月，康熙帝又命南懷仁化掉直隸地區的廢炮，鑄造「神威將軍炮」二百四十門，並負責訓練炮手。十一月十九日，康熙帝親率王公大臣觀看了射擊演習並親自點炮試射，其命中率及精確性都達到了前所未有的程度。康熙帝高興地對南懷仁說：「爾向年製造各炮，陝西、湖廣、江西等省已有功效，見今所製新炮，從未有如此之準者。」（黃伯祿《正教奉褒》）並當即脫下自己的貂裘裳給了南懷仁。為裝備八旗軍隊，康熙二十二年，康熙命南懷仁製成能添用十至十三斤彈子的紅衣大炮五十三門；康熙二十五年七月，又命造放三十斤彈子的平底沖天炮。至康熙二十六年南懷仁去世時，他在康熙指令下，前後共為清政府造炮幾百門。為表彰其造炮之功，康熙下令授予南懷仁工部右侍郎，並評介說：「南懷仁治理曆法效力多年，自吳三桂叛亂以來，製造炮器有他的軍功。」（《紫禁城》一九八八年二期）可見，康熙帝對南懷仁的工作給予了經常性的關注。沒有他的關懷，恐怕南懷仁不會有如此的地位。

三、顧問、老師和朋友

　　康熙帝與南懷仁的關係非同一般的君臣，而是彼此間相互依賴和信任。故而有許多問題上，康熙帝對南懷仁的意見給予了足夠的重視，尤其是讓他參與了許多清政府的外交活動。一六七六年，俄國沙皇派尼古拉·加夫里洛維奇·斯帕法里出使中國，謀求改善兩國關係的道路。但這位使臣只掌握希臘文、拉丁文等歐洲語種，對東方文字一竅不通，語言問題成了彼此交往的難點。清政府鑒於南懷仁通曉多種歐洲語言，又精通滿語和漢語，就讓他充當此次外交活動的翻譯。

　　斯帕法里到北京後，南懷仁同理藩院尚書一起拜會了他。南懷仁同俄使用拉丁文進行了交流。事後這位使臣非常高興地說：「感謝博格德汗（即康熙帝）為我派來了這樣一名優秀的翻譯，他不僅能口譯有關兩國君主的所有事務，而且能逐字逐句正確譯出他們的頭銜和國事內容。」（約·弗·巴德利《俄國·蒙古·中國》）此後三個多月，南懷仁做了大量工作，把沙皇致中國皇帝的信、斯帕法里代表俄國政府向清政府提出的十二條談判提綱等重要文件譯成滿文，又將斯帕法里帶來的過去中國明朝和清朝皇帝致沙皇的四封信分別由中文和滿文譯成了拉丁文，對兩國關係的發展產生了良好影響。

　　一六八六年七月，荷蘭駐巴達維亞總督派出了以賓顯巴志為首的外交使團來華商討與中國的通商事務，南懷仁再次充任翻譯。使團抵京後，康熙帝親自接見了賓顯巴志，並表示了想請賓顯巴志代勞給俄國傳遞信件之事。南懷仁得知後，考慮到荷蘭為新教國家，一旦其在中國得勢，就有可能使天主教在中國的地位受到威脅。南懷仁不願意因為自己的行為而使天主教的利益受到影響，他想來想去，決定說服康熙帝派耶穌會士去俄國送信，他向康熙帝表示：如果清政府派一名專使經澳門、葡萄牙到達歐洲，然後逕直去莫斯科，可能先於荷蘭人將清政府的信送到沙皇手中。他還建議康熙派耶穌會士閔明我為信使，康熙帝欣然接受，不久即下諭：「遣閔明我執兵部文泛海，由歐羅巴洲往俄羅斯會商交涉事宜。」（黃伯祿《正教奉褒》）可見康熙是把南懷仁當作外交顧問來看待的。

　　康熙帝對西方科學興趣濃厚，而南懷仁則是康熙帝的第一位西洋科學教師。起初，康熙向南懷仁學習天文儀器的原理和用法，同時還令他進講天文

學和幾何學。為了講授幾何學，南懷仁曾用滿文編譯了《幾何原本》，作為康熙帝的教科書。在長達五個月的授課過程中，南懷仁每天很早便進宮，很晚才離開，中間很少歇息。而康熙帝一有空閒，便坐下來研習已學過的東西，遇到不懂之處，則記下來，等南懷仁來時一併請教。

在日常生活中，康熙帝對南懷仁的關懷更是無微不至。南懷仁的待遇是經過康熙帝特批的，每年給銀一百兩，米二十五石，這當然還不包括平日裡的各種賞賜。康熙帝對他的特別眷顧，在一六八○年的東巡中得到了集中體現。這次巡視名義上是為了拜謁祖宗陵寢，而實際上是為驅逐沙俄侵略者進行作戰準備。南懷仁也奉命參加了這次出巡，他的主要任務是用科學儀器進行觀察，記載大氣和土地的現象、緯度、磁針差度以及山的高度，同時隨時回答康熙帝提出的有關天文、氣象的問題。在出巡之前，隨從官員都自己籌集經費，而康熙帝卻主動把南懷仁的一切費用承包了下來，並且從他自己的御馬中撥出十多匹供南懷仁使用。後來，南懷仁寫了一部關於隨巡情況的書稿，名為《韃靼旅行記》，在這部書裡，南懷仁詳細描述了他和康熙帝的那種親密無間的關係。他說：

他（康熙帝）對我特別恩寵，把我交給了他的岳父。在獵虎或其他凶獸時，為了我的安全，他的岳父給了我很大的照應，我身無一件武器，在百官之中，得以同皇帝一道登高山，涉深谷……由於這麼接近皇帝的身旁，我曾屢想迴避，朋友們也這樣提醒過我，可是，皇帝對我表示異乎尋常的好意，確如他自己說的那樣：如同他信賴的密友一般，盼我不離開他的身邊。因此我為了不引起他的不高興，只得斷了迴避的念頭。所有的大官們，秉承皇帝的意向，都為我而盡力。

皇帝對我的好意，在狹窄的地方，抄近道的場合，使我得到各種各樣的證據。歸途的一天，我們一行抵達一條河流，由於水位增高，實在不能徒步涉渡。恰巧，附近有一艘小船，皇帝先登上船，其次是年輕的皇子，再次是皇族中的重要人物。僅僅是這些人。其他王公貴戚百官，以及大批的隨從，都留在岸上。由於夜幕來臨，帳篷等一切旅行用具，在兩天前已送過河去。如果此時不過渡，許多人連午飯都沒吃，再吃不上晚飯，實在難以露宿到天明。因此，都急不可耐地想渡過河去。正當此時，皇帝乘小

船返回來，高聲疾呼：「南懷仁在哪呢？」——這是我在這些人之間的名字。他的岳父回答說：「在這裡呢！」皇帝立刻說：「讓他上船和我一道過去。」就這樣，那些人留在岸上，而我渡過河去。這件事，在當夜和次日，成了那些特別的行路遲滯的大官們的話題了。

第二天又發生了完全同樣的事。皇帝同昨夜一起過河的幾位重要顯貴一道，在正午時刻來到比昨天那條河還大的河。從白天到日落用小船將帳篷送過去。然後，他讓其他人都留在河這岸，只讓我和另外幾個人和他過河去。皇帝的岳父，可謂是他的重要近戚，向他表示：「南懷仁住在我的帳篷裡，和我同桌吃飯，因此我也想過河去。」皇帝答道：「你老不要過河，南懷仁安置在我的帳篷裡，讓他在那裡吃飯。」到達對岸後，皇帝和西域諸侯的兩位公子，以及他寵愛的韃靼閣老一道坐在他的身邊。夜空晴澈，皇帝看著半圓形的天空，讓我用中國話和歐洲話把主要的星一個不剩地讀給他聽。他通過這件事，表示他有著無限的知識。他拿出幾件幾年前給他製作的小型星座圖表，依據星的位置說出時刻來。這樣，他便在其周圍的貴人面前，能誇示自己的學問而得意。

這類事，以及其他皇帝恩寵我的事例，比如他常常把他自己食桌上的食物送給我，這在人們中間，成為非常顯著的事情。回北京後，國內最大的貴族兩位皇叔在訪問我時，曾對我同住的神甫說：「要說到皇帝對南老爺——這是他們對我的尊稱——的眷顧，當皇帝情緒不好時，只要一看見南老爺，情緒立刻轉過來。」皇帝的這般恩寵，確實使我減少了非常艱苦的旅行中的困難。

在這次旅行的全部過程中，人們目睹我騎著皇帝的一匹馬，看見了皇帝像在講壇上講演一般地來同我討論我們的信仰。又聽到了我像在大集會上講演一樣的講話。這些人，每當皇帝經過時，沒有不把注意力投向皇帝的，因而也沒有一個人看不見我的。因為我站在皇帝身旁，頭不低，身不抖，特別顯眼。而我又蓄著長鬚，穿著歐洲服裝，更格外地吸引了他們的注意。

通過這些敘述，我們不難想像康熙帝對南懷仁是何等的看重。他們的這種超越普通君臣的關係一直穿貫於二者交往的始終，直到南懷仁去世以後。

四、輝煌的終結

康熙二十六年，對康熙帝來講，最沉痛的事情莫過於兩位他所尊敬和愛戴的人的相繼離世。一位是他的祖母孝莊皇后，另一位便是南懷仁。孝莊皇帝去世時，南懷仁也已經沉痾纏身，久病在床，為不能替康熙帝分擔悲痛而懊惱不已，同時也意識到自己恐怕也是來日無多。因此他上書康熙，表達了他對孝莊去世的痛惋和對康熙的依戀之情。奏書說：

> 欽天監治理曆法，加工部右侍郎，又加二級，臣南懷仁謹奏：為君恩高厚未報，臨死哀鳴，仰祈睿鑒事。臣懷仁遠西鄙儒，自幼束身謹行；遠來原意，皇上素所洞悉，不敢多贅。因臣粗知象緯，於順治年間，伏遇世祖章皇帝召臣來京，豢養多年。蒙皇上命臣治理曆法，未效涓埃；過荷殊恩，加臣太常寺卿，又加通政使司通政使。臣具疏控辭，未蒙諭允；尋又加臣工部右侍郎，叨茲異數，至隆極渥，稠疊無已。矧復寵賚頻頒，名難言罄。臣捫心自揣，三十年來，並無盡寸微勞，仰報皇恩於萬一。今聞太皇太后升遐，皇上聖孝誠篤，哀毀過情。臣以臥疾，不能趨待禁廷，持服哭臨，悲感依戀，五中焚裂。痛臣病入膏肓，命垂旦夕，自此永辭天闕。然犬馬戀主之心，不能自已，伏枕叩首，恭謝天恩，臣不勝涕泣感激之至。

上書的第二天，南懷仁便與世長辭。康熙帝聞訊非常痛惜，時值孝莊國喪，不便立即為其舉行喪禮，但他卻傳下諭旨，命令禮部查循以往成例，從優恤典，辦理南懷仁的繕後事宜。一個月以後，康熙帝為此事特頒諭：

> 朕念南懷仁遠來遐方，效力有年，綜理曆法，允合天度；監造炮器，有益戎行；奉職勤勞，恪恭匪懈，秉心質樸，始終不渝，朕素嘉之。前聞臥病，尚期醫治癒可，今遽而溘逝，用軫朕懷，特賜銀二百兩，大緞十端，以示優恤遠臣之意。

三月十一日，喪禮舉行，康熙帝特派大臣送殯，其儀式之隆重，超越常

南懷仁墓

規。一年以後，康熙康遣官加祭南懷仁之墓，並賜諡「勤敏」。在中國，他是唯一的一位在死後得蒙賜諡的西方傳教士。

第三節　康熙與法國傳教士

在康熙一朝，除南懷仁之外，對康熙帝影響最大的外國人恐怕就是法國耶穌會士了。他們肩負著特殊使命來華，以其淵博的知識贏得了康熙帝的尊敬和信任。他們中的許多人或多或少、直接或間接地與康熙有過聯繫。他們的成功在中法關係史上佔有重要地位。

一、兩帝相慕　傳教士東來

十七世紀末至十八世紀初，中國和法國是世界聞名的兩大強國。統治這

兩個國家的康熙帝和路易十四在傳教士參與下，彼此相互尊重，建立了深厚的友誼。他們雖遠隔重洋，但對對方的一切都是相當了解的。雙方都從對方身上得到了許多。在法國王宮，經常舉行具有中國情調的化裝舞會。在舞會上，宮廷東隊用笛、笙等中國樂器演奏舞曲，路易十四穿著中國絲綢面料的服裝翩翩起舞。路易十四還特別喜愛中國瓷器，經常收集陳列在宮中。同樣，在中國皇宮，西方的望遠鏡、自鳴鐘、琺瑯及各種工藝品成為時髦物品，受到康熙帝的垂愛。康熙帝曾託洪若翰贈給路易十四茶、絲、瓷器和中國典籍《資治通鑑綱目》、《御選古文淵鑒》等禮品，而路易十四則在給康熙的信中稱康熙為「最高貴、最卓越、最強大、最高尚的帝王」，而在其自己的名字前冠以「深切地熱愛的、誠摯的朋友」的字樣。他們都渴望與對方進行交流，同時，二者都野心勃勃。路易十四對外實施擴張政策，企圖擴大法國在世界尤其是遠東的影響，擺脫荷蘭、西班牙、葡萄牙等殖民強國的羈絆。為了這一目的，他迫切需要了解世界，為此，他命法國科學院負責進行了一項大規模的測繪世界地圖的工程，他們向大西洋、地中海及非洲、美洲地區派遣了大批技術人員，當然他們也希望派人去印度及中國，而這些人又必須了解那裡的傳統和文化，才不致引起猜忌。路易十四不得不從耶穌會身上打主意了。而康熙帝呢？更希望學習西方先進的科學文化，增強「斷人之是非」的能力，鞏固自己的統治。所有這些，正是路易十四樂意派遣傳教士前往中國和康熙帝欣然接受他們到來的主要原因。

在當時的中國，老一代傳教士相繼離世，傳教事業後繼

路易十四像

乏人。對於此種情況，作為耶穌會中國教區會長的南懷仁深感憂慮。一六八〇年南懷仁派柏應理攜帶著他的《告全歐洲耶穌會士書》回到歐洲，籲請各國派傳教士來中國，這在歐洲引起了強烈迴響。在巴黎，路易十四多次接見柏應理，表示願意派遣傳教士到中國去。一六八五年初，他任命洪若翰、劉應、白晉、李明、張誠、夏塔爾等六名傳教士為「國王的數學家」，進行赴華準備，並親自簽准從國庫中撥款九千二百鎊給去中國的法國傳教士作年俸。三月三日，六名傳教士在布勒斯特港啟航。途經暹邏時，夏塔爾應暹邏王要求留在了那裡，其他五人於一六八七年七月抵達寧波。但浙江巡撫金鋐對五位傳教士的突然到來感到意外，便上書請求聖裁。當時，朝中大臣多主張將其驅返回國。經過南懷仁周旋，康熙帝力排眾議，諭令金鋐「馳送五人來京，聽候簡用，不得留難」。康熙帝說：「如此人才，根本不應該逐出國境，著均來京聽候。有通曉曆法的即來朝廷供職，其他人等可隨便留住內地。」於是，五位傳教士沿運河北上，於一六八八年二月七日抵達北京。

三月二十一日，康熙帝在乾清宮大殿接見了他們，他詳細詢問了途中情況及發生在法國、歐洲的重大政治事件。這次接見，傳教士們對康熙帝的印象極為深刻。李明這樣描述康熙的風度：

> 據我所見，皇帝身材比普通人稍高，堪稱姿態優美，比我們稍胖些，但還達不到中國人所謂的富態的程度。臉也稍寬，有疤痕，前額寬大，鼻子和眼睛比中國普通人小些。嘴美，頤和藹，動作溫柔，一切容態舉止，都像是位君主，一見便引人注目。（南懷仁《韃靼旅行記》）

康熙對這些法國人的態度極為和善，吩咐給他們上菜，示意他們全留在宮中。但他們都想到外省傳教，最後康熙賜給他們每人白銀五十兩，讓白晉、張誠二人留在北京服務，其他三人則分赴各地。康熙三十七年，路易十四又向中國派出十名傳教士，其中包括雷孝思、巴多明、馬若瑟等人，有五名被康熙帝留在京城。這些傳教士學識淵博，深得康熙帝寵愛。他們經常陪皇帝出巡，向其灌輸西方的科學和文化，擴大了康熙帝的眼界，創造了傳教士在中國宮廷的「黃金時代」。

二、充任宮廷教師

　　康熙帝本人是位很好學的人。他受到明末以來務實思想的影響，迫切希望掌握諸多實用科學知識。他親自選擇科目，命白晉、張誠、徐日升等進講。康熙希望傳教士們用滿語講課，但當時傳教士的滿語水準還不能做到流暢、準確、清楚的程度，於是他便指定兩名滿族官員對他們進行強化訓練。經過幾個月的努力，他們進步很快，不久便能與別人相當準確地交流思想了。康熙帝首先讓他們用滿語進講《歐幾里德原理》，他們便先把教材寫成滿文，請精通滿語的傳教士修正後再講授。講課時旁邊還有陪聽的中國人，發現語法錯誤會隨時糾正。一般情況下，先由白晉和張誠口授講義，康熙十分認真地聽講，有不懂的地方立刻提出，講課後康熙還要自己消化，以求透徹地理解，然後再對照講義復習。平時康熙帝還經常練習運算和各種數學儀器的用法，復習歐幾里德的主要定律，記住其推理過程。有時竟把某個定律從頭至尾看上十二遍之多。這樣過五六個月的學習，康熙帝精通了幾何學原理，以致看到某個定律的幾何圖形，就能立即想到這個定律的內容及其證明方法。此外，他還掌握了比例規的全部操作法、主要數學儀器的用法及幾種幾何學和算術的應用法。

　　學完幾何原理後，康熙帝又讓他們繼續講授應用幾何學，並希望他們用滿語撰寫一部包括全部理論和應用幾何學的問題集，而且要求這部集子應該是西洋和中國書籍中內容最豐富的。根據這部講義，白晉和張誠給康熙講了對數，用對數表分析三角及進行乘法演算。同時結合講題，還講解了一些數學工具如等高儀、兩腳規、半圓儀、圓球儀、刻度盤等的用途和操作，進行實地測量計算等。在應用幾何學的學習中，康熙帝的科學天才得到了充分的展示。他從不死記硬背不求甚解，而是將所學的知識運用於實踐中。比如當給他講到固體的成分時，他就拿起一個球，精確地稱出它的重量，測出它的直徑，然後就會計算出同樣材料、直徑不同的一個球的重量，或者算出另一個比較大的或比較小的球的直徑該是多少。然後他再轉動一個同樣直徑或同樣重量的球，證明實際情況和理論是否相符。用同樣的方法，他還仔細地驗證過五方體、圓柱體、圓錐體和圓台、棱錐體和球體的比例和性能。「他曾親自一氣平整三四法里的河波，有時候親自用幾何方法測量距離、山

康熙數學桌

的高度、河流和池塘的寬度。他自己定位，調整各種形式的儀器，精確地計算」。在康熙寢宮中到處擺放著各種測量計算儀器，就連出巡時也從不忘記帶幾件儀器在身邊，以便隨時學習和使用。這些儀器工具有許多都保存了下來，如故宮博物院保存有一張康熙使用過的學習桌，上面刻有十幾種計算數據、抽屜中有《對數表》等數學書籍。可見康熙學習之勤奮。在康熙督促下，傳教士們翻譯了大量數學典籍，如《歐幾里德和阿基米德幾何原理》、《巴蒂理論和應用幾何學》、《勾股相求之法》、《比例規解》等，作為康熙帝學習的教材，客觀上促進了中國古代數學的發展。

康熙帝對哲學也頗感興趣，他傳諭白晉、張誠用滿語為他編寫哲學講義。這對於他們來講是非常願意做的事情，因為他們「相信這項工作會比做其他任何工作都將帶來更大的效果。因為要教化中國人，尤其是儒士，使他們接受福音書上的真理，最有效的方法，就是編寫出優秀的哲學書籍」。（白晉《康熙皇帝》）於是他們努力工作，以法國王室學者學會會員杜哈梅爾的《古今哲學》為藍本，編寫了哲學課程的大綱。在大綱中，他們把哲學分為邏輯、物理、倫理三個部分，闡述了每部分的內容。康熙帝看後十分高興，並以此作為哲學的第一堂課。但由於康熙身體狀況欠佳，此項教學工作沒有按計劃完成。

在白晉、張誠給康熙帝授課過程中，教與學雙方熱情高漲，配合得相當

有默契。康熙帝學習起來十分刻苦，他要求傳教士們每天進宮，上午兩個小時，晚上兩個小時和他在一起。每當遇到不明白之處，他總是不辭辛苦地一遍又一遍地垂詢，從不感到厭倦，直到弄懂為止。為了調節氣氛，康熙帝還經常換些輕鬆的話題，向傳教士們詢問西歐各國的風俗和傳聞，談論評介法王路易十四的功績。他對自己的老師十分敬重，講課時讓他們坐在御座兩邊，與自己平起平坐，這種殊遇除皇子以外從未賜予過任何人。另一方面，白晉和張誠也盡心盡力為康熙服務。他們每天很早就要進宮謁見康熙，有時稍微晚些，康熙就會派人來催。即使駐蹕郊外暢春園時康熙也從不間斷學習，他們只好「早晨四點就離開北京，到天黑才回來。他們一回來馬上就又要工作，準備第二天的講課直到深夜」。對此奔波勞累，他們從無怨言。這種工作的熱情有效影響了康熙帝對西學的感情，較好地完成了教學任務。

三、皇帝治病用西藥

法國耶穌會士進入中國後，也把歐洲醫學的最新成果帶進了中國宮廷。當時金雞納霜在法國聲譽很高，於是白晉和張誠到北京來時也帶進了一些，以備患病時服用。

一六九二年底，康熙帝患了痢疾，整日高燒不退。他降旨讓張誠和徐日升每天在宮中陪夜，在病榻上康熙回憶起白晉和張誠曾經和他談起過一種叫奎寧（即金雞納霜）的歐洲藥品，表示要服一些試試看，並要求洪若翰和劉應多帶一些到北京來。儘管通過多次病例已經確信金雞納霜可以治癒皇帝的病，但是保守的太醫院醫生仍不願用這一從來不知道的西藥讓皇帝冒生命危險，於是極力阻撓，堅持採用中國傳統方法診治，就連頗懂醫藥的法國傳教士羅迪斯也嚇得不敢貿然表態。但康熙的病卻一天比一天嚴重起來，他怕疾病發展到腦子上，於是自己決定強令太醫院給他服用一半劑量的金雞納霜。很快，高燒退了，以後的幾天症狀明顯好轉，但還是有些低燒，隨時有發作的可能，他向全城公佈尋找治癒低燒的良藥。

正在這時，洪若翰和劉應應召來到北京，又帶來了一斤歐洲的金雞納霜，他們詳細介紹了法國人非常相信這種藥，並說明金雞納霜從何而來，效果如何、能治什麼病，法國國王為了他的人民的健康是怎樣普及這種藥的等等。

康熙帝先讓三個人試用了這種藥。一個發作後吃，另一個發作那一天吃，第三個發作間隙那一天吃，結果三個病人都一下子好了。以後索額圖等四位親王相繼服用，都安然無恙。康熙帝得知，毫不猶豫地喝下了這種藥。幾天以後，康熙帝完全康復，一下子朝廷上對這種藥的興趣驟增。康熙帝親切地稱金雞納霜為「金藥」，以後他經常把這種藥帶在身邊。金雞納霜也被太醫院採用，直到清末太醫院裁撤時，藥庫中還存有許多。

康熙病癒後對西洋醫學產生了濃厚興趣。他要張誠和白晉進講西洋人體解剖學，以了解各種人體組織的機能和作用。為此張誠和白晉編寫了一部人體解剖學講稿，引用了法國醫學家倍爾尼和其他人的新發現。依據講稿，他們向康熙進講了整個人體結構及各個組成部分的一般知識，論述了消化、營養、血液循環等功能，並在圖上標出了心臟、胃、內臟血管的位置，講解了有關醫藥如燒傷藥的使用方法、有關脈博診視的知識等。他們還製作了用於銅版印刷的解剖圖及說明文字，康熙看後十分高興，特意從宮廷御用畫師中挑選出一名筆觸細膩的人專門繪製這張圖。

一六九三年，另一名法國傳教士巴多明隨白晉來京入宮，繼續擔任進講解剖學的任務。他開始用滿文重新編寫教材。康熙帝特意叮囑說：「身體上雖任何微小部分，必須詳加迻譯，不可有缺。朕所以不憚麻煩，命卿等詳譯此書者，緣此書一出，必大可造福於社會。人之生命，或可挽救不少。」（《康雍乾三帝評議》）巴多明花了近五年時間，其間參考了白晉、張誠的原有講稿，完成了講義的編寫任務。康熙親自定名為《欽定格體全錄》，並命人手抄幾部，分別藏於北京的文淵閣、承德的文津閣和北京的暢春園等處，供他個人閱覽。

針對他以前得過的、現在仍然折磨著他的兩三種疾病，康熙帝讓張誠和白晉依據西洋醫學進行解釋。二人遵旨撰寫了近二十篇短文進呈康熙，其中一篇關於內服化學製劑的短文引起了康熙的重視。在這些短文中，白晉和張誠談到了這些藥劑的緩和作用，以及它們的優點和價值。康熙讓他們馬上試製兩三種，為此還特意為他們選定實驗室，購置實驗設備，並建議使用白銀製做實驗器具。在以後的時日中，康熙十分關心製藥工作的進展，經常駕臨實驗室觀察製藥過程。經過三個多月的緊張工作，白晉和張誠終於製出了幾種藥劑，康熙帝視為珍品，全部留做御用藥品，他還諭令造辦處，用金銀製

成旅行藥囊，每常出巡，就把這些藥背在身上，有時還將其賞賜給隨駕的皇子和大臣。

經過康熙提倡，西藥在清宮藥房中佔據了一席之地，康熙及以後的皇帝們還經常從西方引進。在晚清的御藥房中，專門列有西藥一欄，其品種之多，足見其影響之大。

四、康熙治水與大地測繪

法國傳教士在中國所做的另一件事便是在康熙授意下，參與全國範圍內的大地測量，繪製輿地全圖。

康熙四十三年秋七月，山東連日大雨，黃河決堤，淹沒了許多地方，天津也受到嚴重水災的威脅。無家可歸的難民紛紛北上，不絕於道，給京師造成了巨大壓力。康熙雖發帑金三十萬兩，截漕糧五十萬石賑濟山東水災，仍不能從根本上解決問題。經過考慮，康熙決定對黃河進行大規模整治。他要求傳教士們繪製一幅地圖，以便了解水災的成因，研究整頓的對策。

康熙把這一重任交給在宮中服務的傳教士是有他自己想法的。首先，他曾經向法國傳教士們學習過地理知識，而且知道在歐洲一位學者假如不熟知本國的地理狀況是一件可恥的事情。在此之前，義大利傳教士衛匡國曾編製過《中國地圖》，後經南懷仁、洪若翰等人訂校，但仍有許多明顯的錯誤，不足為據。其次，大批的法國傳教士到中國來時，帶來了精密的測量儀器。他們遵照法王路易十四、內務大臣柯爾倍特和皇帝科學院的指示，悉心研究中國地理學。雷孝思還查閱了卷帙浩繁的地方志，從中獲得了大量的重要城鎮之間距離的數字，作為繪製地圖的參考。此外，在中俄尼布楚交涉時，張誠曾進給他一幅亞洲地圖，其標識之詳盡，測繪之精密，給康熙留下了極為深刻的印象。以後康熙巡幸多倫諾爾，親征準噶爾，三十六年出巡張家口、大同、寧夏等地，三十八年南巡時，都帶著張誠等人，隨時測定各地的經緯度數。所有這一切，都使康熙帝確信，這些傳教士們一定能夠圓滿地完成這一艱巨的工作任務。

康熙四十四年，康熙命法國傳教士雷孝思、白晉、巴多明及比利時傳教士安多等測繪京津地區，並給予必要的材料和援助。這些傳教士以驚人的速

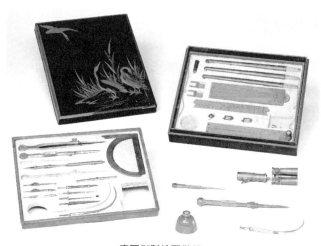

康熙御製繪圖儀器

度繪製了一幅包括京城及其周圍地區七千多個村鎮的地圖，康熙看後非常滿意。四十七年，又命雷孝思、白晉、杜美德等測繪萬里長城的位置。他們先後到達山海關、嘉峪關等地，經過一年，繪成了一幅長一丈二尺，包括長城位置及附近河道分佈的地圖。康熙又命費隱加入，越過長城，繼續測繪了直至朝鮮北部的整個東北地區，至四十九年完成。此後，傳教士們兵分幾路，對全國各省進行統一測量。五十年派雷孝思和麥大成測量山東，杜美德、費隱、白晉及山遙瞻測長城西部的晉、陝、甘等省直至哈密；五十一年派馮秉正、德瑪諾、雷孝思三人前往河南、江南、浙江、福建、台灣；五十二年派湯尚賢、麥大成前往江西、廣東、廣西，派費隱、山遙瞻前往雲南、四川、貴州等地測量。至康熙五十六年，傳教士們已經踏遍了幾乎全國的各個省份。在此其間，傳教士巴多明曾建議康熙派他去西藏測量，但康熙沒有同意，後派遣曾在蒙養齋學習的輿圖房官員前去測量，帶回數據，然後再由法國傳教士編繪成西藏地圖。這樣經過十餘年，終於繪成了包括滿洲、朝鮮、西藏及內地各省在內的全國地圖，命名為「皇輿全覽圖」。

在測繪全國地圖期間，康熙帝一直十分關注其進展狀況，他曾親自將繩丈測距離法教給直隸巡撫趙弘燮。有時，康熙還親手進行丈量。康熙五十年，他在視察河務時便來到岸上，手拿儀器，定方向，命皇子、大臣分釘木樁，親手計算，結果與實測相差無幾。同時，各地測繪情況也要及時報告給康熙，綜合分析後，他再傳諭各處，全力配合製圖。這一工作能夠順利完成，與康熙的總體指揮是分不開的。康熙曾不無感慨地說：「皇輿全覽圖，朕費三十餘年心力，始得告成。」其間的酸甜苦辣，大概只有他和那些傳教士們知曉了。

《皇輿全覽圖》最初為三十二幅，由馬國賢指導雕版印刷，因效果不好，後由馬國賢送往巴黎，由當時法國最有名的匠師安維爾利雕成銅版，印刷了一百二十套。這套地圖在當時的中國和歐洲引起了巨大迴響，它使人們第一次全面了解了中國，以後雍正、乾隆繪製的《皇輿全覽圖》都以此為藍本。康熙時刻製的《皇輿全覽圖》，一九二一年在瀋陽故宮被發現。而乾隆時的《皇輿全覽圖》銅版現仍保存於故宮博物院。

五、奉旨參與中俄談判

法國傳教士不僅服務於宮廷，而且還參與了中國與鄰國的外交活動，尤其是在中俄簽訂《尼布楚條約》過程中發揮了重要作用。

十七世紀中葉，沙俄乘中國內亂之機，侵佔了中國黑龍江流域的大片領土，並在雅克薩構築工事，以作為向東向南繼續侵略的據點。針對這一行徑，康熙帝針鋒相對，兩次攻打雅克薩。無奈之下，俄國提出通過談判解決爭端，劃定兩國邊界。

一六八八年四月三日，清政府選派了侍衛內大臣索額圖和國舅公都統佟國綱為全權特使，率領由一百五十名高級官員和近萬名隨員組成的使團，前往尼布楚談判。康熙選中了徐日升，於是下詔，「朕鑒於所用西人，皆忠貞可靠，足資信賴，特命徐日升隨爾前往俄國。」（《徐日升日記》）並讓徐日升再推薦一名傳教士一起前往。徐日升向康熙舉薦了「最能幹」的張誠，得到批准。康熙親自接見了他們，指示他們務必使一切按國際法原則辦事，提供中國人所需要的關於世界的知識。為了表明對他們的尊重，康熙還特別授以二人二品頂戴，賜御衣，允許二人脖子上掛十字架，以使人們從他們身上掛的十字架和徽章中認出他們的身分。使團臨出發前，康熙又特意吩咐索額圖和佟國綱，要他們與兩位傳教士同桌就餐，重要事情都要與他們商量。這就確定了兩位傳教士在這次談判中的顧問地位。

康熙此舉是非常明智的。中國使團是首次參加國際性談判，無臨場經驗，在許多事情上都要依靠兩位傳教士出謀劃策和從中周旋。事實正如康熙所料，中國使團一到尼布楚駐地，張誠和徐日升便承擔了全部翻譯工作和對俄的外交聯絡事務。他們工作得十分辛苦，每天都要渡過湍急的石勒喀河，

奔走於雙方營地之間，常常一日幾次往返，不論雨天黑夜。張誠在日記中寫道：

> 我們直到午夜以後，人人都極其疲乏的時候，才得進入在尼布楚過去的約兩里格處的宿舍地。特別是我自己更疲倦不堪。今天一整天沒有吃東西，而過去八天內每天只能像偷竊一樣匆忙地吃點睡點，簡直沒有工夫休息和進餐。因為我們日夜都須聽候差使，或奔走傳說，或翻譯西方使節所擬的文件。再不然就是和他們本人進行商談。（《張誠日記》）

在談判中，兩位傳教士依據國際慣例，幫助中國使臣消除了不安全感，使他們能夠渡過石勒喀河去談判，並幫助清使認清形勢，避開無休止的爭論，為確立中方所需要的和約條件制定相應的對策。他們抓住雙方都有和談的願望，都不想把事情鬧僵這一契機，通過私下串聯，向雙方曉以利弊，最終促成了和談的成功，簽訂了《中俄尼布楚條約》。

談判雙方對和談的結果和傳教士的工作都感到滿意，事後俄使送給兩位傳教士許多禮品，並答應在彼得大帝面前為其說好話。而中國特使對兩位傳教士更是感激不盡，索額圖尤其對張誠的工作予以了高度評價，稱讚他說：「非張誠之智謀，則和議不成，必至兵連禍結，而失其和好矣！」（《燕京開教略》）「如此艱巨之事，率能成功者，實張氏之功也。」康熙皇帝對此條約的簽定也非常滿意，親自到離北京八天路程的地方迎接使團，並在居室中接見了張誠和徐日升。他對二人說：「朕躬甚好，卿等好否？朕知爾等如何出力為朕效勞，力圖使朕滿意。朕知由於爾等才幹與努力而和約得以締結。爾等為此事曾竭盡全力，爾等明日即隨同朕舅返朝。」（《徐日升日記》）此後康熙多次接見二人，表示「進行了二十多年來的談判總算結束了」，「在這件事上，事情做得合乎我的心願」。可見，對於二人在和談中的功績，康熙一直念念不忘。

奉命東來的法國傳教士們以他們的學識和才幹為康熙服務，取得了在朝廷中的優惠地位，與康熙皇帝本人建立了和諧的關係和深厚的感情，使康熙帝認識了法國的一切——它的國王路易十四和人民。這不但有助於在中國的天主教事業，而且為中法之間的外交、商業、文化關係發展作了重要媒介。

第四節　康熙與其他傳教士

　　康熙皇帝除了在宮中經常與以法國人為主的西方傳教士接觸之外，在諸如出巡、引見等特定場合亦與傳教士們有零星的接觸。從這些交往中，不難看出康熙帝與傳教士之間所建立的極為和諧融洽的關係。因此我們專門把這些零散的材料收集在一起，並同述康熙開禁教之令，以明白其間的因果關係。

一、康熙和他的音樂教師們

　　在前面我們已經敘述了葡萄牙傳教士徐日升在中俄尼布楚談判中所發揮的巨大作用。然而徐日升最初為康熙帝所垂重，乃是因為他精通音樂之故。

　　徐日升，原名托馬斯·貝瑞拉（Thomas Pereira），一六四五年生於葡萄牙布臘加省聖馬丁。他是哥斯達——貝瑞拉望族的後裔，因此從小便受到了良好的教育。一六六三年加入科英布拉的耶穌會，一六六六年到印度傳教，不久後來到澳門。當時年輕的康熙帝對一切知識充滿了渴望，曾在宮中任職的馬國賢神父這樣講述：

> 　　康熙帝極欲成一數學家與音樂家，但對於數學實僅略窺門徑，音樂則更茫無所知。然確極嗜好數學與音樂，對於其他學術亦無不喜好。帝不知撫琴，皇妃亦不精，偶或試嘗，則亦僅以一指彈奏而已（方豪《中西交通史》）

　　這種情況使康熙急於找一位精通音樂的老師。康熙可能向南懷仁透露過此意，南懷仁當即向康熙帝推薦了正在澳門的徐日升。徐日升的來京極為風光，康熙特意派了兩名大臣去澳門迎接他，所到之處受到隆重接待，此為康熙十二年事。

　　康熙召徐日升來京後，即任命他為音樂教師。讓康熙最為驚訝的是：他能夠在初次聽到一個調子的時候，就把樂譜寫下來；聽過一遍後，就能再次把這個調子完完整整一絲不差地奏出來。康熙十分高興，特贈給他錦綢

二十四匹，並說：「即以此為卿等製新衣。」此後康熙常命徐日升入宮，共同研討有關音樂技能和理論問題。據閔明我講：

> 我等每日入宮，曾遵康熙帝之囑，建造鐘樓三座……常談論一切，對於音樂sol、fa之區別，研討尤多。我等曾奏云：徐日升對此最有研究，彼從幼即研究音樂。皇帝即取筆墨，考察徐日升所譯中國歌曲，召來樂師若干人，皇帝亦自取一樂器而奏。日升不僅能默記歌曲，且能用中國音符名稱錄出，並記中文歌詞。（方豪《中西交通史》）

對於他罕有的音樂天才，康熙帝內心極為欽佩。康熙二十四年和康熙三十五年兩次東巡時，康熙都讓徐日升隨駕，正是為了能夠時時與他研討音樂之故。

與徐日升同時教授康熙音樂的傳教士還有法國人顏理伯（Philibertus Geneix）、南國光（Ludvoicus Perron），後者曾親自為康熙帝製造西洋樂器，代為調音。由他們組成的樂隊經常應康熙之命在宮中演出。有一天，康熙命徐日升、南國光、巴多明等進宮合奏音樂，長達四個小時之久，幾個人累得疲憊不堪。後來康熙得知，很過意不去，宴請了他們，席間親自為他們斟酒，以示慰勞。有時康熙聽得高興，便會親撫樂器加入演奏行列。「要是看到像當時耶穌會一些報告中所描述的那樣，這位中國大皇帝康熙和卑微的耶穌會士並肩坐在古琴之旁彈一個曲子，那一定是一幅很有意思的景象。」（〈葡〉塞比斯《耶穌會士徐日升關於中俄尼布楚談判的日記》）同樣，在演奏欠佳時，康熙也會有所表示。康熙三十八年六月二十一日，康熙命京中能奏樂的傳教士由徐日升率領演奏，他們有吹笛的，有奏風琴的，有拉提琴的，由於是臨時集合，沒有練習，故聽起來很不協調。演奏剛開始，康熙便用手捂住耳朵，大聲喊叫「罷了！罷了！」把傳教士們轟回了教堂。可見，康熙對這些人還是賞罰分明的。

康熙四十七年十二月二十四日，徐日升在北京去世，康熙失去了一位可尊敬的老師。此後又有波希米教士嚴嘉祿（Slaviczek）在宮中為康熙提供音樂服務。據載，嚴嘉祿「觀帝後，即命演奏若干，時宮中已有西洋樂器多種，嘉祿一一試奏。帝大悅，曰：『卿以天文家而通樂理，若斯人朕候之久

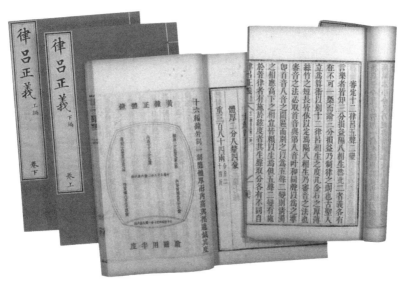

康熙《律呂正義》

矣！朕於卿來，盍勝欣喜！』」（方豪《中西交通史》）嚴嘉祿還曾修理過宮中的管琴，則知其與康熙的關係也是相當密切的。

《律呂正義》是康熙欽定的幾部著名曲籍之一，為研究樂理的專著。在其「總說」中有這樣一段話：

> 有西洋波爾都哈兒國人徐日升者，精於音樂。其法專以弦音清濁二均遞轉和聲為本。其書之大要有二：一則論管律弦度生聲之由，聲學相合不合之故；一則定審音合度之規。用剛柔二記以辨陰陽二調之異。用長短遲速等號，以節聲字之分。從此法入門，實為簡徑。後相繼又有壹大里呀國人德禮格者，亦精律學，與徐日升所傳源流無二。以其所講聲律節奏，核之經史所載律呂宮調，實相表裡，故取其條例形號，分配於陰陽二均高低字譜，編集成圖，使談理者有實據，而入用者亦有所持循云。

這裡所說的德禮格即德理格，義大利人。康熙五十年來京，受到康熙接見，被任命為宮中樂師職務，《律呂正義》就是在他指導下編成的。康熙帝對德理格的音樂才能頗為欣賞，曾多次試聽他的演奏，還派不少學生隨他學習，其中包括兩位皇子。在紫禁城內，連皇子往來都得步行，而康熙卻讓德

理格可以騎馬。在德氏下馬時，皇子要上前請安，並以「老師」相稱。他還讓皇子們與德理格同桌共餐，朝夕相處，皇子們經常到他的住宅去拜訪他，其規格越出了一般禮俗。康熙帝還多次誇獎德氏的智慧和善良品格，在生活上時時關心。有一次，德理格病了，皇三子派了二名醫生去為他診治，康熙帝聽說後，又派一位宮中名醫為他小心醫治。平日裡，還常賜給他諸如衣服等物品。康熙還曾三次讓他隨駕出關，充當顧問，恩寵為他人所不及。

德理格對康熙也極盡忠誠，曾自製大管琴和其他樂器呈送給康熙。康熙六十歲生日時，朝中宮員都按品級高低向皇帝進獻禮品。在宮中的西洋傳教士也每人向皇帝貢獻一份禮品。德理格進獻了自己製作的小風琴，一觸彈簧，便能奏出動聽的曲子。風琴上還帶有鐘錶報時裝置。康熙帝看後，非常高興地收下了。由於他出色的工作和才能，德理格成為康熙晚期宮中最主要的音樂教師。雖然由於宗教禮儀之爭等原因，康熙曾多次對他的行為提出異議和指責，但在他心目中其音樂教師的地位卻從沒有動搖過。

二、馬國賢神父的清宮十三年

在康熙晚年服務於中的傳教士中，馬國賢神父的經歷頗具代表性。馬國賢，原名Matteo Ripa，義大利人，一六八二年三月十九日生於愛波利，一七〇七年來華，一七一〇年奉召進京。剛剛到達北京，康熙便在紫禁城中接見了他。與他同去的有山遙瞻、德理格等人。在宮中晚餐後，他們被引到康熙的居室中，在例行的接見禮儀後，康熙得知馬國賢在學習中國語言，便用漢語詢問他的名字、國籍和職業，並與他討論有關繪畫方面的知識。在交談中，康熙帝表現出了極大的耐心，話說得很慢，有時重複說幾遍，最後，康熙讓馬國賢在宮中充任畫師，並於第二天就到宮中工作。此後十三年，馬國賢神父一直隨侍於康熙帝左右。

綜合馬國賢在宮中的活動，主要有以下幾個方面：

一是繪畫。康熙接見後的第二天，馬國賢便來到皇宮，他被領到繪畫工作室，由於中國畫與西洋油畫在工具、方法上都有不同，開始時馬國賢感覺很難應付，只是臨摹一些作品，並細心觀察別人作畫。幾個月後，他才開始創作。康熙帝對他的作品十分滿意，經常詢問他的創作情況。

　　二是刻製《皇輿全覽圖》銅版。康熙命令西洋傳教士繪製《皇輿全覽圖》，前面已經敘述。此圖測繪完成後，康熙很想雕版印刷發行，便找傳教士們商議能否完成這一工作。馬國賢自我推薦說他雖沒有用硝酸在銅上雕刻的實踐，但也知道其中的原理。康熙聽後顯得很興奮，便命他著手雕刻。馬神父用一個刺針，在塗著一層燈煙的印板上勾繪地形的輪廓，然後用硝酸腐蝕，很快銅版製好並呈送到康熙面前。據馬國賢自己的回憶錄講，這是康熙第一次見到銅版雕刻，看見複製品完美無瑕，與原圖完全一樣時，康熙顯得相當高興和驚訝。《皇輿全覽圖》最早的銅版就這樣誕生了。但實際上，馬國賢刻的效果並不是太好，所以，最後又送往巴黎重新雕版印刷了一百二十套。

　　三是隨駕出巡。康熙帝到熱河避暑山莊避暑時，馬國賢經常奉命一起前往。有一次，他不小心從馬背上摔了下來，頭和身體多處受傷。康熙立即派來了兩名官員，三位大臣和兩名醫生照看他，並調查事故的原因。經過七天，他恢復了健康。為安全起見，康熙不再讓他騎馬，而是專乘四輪馬車。這些都表明馬國賢為贏得康熙的信賴，付出了許多努力，並取得了明顯的效果。

　　康熙與馬國賢之間並非全無隔閡，在禮儀之爭中，由於馬國賢堅持入教之人要遵循教皇所定條約，反對尊孔祭天，從而受到康熙帝的嚴厲譴責。在以後的幾年中，他們的關係漸漸疏遠。雍正元年，馬國賢返回歐洲。這一方面說明傳教士的來華完全是為了教會的利益，在宮中服務只是他們達到目的的一種手段，因此無論康熙如何厚待他們，都不會改變這一初衷；另一方面，康熙對傳教士也採取了不即不離的政策，在讓他們為自己服務的同時，絕不允許他們對自己的統治產生威脅。在這個問題上，馬國賢的清宮十三年是非常典型的。

三、出巡路上的接見

　　康熙時期，除在宮中服務的傳教士外，全國各地也都有傳教士的活動。尤其是在江南，傳教士們利用他們自身的優勢，贏得了人們的信賴。他們與活動於宮中的傳教士遙相呼應，使天主教在中國的傳教事業顯現出令人樂觀的態勢。康熙對宮中傳教士的優待同樣惠及於這些京城之外的佈道者。每當康熙南巡，沿途的傳教士都要迎駕，而康熙對他們則表現得十分友好。康熙

二十三年十一月，康熙帝南巡至南京，傳旨召見傳教士畢嘉與汪汝望，並收下他們所進的禮物中的一件。同時贈給他們青紵白金。康熙帝把他們叫到御座前，親切地詢問其姓名、年歲、何時來中國、居住南京多久、如何維持生計等。三天後康熙回鑾，「畢嘉、汪汝望於天主堂前設案跪送，手捧黃袱，內函謝恩詩進呈，上駐蹕堂門，諭令接收，啟袱賞覽，天顏喜閱，良久始啟引」。（黃伯祿《正教奉褒》）

康熙二十八年，聖祖第二次南巡，在杭州和南京又分別接見了殷鐸澤、潘國良、畢嘉和洪若翰。有關史實詳載於《熙朝定案》中。

殷鐸澤，義大利人。順治十六年來華，因在康熙早期教難中受牽連返回歐洲。康熙十三年再度來華，至杭州傳教。是杭州天主教的早期功臣。這一年二月九日，殷鐸澤聽說康熙帝將要到達杭州，便起早趕到郊外的黃金橋迎接。康熙所乘御舟經過時，看見殷氏恭恭敬敬地站在那兒，便問：「那是什麼人？」殷趕忙回答：「是天主堂殷鐸澤在此迎接聖駕。」於是，康熙便傳旨讓他到御舟上說話。康熙帝先問他「在中國有多少年？先在何處？在此浙江有幾年？今有多少年紀？」等問題，殷氏一一作了回答。康熙帝又問：「你認識中國字嗎？」答曰：「臣略識得，只是年紀大了，不能多記。」康熙聽後很高興，接著又問：「洪若翰在南京嗎？」又答：「洪若翰在南京，同畢……」殷鐸澤後面的字沒有說出，康熙便接道：「嘉」。可見康熙對外省傳教士的情況是非常清楚的。最後，康熙賜給他三盤嘉果、異餅、乳酥，並告訴他說：「這些東西在這裡是見不到的。」康熙又問了一些有關杭州天主堂的情況，便讓他回去休息了。

第三天，康熙派兩名侍衛來到天主堂行禮，殷氏獻上了準備好的八種貢品。康熙看後傳旨：「不收他獻，老人家心裡不安，收玻璃彩球，餘著帶回。」十七日，康熙回鑾，殷鐸澤攜同潘國良在天主堂前跪送。康熙看到潘國良，覺得面生，便問：「這是誰？」殷氏回答：「這是松江天主堂臣潘國良在蘇州接駕，因船多阻礙，不及遂願，急至杭州，又值聖駕渡江，為此今日接駕。」康熙帝讓他們到御舟旁問話。最後康熙問殷鐸澤：「你們要送到哪裡？」回答：「意欲至蘇州。」康熙連連擺手道：「送君千里終須別，老人家好好住在這裡。」於是殷氏留了下來，潘國良則乘小船隨駕至蘇州。需要提及的是，三年之後，殷鐸澤來到北京晉見康熙，彼此之間已經成了老

熟人了。這一次殷鐸澤向康熙進呈了書籍和十二種物品，康熙全部收納，並說：「這些方物，朕念你老人遠來誠心，俱全收了，不令一件帶回去。」以後康熙又多次在乾清宮、暢春園召見他，賜茶賜宴。殷鐸澤在京城盤桓一個半月之久。臨出京前，康熙擔心他歲數大，走路艱難，便讓人開御舟送他，讓傳教士安多一路陪行。並告訴殷鐸澤：「你老人家，今有安多並差官，作伴同回，朕可放心。」

康熙帝自杭州回鑾，於二月二十五日抵達南京，與前來接駕的法國傳教士畢嘉、洪若翰在郊外上方橋相遇。當時正下著傾盆大雨，二人跑在橋邊，康熙一眼便認出了畢嘉，招呼他說：「你好嗎？」畢嘉回答：「臣賴朝廷洪福，好。」康熙又看了看洪若翰問：「這位是誰？」正在身旁的侍衛忙接過來：「就是舊歲萬歲召進京。」康熙似乎想了起來，大聲說：「噢！是洪若翰嗎？」邊說邊上前扶起二人，關切道：「快起來！快起來！雨這麼大，快回去吧！」二十六日，二人到康熙駐蹕的江寧織造府請安。二十七日進獻方物十二種。康熙打算只留一二種，並傳諭說：「朕在杭州曾收殷鐸澤一二色，在蘇州亦收潘國良一二色，今你們所獻，朕見如收一般。但不卻你們來意，亦收二色，用表你們之心也。」但二人堅請康熙多收：「臣等遠人屢沐皇恩，無可抑報，今之所獻，不過西洋土物，但各省遠臣俱蒙聖恩，臣亦替各省遠臣叩謝萬歲。伏祈皇上全納，不獨二臣感激，即各省遠臣均有收賴。」這樣，康熙又多收四色，其餘全部讓他們帶了回去。康熙離開南京北上時，並沒有告知畢、洪二人，當二人聽說急急忙忙趕到燕子磯時，康熙御舟已離港而去。他們又抄近路追趕御舟，在揚州灣頭與康熙相遇。康熙看見二人，非常吃驚，趕緊讓他們上船，關切地詢問他們旅途情況。並讓他們在旁邊觀看他如何處理政事。這樣不知不覺之中二人在御舟中行走了十五里，最後康熙才戀戀不捨地讓他們回南京。

通過這種召見，康熙帝既不失身分，又顯示了他對傳教士的關心。

四、開禁傳教

由於西方傳教士們對康熙竭盡全力，侍奉有加，彼此間建立了良好的關係。他們亦利用接近皇帝的有利條件，時常向康熙帝講述天主教的教義，使

康熙逐步認識到天主教並非什麼邪教異說,加之康熙帝又好學,喜歡研究,故而對天主教的真義看得越來越清楚。康熙曾作過一首詩:

> 森森萬象眼輪中,須識由來是化工。
> 體一何終而何始,位三非寂亦非空。
> 地堂久為初人閉,天路新憑聖子通。
> 除卻異端無忌憚,真儒若個不欽崇。

以表達他對天主教的理解;他還作過一首詠基督受難的詩:

> 功成十架血成溪,百丈恩流分自西。
> 身列四衙半夜路,徒方三背兩番雞。
> 五千鞭撻寸膚裂,六尺懸垂二盜齊。
> 慘慟八埃驚九品,七言一畢萬靈啼。

這表明康熙對天主教的教義是具有一定認識的,對有關的教史也是相當了解的。這似乎意味著這位皇帝有可能向天主打開他心中的大門,施惠於傳教者。

事實上,康熙在很多時間內都表現出了對西方傳教士的信任,不時向傳教士們吐露某些未能向朝臣吐露的心聲。他曾向張誠講:「我們這個帝國之內有三個民族。滿人像我一樣愛敬你們,但是漢人和蒙古人不能容忍你們……因此,你們應以謹慎威慎作為準則。」(陳霞飛譯:《張誠日記》)他甚至將斥責傳教士視為「家裡的事,就像父親對待兒子一樣,外人是不知道的」。儘管順治晚期曾有過嚴行禁止天主教在中國傳播的曉諭,地方大臣中有許多也以此為依據,不時掀起反教活動,同時,康熙帝自己也意識到從天主教在中國的進展看,它將會成為中國最大的宗教,但這一切並不能影響他對天主教的好感。一六八七年,有人上疏在中國禁教,康熙帝非但未予採納,還傳諭:「地方官禁止條約內,將天主教同於白蓮教謀反字樣,此言太過,著刪去。」(中國第一歷史檔案館編《康熙起居注》)當法國傳教士們用金雞納霜治好了他的痢疾,為表示感謝,竟將西安門內蠶池口前輔政大

臣蘇克薩哈的舊府賜給他們，命名為救世主堂。隨後他又賜磚瓦、木材、銀兩、什物，另選一地花四年時間蓋成了一座規模更大的天主教堂。教堂建成後，在門樓上鐫「敕建天主堂」五字，康熙帝還親題「萬有真原」匾額，為其撰對聯：「無始無終先作形聲真主宰；宣仁宣義聿昭拯濟大權衡。」他的所言所行，無疑是對傳教士們的傳教活動在一定程度上的默許和認可，庇護著身處險境的傳教士，使反教勢力的斯芬克斯之劍無法當頭劈下。

當然，傳教士們並不以此為滿足，他們力圖使在中國的傳教活動合法化。一六八九年，張誠和徐日升奉命參加中俄尼布楚談判，為和談成功發揮了重大作用，康熙帝對此十分感激。於是，傳教士們不失時機地提出了這一請求。一六九二年，在康熙本人授意下，王大臣會議與禮部聯合議奏：

> 查得西洋人仰慕聖化，由數萬里航海而來，現今治理曆法，用兵之際，力造軍器火炮，差往俄羅斯，誠心效力，克成其事，勞績甚多。各省居住西洋人並無為惡亂行之處，又並非左道惑眾，異端生事。喇嘛僧等廟，尚容人燒香行走，西洋人並無違法之事，反行禁止，似屬不宜，相應將各處天主教俱照舊存留，凡進香供奉之人，仍許照常行走，不必禁止。（李剛己《教務紀略》）

這實際上是一項廢除教禁的命令。康熙帝立即批准了這一議奏。據此旨意，傳教士可以在中國自由傳教。這道經康熙帝批准的議奏，在西方被譽為「一六九二年寬容敕令」，它標誌著天主教在中國「黃金時代」的到來。消息傳出，在華傳教士無不欣喜若狂，但好景不長，由於教會內部的「禮儀之爭」，「黃金時代」很快便消逝了。

第五節　特使反目　康熙逐客

康熙雖然對西方傳教士的傳教活動採取了寬容和默許的政策，但這一政策並不是毫無條件的。它的前提是天主教的傳播絕不能威脅清朝統治，干擾

中國傳統的生活方式和秩序。然而，教會沒有做到這一點，其內部的「禮儀之爭」矛頭直指中國的尊祭對象，引起康熙的反感，從而導致了康熙晚期對天主教態度的改變。

一、「禮儀之爭」的由來和公開

「禮儀之爭」實質上是在中國的傳教士內部有關兩種不同傳教方法的爭論，主要針對中國傳統的祭拜祖先和祭祀孔子而言。其一派認為在中國這樣一個具有悠久歷史和文化的國度中傳教應注意適應和寬容；另一派則主張天主教的利益至高無上，以拯救靈魂為唯一任務。這種爭論是傳教士進入中國內地的時候便開始了。當時，利瑪竇認為「敬祖」只是對祖先感恩的表示，「祀孔」也是對孔子表示崇敬，均無迷信色彩，教士對此可以採取通融的態度，因此，他首先穿上了儒服，說中國話，寫中國字，遵循中國的生活習慣，並允許入教的中國教徒仍保留祖先牌位及在牌位前點香行禮，也允許自由參加孔廟的祭典。這一靈活的傳教方式非但沒有損害天主教的根本信仰，反而很快取得了中國上下對天主教的認同，也得到大多數在華耶穌會士的支持。利瑪竇去世後，大部分耶穌會士仍執行他的路線，「力效華風」，反對者根本沒有什麼市場。但十七世紀中葉，隨著其他修會傳教士的東來，增加了反對者的力量，爭論又趨於尖銳。於是，這一爭論從中國走向了羅馬的教廷。

一六四三年，多明我會傳教士范玉黎至羅馬，指控「耶穌會士遷就異教，助修曆書，玩弄星象，忘卻支配星象之天主」。（蕭一山《清代通史》）一六四五年九月十二日，教皇英諾森十世下令禁止中國教徒參加祭祖祀孔的禮儀。這一禁令，立即引起了在華耶穌會士的不安，他們派衛匡國專程到羅馬請求再議禮儀問題。衛氏指出中國的祭祖祀孔完全屬於文化制度範疇，而與宗教無關，於是，教皇亞歷山大七世又於一六五六年三月二十三日頒佈一道命令，允許中國信徒參加祭祖祀孔禮儀。對於這兩個截然相反的命令，在華傳教士們無所適從。於是多明我會傳教士鮑郎高（Jean Polanco）於一六六九年再次到羅馬向教廷詢問兩道命令的法律效力問題。教皇克雷芒九世答覆：「一六四五年九月十二日依照那時呈報的疑問的規定，仍舊有效；

梵蒂岡宮

也不因著在一六五六年三月二十三日所有的規定而受限制。但該根據疑問和
環境以及一切對呈報所陳述的答案遵守。」（楊富森《中國基督教史》）克
雷芒九世這一折中議案，使「禮儀之爭」更加複雜。他們各行其是，彼此攻
訐，終於從教內大到了教外，最後導致了康熙與羅馬教廷間的衝突。

　　一六九三年三月二十六日，「巴黎外方傳教會」主教顏璫在他的福建教
區內向所有教徒發出了一道禁令，其內容如下：

　　（一）為統一稱呼唯一真神名詞起見，該用「天主」名稱，歐人用
的「陡斯」或中文裡的「天」和「上帝」，一概該除去。

　　（二）在教堂內所懸掛「敬天」的匾額，該在牧函公布日起兩個月
內取消，並以後不准再用。

　　（三）教宗亞歷山大七世，衛匡國呈請聖職部批准的禮儀案，因許
多不符事實的地方，所以信眾們不能享用。

　　（四）須禁止每年兩次祭孔祭祖的隆重典禮。

　　（五）該廢除為亡者所立的牌位，或至少該除去牌位上的「神」或
「靈」字。

（六）有許多述語，如偶不謹慎，能使人誤會而開異端之路。例如：「若適當的領晤中國哲學和教規無異」等。

（七）關於學校教科書，不該混入無神思想和異端邪說的書籍，致使和教規抵觸。

這一禁令對天主教在中國的傳教事業極為不利。在華耶穌會也採取了相應的行動。他們聯合覲見康熙，請求裁決。康熙針鋒相對地提出了自己的看法：

中國供神主，乃是人子思念父母養育，譬如幼稚物類，其母若殞，亦必呼號數日者，思其親也……聖人以五常百行之大道，君臣父子之大倫，垂教萬世，使人親上死長之大道，此至聖先師之所應遵應敬也。（張星烺《歐化東漸史》）

這一行動，無疑使「禮儀之爭」公開化，康熙的這一答覆很快傳到梵蒂岡，教皇克雷芒十一世幾次召集樞機會議商討對策，最後於一七〇四年十一月十三日最終通過嚴禁行禮儀令，並派多羅為特使至中國公開此令。禮儀之爭更趨激化。

二、康熙帝怒斥特使多羅

教皇克雷芒十一世所派特使多羅於一七〇三年二月從歐洲出發，一七〇五年四月到廣州。多羅一進中國內地，其行動便受到監視，在華耶穌會士隨時將情況報告給康熙。在耶穌會士周旋下，康熙於一七〇五年十二月三十一日第一次接見了多羅。在接見中，康熙對多羅優禮有加，蒙「賜坐，親執金樽賜酒、並賜筵宴，計金盆珍饈三十六色」。（黃伯祿《正教奉褒》）多羅也對教皇的禁令隻字未提，只是說他代表教皇特來向皇帝致敬問安，以答謝多年來對來華教士的禮遇和愛護。康熙則有意調停傳教士間的紛爭，便曉諭多羅：

近日西洋所來者甚雜，亦有行道，亦有白人藉名為行道，難以分辨是非，如今爾來之際，若不定一規矩，唯恐後來惹出是非，也覺得教化王處有關係。只得將定例先明白曉諭，命後來之人謹守法度，不能少違方好，以後凡自西洋來者，再不回去的人，許他內地居住，若近年來明年回去的人，不可叫他許住。此等人譬如立於大門之前，論人屋內之事，眾人何以服之。況且多事……凡各國各會皆以敬天主者，何得論彼此，一概同居同住，則永無爭競矣！（陳垣《康熙與羅馬使節關係文書影印本》）

這次接見之後，多羅向在京的傳教士發佈了教皇的禁令，耶穌會士們立即又將這一情況稟報了康熙。康熙對教皇的禁令極為憤慨，下命凡是在中國的傳教士均必須向朝廷領取居留證，並聲明遵行利瑪竇成規，否則便驅逐出境。

康熙把在京的耶穌會士召進宮中，對他們說：

自今以後，若不遵利瑪竇的規矩，斷不准在中國住，必逐回去。若教化王等因此不准爾等傳教，爾等既是出家人，就在中國住著修道，教化王若再怪你們遵利瑪竇，不依教化王的話，教你們回西洋去，朕不教你們回去。倘教化王聽了多羅的話，說你們不遵教化王的話，得罪天主必定教你們回去，那時候自然有話說。你們在中國年久，服朕水土，就如中國人一樣，必不肯打發回去，教化王若說你們有罪，必是教你們回去，朕帶信與他說徐日升等在中國服朕水土，出力年久，你必定教他們回去，朕斷不肯將他們活打發回去，將西洋人等頭割回去。朕如此帶信去，爾教化王萬一再說，爾等得罪天主，殺了罷。朕就將中國所有西洋人等都查出來盡行將頭帶與西洋去。設是如此，你們的教化王也就成個教化王了。你們領過票的，就如中國人

多羅像

一樣，你等放心，不要害怕。（陳垣《康熙與羅馬使節關係文書影印本》）

康熙的話，無疑給耶穌會傳教士們吃了一記定心丸，同時也使多羅不知所措。一七○六年六月二十九日，康熙第二次接見多羅，耐心地向他講述了中國祭祖的意義：

> 中國兩千年來，奉行孔學之道。西教士傳入中國，自利瑪竇以後，常受皇帝的保護，彼等也奉公守法。將來若是有人主張反對敬孔祀祖，西教士便休想留住中國。中國人古來所敬拜的天，和基督教的神是二而一的，中國拜禮祀祖，與基督教義並無衝突。（楊富森《中國基督教史》）

對於康熙的言辭，多羅無法正面答覆。於是他又提出讓顏璫到北京任中國總主教，康熙早知顏璫的所為，對此亦不以為然。八月，康熙在熱河行宮接見顏璫一行，由巴多明做翻譯。康熙指著御座後面的四個字問顏璫認識不認識，結果顏璫只認識其中的一個。康熙不再待下文，便批道：「愚不識字，擅敢妄論中國之道。」「顏璫既不識字，又不善中國語言，對話須用翻譯，這等人敢談中國經書之道。像站在門外，從未進屋的人，討論屋中之事，說話沒有一點根據。」（楊富森《中國基督教史》）多羅見事情不妙，只得於一七○六年八月離開北京，一七○七年二月在南京發表公開信，宣佈了教皇禁令，並警告傳教士，如有抗命之舉，將被開除教籍。

康熙聞訊，憤怒異常，抗議教皇無權干涉中國內部事務，斥責多羅「只管生事而已」。（陳垣《康熙與羅馬使節關係文書影印本》）同時下令驅逐顏璫，拘禁多羅。多羅於一七一○年六月在澳門去世，此次出使不了而終。

三、嘉樂的努力終成灰燼

雖然多羅在中國遭到了耶穌會士及康熙帝的堅決抵制，但並沒有因此而改變教廷對禮儀之爭的態度。一七一五年三月十七日，教皇克雷芒十一世又發出了一個更為嚴厲的「自登基之日」通諭，重申一七○四年的禁令，密寄

中國各省公佈。

康熙聽說，立即回擊，指出：

> 朕的旨意，從沒有改……論中國的規矩，若不隨利瑪竇規矩，並利瑪竇以後二百年的傳教不得，中國連西洋人也留不得。（楊富森《中國基督教史》）

以此為契機，在中國掀起了一股相當強勁的排教浪潮。為了緩和教廷與康熙間的緊張氣氛，一七一九年九月，教皇又派嘉樂為特使來華，以求和中國朝廷達成和解。

一七二〇年十二月，嘉樂一行至北京。嘉樂首先向康熙陳述了兩件事：第一，請求准許讓他管理在中國的傳教士；第二，請求准許中國教徒執行教皇的通諭。對此，康熙傳旨給嘉樂：

> 爾教王所求二事，朕俱俯賜允准。但爾教王條約與中國道理大相悖戾，爾天主教在中國行不得，務必禁止。教既不行，在中國傳教之西洋人亦屬無用，除會技藝之人留用，再年老有病不能回去之人仍准存留，其餘在中國傳教之人爾俱帶回西洋去，且爾教王條約只可禁止爾西洋人，中國人非爾教王所可禁止，其准留之西洋人，著依爾教王條約自行修道，不許傳教。此即准爾教王所求之二事。（陳垣《康熙與羅馬使節關係文書影印本》）

嘉樂接到此旨，仍不死心，又請求康熙看一看教皇的表章，企圖使事情有所轉機。不料康熙態度強硬，表示：

> 朕之旨意，前後無二。爾教王條約與中國道理大相悖謬。教王表章，朕亦不覽。西洋人在中國行不得教，朕必嚴行禁止。本應命爾入京陛見，因道理不合，又生爭端，爾於此即回去……西洋人中有不會技藝之人，爾俱帶去。再爾等向嘉樂帶來會技藝之九人，伊等情願效力者，朕留用。不願在中國者，即同回去，朕不強留。（陳垣《康熙與羅馬使

節關係文書影印本》）

　　嘉樂見事已至此，只好請求康熙容他多在北京住幾日，其言辭相當謙和，完全以臣民自視：

> 臣自西洋九萬里奉教王命遠來，臣福分淺薄，不能一覲天顏，教王表章，不能上達天聽，臣之福薄，臣何敢再多言？（陳垣《康熙與羅馬使節關係文書影印本》）

　　並表示如果康熙看一下教皇的通論，指出其中不合中國道理之處，他將在其權力所及的範圍內按康熙的意思加以修正。

　　康熙被嘉樂的誠意打動，終於決定於十二月三日接見嘉樂。在接見中，嘉樂以中國禮儀向康熙行三跪九叩禮，康熙賜給他御貂褂。此後康熙又多次接見，但對禮儀問題始終不肯讓步，指出：「欲議論中國道理，必須深通中

餘年並無雜亂，平安無事。且近者多，朕犯中國法度。爾等因來表，朕情願効力並非

舊自西洋航海九萬里，遠人俯垂矜恤，以示中華

帝王不分內外，國史木何所不容，使爾等各獻微長出入禁

庭，曲賜優容，亦寓中外一家之意，至於爾等所

行之教與中國毫無損益。即爾等去留亦屬無

關涉，原因多羅來時誤聽教下間當不通文

理，妄誕議論。若本人曾苦學通中國文理亦

為可恕，伊不但不知文理，即字亦不識，如何

輕論中國理義。即如以天為物，不可敬天，此

講傳中國理義，即如天為物，不可敬天，此

即大不通之論，譬如上表章內稱

皇帝陛下又如過（附小字語）

御座無不趨蹌起敬，總是敬君之心，隨處皆

然若陛下為階下座位，為工匠所造意忽

可乎，中國敬天亦是此意，若閭當之論必

當呼天主之名，方是為敬甚悖於中國敬天

《康熙與羅馬使節關係文書》書影

國文理，讀盡中國詩書，方可辯論。朕不識西洋之字，所以西洋之事，朕皆不論。」「爾西洋人不解中國字義，如何妄論中國道理之是非？」（陳垣《康熙與羅馬使節關係文書影印本》）十二月二十一日，康熙閱讀了教皇的通諭，在後面親加朱批道：

> 覽此告示，只可說得西洋人等小人，如何言得中國之大理？況西洋人等，無一人同漢書者，說言議論，令人可笑者多。今見來臣告示，竟是和尚道士，異端小教相同，比此亂言者莫過如此。以後不必西洋人在中國行教，禁止可也，免得多事。（陳垣《康熙與羅馬使節關係文書影印本》）

嘉樂接到朱批，知道事情已無法挽回，便準備返回羅馬。動身之前，他自作主張變通了教皇通諭，就禮儀問題向在華傳教士提出了八項妥協條件：

（一）准許教友家中供奉祖宗牌位，牌位上只許寫先考、先妣姓名，兩旁加注天主教孝敬父母的道理。

（二）准許中國對於亡人的禮節，但是這些禮節應是非宗教性質的社會禮節。

（三）准許非宗教性質的敬孔典禮，孔子牌位若不書靈位等字，也可供奉，且准上香致敬。

（四）准許在改正的牌位前或亡人棺材前叩頭。

（五）准許在喪禮中焚香點燭，但應聲明不從流俗迷信。

（六）准許在改正的牌位前或亡人棺材前供陳果蔬，但應聲明只行社會禮節，不從流俗迷信。

（七）准許新年和其他節日，在改正的牌位前叩頭。

（八）准許在改正的牌位前，焚香點燭，在墓前供陳果蔬，但應聲明不從流俗迷信。（羅光《教廷與中國使節史》）

嘉樂的妥協八項，雖然使康熙的態度稍有好轉，但他對天主教已遠不如從前那麼熱心了，天主教從此失去了在中國公開傳教的自由。

四、康熙抑教而不禁技

康熙皇帝是一位謙虛好學的君主，其內在的優良品質決定了對西方文化乃至宗教都抱有極大興趣。他在位早期，利用與傳教士充分接觸的機會，對西方的天文學、數學、醫學、地理學、音樂、語言等進行了系統的學習，逐步認識到西方科學的先進之處。受傳教士影響，他對天主教亦採取了相當寬容的態度。發佈自由傳教令，使天主教在中國有了一個相當輝煌的時代。但在其晚年，由於教會內部的禮儀之爭，直接威脅中國傳統的祭祖祀孔禮儀，使他不得不收回自由傳教的承諾，下令禁教。但康熙的禁教是很有限度的，並非斬草除根，只是限制它的傳播罷了。而對於傳播科學知識的耶穌會士還是十分欣賞，對服務於宮廷中的傳教士仍然念念不忘。即使是在禮儀之爭最激烈的時期，康熙仍然對耶穌會士的工作持肯定態度。認為：

> 自利瑪竇到中國，二百餘年並無貪淫邪亂，無非修道，平安無事，未犯中國法度。自西洋航海九萬里之遙者，為情願效力。朕因軫念遠人，俯垂矜恤，以示中華帝王不分內外，使爾等各獻其長，出入禁廷，曲賜優容致意。（陳垣《康熙與羅馬使節關係文書影印本》）

在令傳教士回國時，他沒有忘記留下那些會技藝的人，仍然讓他們留在宮中服務，如白晉、雷孝思、杜德美、馮秉正、巴多明等，對他們的寵愛依然不減當年。他還不主張迫害傳教士，當禁教令下達後，耶穌會士們十分害怕，上奏請求保護。康熙十分痛快地答應了。他說：

> 爾等放心，並非禁天主教，唯禁不曾領票的西洋人，與有票的人無關。若地方官一概禁止，即將朕給的票觀看，就是傳教的憑證，你們放心去，若禁止有票的人，再來啟奏。（黃伯祿《正教奉褒》）

當嘉樂來京時，康熙和耶穌會士們一起商量對策。前後十三次接見嘉樂，屢賜衣物和各種物品，禮遇很隆。這一切，無不表現出康熙帝對傳教士們的款款柔情，與他對教廷禁令的強硬態度形成了鮮明對比。

　　康熙晚年對傳教士的優容態度，使得在北京的傳教士仍然可以進行傳教活動。更多的是大批西洋傳教士留在了宮中，為康熙提供各種服務。而在雍正、乾隆時期雖厲行禁教，但宮中亦留用有技藝的西洋人，這一情況的出現，恐怕與康熙對傳教士的這一態度不無關係。

第六章／
主人與奴僕

　　在十七世紀的中國，西方傳教士們享有相當的自由。他們和皇帝之間始終保持著良好的君臣關係和平等對話地位，從而使天主教在中國發展很快。但由於激烈的禮儀之爭，使康熙帝最終下達了禁教令。此後歷經雍正、乾隆、嘉慶、道光都推行嚴厲的禁教政策，史稱「百年禁教」，天主教在中國的事業受到極大摧殘。對傳教士而言，這是一個灰色、暗淡的時代。大批傳教士被驅逐出境，僅有的留在宮中服務的人，也淪為皇帝的奴僕和工具。而對皇帝們來說，一方面要嚴禁傳教士們的宗教活動，另一方面又要利用傳教士的才能和技藝，從而使皇帝及傳教士的關係呈現出錯綜複雜的景象。

第一節　雍正與傳教士

　　關於雍正的禁教，有人曾論述說：「由於雍正反對天主教的態度，更因為他下了禁教的諭令……以致在全國範圍內掀起了仇教排教的浪潮。使天主教在中國遭到從來未有過的、全面的、長期的大難，這和羅馬帝國時的教難是很相似的。」（張澤《清代禁教期的天主教》）由此可知雍正帝與天主教的關係相當緊張。而造成這種狀況的主要原因之一，便是康熙晚年諸皇子間的黨禍與傳教士的參與。

一、繼位風波與禁教

　　康熙晚年，皇儲人選問題令他大傷腦筋。他最初立第二子允礽為太子，後來廢而復立，又立而復廢，最終也沒有確定。在太子的廢廢立立中，燃起了諸皇子覬覦儲位的欲火。他們各樹朋黨，相互傾軋。尤其是允禔、允禩、允禵、允礽等，為獲得繼承權更是明爭暗鬥。康熙六十一年，康熙在暢春園去世。出人意料的是在去世之前，他宣佈由平時不惹人注目的皇四子雍親王胤禛繼承大統，是為雍正帝。

　　由於雍正帝出身庶子，諸皇子對他的繼位深為不滿，於是暗地活動企圖推翻。其中以允禩和允禵最為活躍。雍正繼位不久，便大力反擊，對那些謀反的諸皇子及參與其事的官員均一一加以鎮壓。其間他發現允禵對天主教抱有好感，與傳教士穆敬遠往來甚密，而允禩則受到信奉天主教的貝勒蘇努及其兒子們的擁護，這對雍正帝來說是無法容忍的。因此，在鎮壓反對者的同時，也牽連了天主教及傳教士。

　　穆敬遠，亦作穆經遠，葡萄牙耶穌會士，康熙三十九年到中國，不久被

召入宮中，在康熙身旁擔任
翻譯，曾多次扈駕出巡。由
於他為人和善，朝中大多數
官員都喜歡和他交往。在皇
帝爭奪戰中，他極力支持允
禑。他曾上奏康熙，建議冊立
允禑為皇儲，受到康熙的嚴厲
斥責。但他仍不死心，又往塞
外營地去動員近衛將軍年羹
堯，贈以珍寶，請求他為擁立
允禑出力。事情最終敗露，在
受審時，穆敬遠供說：「我因
向年羹堯說『允禑相貌好像大
有福氣，將來必定要做皇太子
的。皇上看他也很重』。我原
是讚揚他的好處，要年羹堯為
他的意思。」並承認「我在允

雍正皇帝洋裝像

禑處行走，又跟隨他在西大同，前後有七八年了。允禑待我好，也是人所皆
知的」。對此，雍正帝非常氣憤，罵他「西洋人穆敬遠，搖尾乞憐之外，無
他技也，內中此人留心」。（方豪《中國天主教史人物傳》）把他和允禑一
起充軍西寧。一七二六年，葡萄牙國王為營救穆敬遠，派特使麥德樂率十八
名隨員以弔先皇帝之喪和賀新皇帝即位為名，攜帶大量珍貴禮品，覲見雍正
帝。雍正帝明知其來意，雖熱情款待，但私下裡卻在他到北京之前，派人去
西寧，在飯中放毒。十二日後，穆敬遠中毒身亡。

　　與此同時，雍正帝對蘇努一家也做出了嚴厲處罰。蘇努為清太祖努爾哈
赤的四世孫，與雍正帝是從昆弟。康熙皇帝很信任他，委以重任，先後出任
奉天將軍、遼東巡撫、八旗統率等職。在皇位鬥爭中，蘇努及其兒子們曾推
薦允禩為皇太子，致使雍正帝對其厭惡之極。一七二四年，雍正特下諭：

　　蘇努等懷挾伊祖舊仇，專意離間宗支，使互有煩言，人人不睦，朕即

位以來，棄伊過惡，格外施恩，欲其改過從善，伊等不從，仍鑽營構亂、毫不悛改，朕當以國法懲之，豈可容其如此？（陳垣《陳垣史學論著選》）

事也湊巧，蘇努一家又都是虔誠的天主教徒，常以天主教的口氣回答相關問題，使雍正更怒不可遏。下諭指出：

> 烏爾陳、蘇爾金、庫爾陳等，不遵滿洲正道，崇西洋之教，朕令伊等悔改，屢次遣王大臣等陳旨，分析開導，乃伊等固執己見，堅稱不願悔改……似此忘本背君，藐視國法，喪心蔑理，聞者莫不駭異。（張澤《清代禁教期的天主教》）

結果，蘇努被削去所有職銜，抄沒家產，其他人等則充軍的充軍、遣散的遣散、監禁的監禁。家族中十五歲以上的男男女女都在三、四年內受酷刑而死，遭遇十分淒慘。

正是由於身為教徒的蘇努父子及傳教士穆敬遠參與了爭奪皇權的政治鬥爭，才致使雍正對天主教產生了懷疑和憎恨。加之康熙晚年早有禁教成令，因此當有人上奏禁教時，雍正很快批准，通令各省，命中國教徒必須放棄信仰，西教士限半年內離境，前往澳門，其激烈程度前所未有。

二、請求調節無效

雍正帝於雍正元年十二月批准了禮部的「嚴行飭禁」令後，各地教難不斷，傳教士們惶惶不可終日，他們馳書在京傳教士加以疏通，於是在京通曉滿文的巴多明、馮秉正、費隱上疏請求寬免。雍正把他們召進宮中，作了長達一刻鐘的訓示，表明了他對天主教的態度。雍正說：

> 我父皇先皇帝教導了我四十年，在各兄弟中優先選擇了我繼承他登上皇位。我治國最注意的一條，就是不要絲毫違背我父皇的治國之道。在福建省的西洋人踐踏我法律、擾亂我子民，當地大吏已向我報告。事關國家，我應制止。以前我做太子時可以不聞不問，現在則不能等閒視

之了。

　　你們說，你們的教不是假的，我相信。否則我早已命令盡毀你們的教堂和完全驅逐你們。假宗教是以道德為護符而以搗亂為宗旨，如同白蓮教那樣。試想，如果我派一批和尚和喇嘛到你們的國家去傳教，你們將怎麼說？怎麼接待他們？利瑪竇於萬曆初年來到中國，當時人們的做法與我無關。不過那時你們的人數微不足道，並非各省都有你們的人和教堂。到我父皇時，你們到處設立教堂，你們的教也迅速傳播，所以我目睹這狀況，但未敢一言，現在你們不要想能像欺騙我父皇一樣地欺騙我。

　　我知道你們的宗旨是使所有中國人入你們的教，但果真如此，我們將成為一種什麼人？教徒只聽你們的話，一旦有事，他們唯你們的命是聽。這一點現在雖不必慮及，但當千舟萬船來我海岸時，必將產生擾亂……我在位之日，將不允許我們的古賢所立之法規有任何變更……將來我的兒子，我的孫子登上皇位後如何做法，是他們的事。至少我不像萬曆，不會和他一樣做法……我現在所做的，是以皇帝的身分。（張澤《清代禁教期的天主教》）

表面上他的禁教是出於皇帝的身分，有不得已之苦衷，實際上是婉轉地拒絕了保護天主教的請求。

在另一個場合，雍正帝直言不諱地表明了他的禁教決心：

　　中國有中國之教，西洋有西洋之教，西洋之教不必行於中國，亦如中國之教豈能行於西洋？（《清世宗實錄》雍正五年四月八日）

這樣的情況在雍正接待教皇使團時亦出現過。雍正三年，教皇本篤十三世派葛達都、易德豐為使臣到中國，一是祝賀雍正登基，二是調節雍正與天主教的關係，請求他弛開教禁。雍正帝相當客氣地接見了他們，表示：「至西洋寓居中國之人，朕以萬物一體為懷，教以謹飭安靜。果能慎守法度，行止無愆，自當推愛撫恤。」（方豪《中國天主教史人物傳》）在臨別前，他又賜給使臣妝緞、錦緞、大緞二十，次緞四十。又加賜國王貂皮、人參、洋漆器、芽茶、紙、墨、絹、扇等，至為優厚。然而使臣剛走不久，他便將在

京的傳教士蘇霖、馬蓋朗、費隱、戴進賢、雷孝思、巴多明、宋君榮、沃爾方、雷納爾迪、郎士寧等召至圓明園，賜茶之後，便當著眾教士的面把天主教大罵了一通，並把它與那些邪惡教派相提並論。他說：

> 朕不需要傳教士。倘若朕派和尚到爾等歐洲各國去，爾等的國王也是不會允許的嘛……先皇讓爾等在各省建立教堂，亦有損聖譽。對此，朕作為一個滿洲人，曾竭力反對。朕豈能容許這些有損於先皇聲譽的教堂存在？朕豈能幫助爾等引入那種譴責中國教堂的教義？（杜文凱編《清代西人見聞錄》）

還有一次，傳教士戴進賢上書陳情，為教士伸冤，雍正覽奏後，召集在京傳教士，盛氣厲色地講：

> 汝輩西洋人何裨於我中國？彼寄居廣州，被逐出境，乃理之當然，又何詞之有？即汝輩在京，亦豈能久居耶？（徐宗澤《中國天主教傳教史概論》）

正是雍正的這種心存仇教，志堅意決，才使得各省官吏逢迎上意，驅逐教士，拆毀教堂，對天主教必欲鏟除而後快。在華傳教士及羅馬教廷雖多方努力，終於沒有改變其惡劣的狀況。

三、利用中才顯寬容

詳細考察雍正與天主教和傳教士的關係，會發現他對二者的態度是不太一樣的。對於天主教，雍正嚴厲禁止，絕無餘地；而對於傳教士，則如同康熙一樣，表現出相當的寬容。

在禁教時期的北京，傳教士們非但沒有被驅逐，反而還讓他們居住在東、西、南、北四個教堂中，允許內部的宗教活動。雍正八年，北京發生地震，死傷十萬人，南北二堂均受損失。雍正聽說，特賜銀一千兩進行修復。雍正不止一次地表示：

　　朕於西洋教法，原無深惡痛絕之處，但念於我中國聖人之道，無甚裨益，不過聊從眾議耳。爾其詳加酌量，若果無害，則異域遠人自應一切從寬。爾或不達朕意，繩之過嚴，則又不是矣。（《朱批諭旨》）

從而把對天主教的迫害歸咎於臣下。

　　雍正做皇子時，康熙曾讓德理格教授他西學，二人關係很好。德理格在康熙末年的禮儀之爭中被逮捕入獄，雍正繼位後，不久便釋放了他，並特許他在西直門內買地建堂。雍正曾數度批准傳教士來中國。雍正三年，葡王使臣麥德樂來京，雖沒有達到預期的目的，但他帶來的四名傳教士卻被雍正留了下來。雍正晚年，巴多明曾上奏摺，說在北京的傳教士為中國效力歷年既久，死的死，老的老，恐怕後繼無人。他建議讓新來的傳教士孫璋等四五人來京效用。雍正立即批准，並吩咐廣東總督派人護送，沿途供給路費食宿。

　　雍正一朝，西方傳教士的服務主要集中在曆法和繪畫方面。雍正帝在《聖諭廣訓》中曾講：「又如西洋教宗天主，亦屬不經，因其人通曉曆數，故國家用之，亦不可不知也。」雍正初年，德國傳教士戴進賢被任命為欽天監監正，徐懋德為監副，他們專注於天文學的研究和普及工作，成績顯著。一七二三年，戴進賢繪製了《黃道總星圖》，此後又研製了璣衡撫辰儀。雍

西什庫教堂

正八年六月，發生了一次日食，按《曆象考成》一書所推算的時分並不準確，而戴進賢所推時間分毫不爽。於是，雍正命戴進賢和徐懋德對《曆象考成》進行增補修改。他們編製了一張日躔、月離表附於原書之後，修正了錯誤之處。雍正對他們的工作很滿意。一七三一年，雍正敕命戴進賢為禮部侍郎，官階二品。雍正對郎士寧的許多油畫也非常喜愛，讓他供奉內廷，住如意館，還經常讓他進宮畫畫，高興之時，賞賜不斷。現在故宮博物院還藏有幾幅郎士寧專門為雍正做的畫，多是稱頌雍正宏德的奉承之作，如《聚瑞圖》、《嵩獻英芝圖》、《百駿圖》等。

這一切促使雍正帝在許多公開場合表示對傳教士的好感。他還經常召見傳教士。雍正五年，他在宮中接見了所有在京的傳教士，並賜宴，場面相當隆重。作為被召見者之一的法國傳教士宋君榮在寫給蓋雅爾神父的信中詳細描述了雍正這次召見的經過：

> 一七二七年一月二十六日，皇帝降旨，宣歐洲人進宮。這對受宣者來說是一次前所未有，異乎尋常的榮譽。傳旨太監向我們宣布：皇帝要在其大殿裡同我們一起進餐。被宣召的有二十人，我是其中之一。下午四點一刻，皇帝的一位貼身太監將我們引到御前。皇上坐在一個十分華麗的高台之上，歐洲人分左右各站十人……皇帝一開始便說，他尚未款待我們，也想在年內招待我們一次，並說他一定御駕親臨。我們磕頭向他致謝，感謝他給我們如此之大榮譽，隨即，排開十桌宴席，每桌坐兩人，皇上自己獨坐一桌。宴會很豪華，皇帝多次向我們勸酒，並同我們乾了一次杯。這在中國是極其特殊的榮譽。這位君主十分讚賞義大利畫家、耶穌會士郎士寧修士。他還讓巴多明給他講講瑞典和俄羅斯之間過去發生的戰爭……隨後他命人賜給我們每人兩個錢袋、兩張貂皮，又當著我們的面，下令送給耶穌會士的三個教堂三張擺滿水果的桌子。（杜文凱《清代西人見聞錄》）

能夠得到如此禮遇，傳教士們當然受寵若驚，怎能不竭盡全力為他服務呢？這正是雍正的最終目的。

這樣看來，雍正帝雖禁天主教傳播，但並不排斥所有的傳教士。中國的

天文觀測、曆法制定離不開西洋傳教士的幫助。正是為了達到利用他們的目的，雍正帝才對有專門技術而又「慎守法度」的傳教士恩寵有加，顯現出其溫和寬厚的一面。

第二節　冷峻的外表　溫和的內心

　　一七三五年八月二十三日雍正帝崩逝，二十五歲的皇四子弘曆即位，年號乾隆，由大臣允祿、允禮、顎爾泰和張廷玉四人輔政。乾隆在位六十年，對內對外實行了一系列有利社會發展的政策，使這一時期的社會經濟顯現出繁榮昌盛的局面，以致「頌聲如雷」，「康乾盛世」成為中國封建社會發展的極巔。

　　對於天主教，康熙、雍正、乾隆都曾發佈禁教令，但情況卻大不同。康熙晚年開始下禁教之令，但他主要是針對不服從其命的西洋傳教士的，故而普通教友沒有受到直接迫害。雍正即位則嚴格執行了康熙的成命，普遍地、自始至終地壓迫天主教，大有剪草除根之勢。而乾隆雖然繼承了雍正的遺志，繼續禁止天主教，但其與康熙、雍正對天主教的態度都有不同。特別是對傳教士，他本沒有大的惡感，而且還對為他服務的傳教士們表示出極端的友善和敬愛。雖然他幾次發佈禁教令，但完全是出於被動的不得已而為之。

　　在乾隆即位那年，由於一件小事引起了對教會的一場風波。乾隆登基後，對雍正年間的一批政治犯實行大赦。一名官員獲釋回家後，設宴慶賀。而他的一個妹妹因宴會有迷信色彩拒不赴宴，因為他的妹妹是位天主教徒。那位官員恨妹妹無情，遷怒於天主教，便向乾隆控告。四位輔政大臣經皇帝批准，下令禁止滿人信奉天主教，否則處以重刑。

　　在京傳教士郎士寧聞訊，立即向乾隆上奏請求對傳教不要加以限制。乾隆見了，安慰他說：「你可放心，並告訴神父們放心，朕必不禁天主教，只是禁止旗人信教。」

　　又有一次，耶穌會華人傳道者劉二在北京從事棄嬰的救濟收留工作。當他向被揀來的棄嬰施洗時，被官員撞見，逮捕遞解刑部。刑部以「口念咒

語，向棄嬰之頭灌水」為罪名，將劉二杖刑一百，或枷鎖一月。刑部還奏請乾隆說天主教為欺騙國民之邪教，一切不可不將其滅絕。郎士寧又進宮跪著向乾隆訴苦。乾隆對他說：「朕並非是對你們禁止天主教呀！你們信天主教是自由的，可是我國臣民是絕對不可信天主教的。」

由於乾隆的這種模稜兩可的態度，影響了各地禁教令的實施，原來被遣往澳門的西洋傳教士又乘機大批返回內地，進行秘密傳教。他們的活動範圍越來越大，引起了清朝各地大員的警覺，於是便有教難發生。乾隆一朝，比較大的教難共有兩次。一次是乾隆十一年至十九年。乾隆十一年，福建主教桑伯多祿在福安境內一個村子中同神父費若望、德方濟各、華若亞敬、施方濟各聚會，被人告發，官府派人搜捕，當場將費、德、施三人抓獲，桑伯多祿和華若亞敬逃匿。被抓三神父受刑逼供，堅不舉發。桑、華二人不忍心連累教友，並到官府投案。經福建巡撫周學健重新審問後，上奏乾隆，乾隆下旨，將「西洋人俱遞解廣東，勒限搭船回國」。但周學健並不甘心，堅持判桑伯多祿

郎士寧繪乾隆皇帝《大閱圖》

斬首，其他四人絞刑。於是對傳教士的緝拿一發不可收拾，蔓延至江蘇、浙江、江西、湖北、廣東、四川等省，許多傳教士殉難。一時間陰風慘慘，傳教事業受到極大摧殘。另一次是乾隆四十九年至五十年，經過上一次教難後，全國對天主教的搜捕漸漸趨於平靜，秘密傳教活動又活躍起來。澳門主教在羅馬傳信部授意下，多次派傳教士潛入內地。乾隆四十九年，當又一批進入內地的傳教士行至襄陽時，被官兵查獲。湖廣總督特成額立即將此案奏報朝廷，乾隆聞奏大怒，申斥各地官員：「西洋人

面貌異樣，不難認識，伊等由粵赴楚，沿途地方員弁何以一無稽查，至襄陽始行盤獲？」並命令各省將軍督撫、地方官吏對傳教士及教民「迅速嚴拿，一併解京，歸案辦理」。各地官員不敢怠慢，只短短一年，案情便波及到廣東、廣西、福建、湖北、湖南、陝西、四川、山東、山西、直隸、甘肅等十多個省區。其範圍之廣，緝查之嚴前所未有。此次共逮捕傳教士十八人，中國神父七人，教徒數百名。起初乾隆對這些人的處分十分嚴厲，「西洋教士永遠監禁，中國教士永遠充軍」。但不知什麼原因，不久以後乾隆便改變主意，除將中國神父發往伊犁，給厄魯特為奴外，全部釋放了西洋傳教士。他說：

> 此等人犯，不過意在傳教，尚無別項不法情節，且究係外夷，未諳中國法，若永禁圄圄，情殊可憐。俱著該部派司員，押送回粵，以示柔遠至意。（王之春《國朝柔遠記》）

一場狂風暴雨般的運動在乾隆「矜恤遠人」的恩施下，化為一縷青煙，隨風而去。

其實，乾隆對天主教傳教士的這種做法並不難理解。對於禁教問題，他一來受到祖訓禁教的約束，二來有許多仇教的官員屢屢上書，對教士們加以揭發和毀謗，使他不得不屈從於這種雙重壓力，幾次重申禁教之令，造成像上述波及全國的教難。但是在他內心中，卻對傳教士們抱有好感，對他們的技藝十分欣賞，使他在處理傳教士問題上往往前後矛盾，最後寬大處理了事。在乾隆一生中，始終對傳教士優容寬待，在他剛剛登基不久，便發下諭旨說：「國家任用西洋士治曆，以其勤勞可嘉，故從寬容留。」允許傳教士仍留在北京。北京的四大堂仍然保留，傳教士們可以自由舉行教會禮儀，教友也可以瞻禮。在乾隆十一至十九年的教難中，福建巡撫周學健對桑伯多祿等處以重刑，乾隆則批示說：「未免言之過當。」並傳諭各地官員：

> 西洋所奉天主教，乃伊土舊習相沿，亦如僧尼道士、回回，何處無此異端？然非內地邪教，開堂聚眾，散札為匪者可比。若西洋人僅在廣東澳門，自行其教，本在所不禁，原不必如內地民人……繩之以法。（方豪《中國天主教史人物傳》）

以防止事態進一步擴大。

乾隆四十年二月二十三日，南堂失火，其中康熙御書的「萬有真原」匾額及對聯也被火焚毀。傳教士高慎思、安國寧十分害怕，上書引咎。乾隆非但不責備，而且還「加恩免議，賜庫銀一萬兩，飭令將天主堂照康熙例重建」。教堂建成後，他又親自為教堂重新題寫了匾額和對聯。

平時，乾隆對在宮中服務的傳教士樣關心備至，經常詢問他們的工作生活情況，賞賜各種物品，給他們的薪俸也比一般官員高。同時，他也經常向傳教士們提出各種要求，規定工作內容。所有這一切都表明，乾隆對天主教和傳教士的態度相當和緩。外表冷峻是假，內心溫和才是真。這正是他讓許多有技藝的傳教士服務內廷，並和他們保持良好關係的真正動力。

第三節　傳教士壟斷欽天監

天文曆算是西洋傳教士進身宮廷的重要階梯。他們帶來了新的天文學成果，足以滿足皇帝們對天文學的要求。乾隆一朝，欽天監自始至終都由傳教士掌管，尤其是至關重要的欽天監監正一職，更是非傳教士莫屬。戴進賢自雍正二年至乾隆十一年、劉松齡自乾隆十一年至四十五年、高慎思自乾隆四十五年至五十年、湯士選自乾隆五十年至五十八年、索德超自乾隆五十八年以後分別就任此職。藉此他們得以時時接近乾隆帝，對其思想行為產生了重大影響。

在乾隆朝任職欽天監的諸教士中，尤以戴進賢和劉松齡最為有名。

一、侍奉三朝的西洋監正戴進賢

戴進賢，德國人，原名伊格納提烏斯‧科格勒，一六八〇年生於巴伐利亞州的蘭茨貝格。少年時代就讀於家鄉的一所學校，在數學方面顯示出超人的才能。一六九六年加入耶穌會，並進入英格爾城的大學深造。畢業後留校任教，其卓越的才華和工作成效很快贏得德意志天主教區領導人的賞識。也

就在這時，他萌生了前往中國，傳播天主福音的願望。一七一六年三月十三日，戴進賢從里斯本登程，半年後抵華。當時正趕上天主教內部的禮儀之爭，康熙帝採取了禁教措施，規定傳教士必須領票，只有深諳天文曆法等知識的人才能留居中國。正是在這樣的背景下，戴進賢作為有突出才能的神職人員，被教會選派來中國的。當然，他自己並不知道這其中的原因。

戴進賢並未在廣州和澳門滯留，而是遵照康熙帝之命很快前往北京。一七一七年二月三日，康熙帝召見了他，命他進入暢春園蒙養齋，與中國人一起進行推算。由於他工作踏實，為人謙和，很得康熙帝及其他人的賞識和信任，不久便成為欽天監的主要負責人。康熙帝還讓他參與清朝政府的外交活動。一七二〇年俄國使臣伊斯曼諾夫來華，他受命為康熙帝擔任口頭翻譯，並把兩國交往的情況寫信寄往歐洲：

> 十一月二十九日，俄國使臣抵達首都並在紫禁城舉行了格外隆重的儀式。九十個俄國人幾乎都身著歐洲盛裝，他騎著馬，挎著出鞘的劍，在莫斯科式護衛的陪同下穿過街巷，迄今還不曾有任何使臣竟如此放肆。

話語中表現出他對康熙帝尊嚴的維護。雍正繼位後，戴進賢補授為欽天監監正，關於他在雍正朝的活動，前面已有敘述。進入乾隆朝後，他繼續任監正職銜，工作更為繁重，在乾隆帝授意下，主要從事了編纂《曆象考成後編》、《儀象考成》和製造璣衡撫辰儀等工作。

明末來中國的西方傳教士，曾根據當時西方最新的天文學成果，編成《崇禎曆書》，被清朝繼續沿用。但隨著時間的推移，其中許多舊說已不適合新的需要，急待修正。乾隆二年，吏部尚書顧琮上奏乾隆建議由戴進賢主持編纂新的《曆象考成》，獲得批准。同時還讓徐懋德、梅穀成、何國宗、明安圖等人協助，經過五年的辛勤工作，一七四二年全書編成，共十卷。此書先言數理，次步法、次日躔月離交食表，以雍正元年冬至次日丁酉子正初刻為法元，七政都從此時算起。此外對歲實、黃赤距緯、地平經差、日月實徑、日月影半徑及影差、清蒙氣差、太陽行度、太陰行度、交均及黃白大距等均有論及。書中應用西方最新的天文學成果，對開普勒、卡西尼、牛頓

等諸家新說均有不同程度的採用。書成之後，戴進賢上書乾隆，請求頒旨裁定。乾隆下諭賜書名《曆象考成後編》，把以前皇帝的聖諭和諸臣為此所上的奏章作為本書的序言，故不再另外賜序，他還授意把《曆象考成後編》與《曆象考成》原書合成一帙一併頒刻。此書於一七四二年頒行，一直被清政府使用，直至清朝滅亡。對清朝以後的曆法編纂具有深遠影響。

鑒於康熙時南懷仁所編《靈台儀象志》年久多誤差，戴進賢便醞釀對其進行修正。乾隆七年，他上書乾隆：

> 伏查康熙十三年，蒙聖祖仁皇帝命原任治理曆法兼工部侍郎臣南懷仁製造觀象台，測量日月星辰儀器六座，又纂成《靈台儀象志》一書，有解、有圖、有表，皆闡明儀器六座所用之法。此書乃臣監中天文科推算星象所常用者，其中詮解用法儀詳理備，但志中原載星辰、循黃道行，每年約差五十一秒，合七十年則差一度。今為時已久，運度與表不符，理宜改定。再查康熙十三年纂修儀象志時，黃道赤道相距二十三度二十九分。志中所列諸表，皆據曩時分度，所當逐一加修，吻合天行。庶測驗時，更覺便於校正。又查三垣二十八宿以及諸星，今昔多寡不同，應以本年甲子為元，釐輯增訂，以資考測。（方豪《中國天主教史人物傳》）

乾隆很快批准，至乾隆十七年書成，共三十二卷，其中黃道經緯度表十二卷、赤道經緯度表十二卷、月五星相距一卷、恆星經緯度一卷、天漢黃赤經緯度四卷、儀說二卷。書成後，乾隆「欽賜嘉名儀象考成」，並為其作了御製序文，放在書前，對此書給予了充分肯定。《清朝通志》評價此書：「御製儀象考成，其理則揆天察地，其法則明時正度，即數可以窮理，即旦可以定法，合中西為一揆。」對其推崇備至。

乾隆九年，乾隆帝到觀象台參觀測天儀器，發現其舊儀已不合用，便命製新儀。不久，戴進賢進《璣衡撫辰儀記》說：

> 我皇上敬天法祖，齊政愛民，親蒞靈台，遍觀儀象，以渾天制最近古，而時度信宜從。今觀其會通，斯成巨典，於是用今之數目，合古

之型模，御製璣衡撫辰儀，用裨測候，誠唐虞之遺意，昭代之新規也。（《清朝通志》卷二十三）

後面還詳細敘述了此儀器的構造、用途，可見戴進賢是這架儀器的實際設計者。但其方案還未付諸實施，戴進賢便於乾隆十一年去世了，其工作只能由他的後繼者劉松齡來完成了。

戴進賢在欽天監的卓越成就，贏得了乾隆的信任。在天主教遭受迫害的年代裡，戴進賢多次上奏乾隆，營救傳教士，成為禁教時代天主教在中國的「傳教支柱」。為了鞏固教會在中國所取得位置與勢力，他絞盡腦汁，應付著一切可能突發的事件。他曾說：

觀象台璣衡撫辰儀的模型三辰儀

我在宮廷任職雖然聲譽不錯，但是唯一的希望仍是中國朝廷還能允許我們繼續幫助傳播福音，也可能皇帝今天或明天就會對留在這裡的外國人說：我不再需要你們了，你們可以另外尋找你們的幸福。對我們以及對教會而言，這種事完全可能發生。倘若如此，我們就不得不被迫離開這個國家，所以我們必須十分謹慎地從事，以隨時提防那種可能，或者更妥當地說，我們不得不小心翼翼，以便天主信仰在這裡僅存的一點星火不至於因為我們的疏忽而在霎那間熄滅。

正因為如此，他工作顯得相當紮實，行動謙恭和悅，給皇帝留下了相當

深刻的印象，屢屢稱讚他「為人沉重老實」。

戴進賢死後，乾隆特別賜銀三百兩、緞十匹作為治喪費用。他被安葬在北京車公莊三塔寺的教士墓地，直至現在，人們還在紀念著這位偉大的天文學家。

二、又一位西洋監正劉松齡

在以往中西文化交流史的研究中，人們對劉松齡其人所知不多，因而重視不夠。只是在近幾年有關他的檔案材料陸續被發現，才引起人們的興趣。其實，劉松齡是繼戴進賢之後欽天監的主要負責人，與乾隆帝有十分融洽的接觸。而乾隆對他也十分賞識，充分肯定了他的所做所為。

劉松齡，原名August Von Hallerstein，一七〇三年生於斯洛文尼亞。一七二一年加入耶穌會，一七三八年經葡萄牙來華，一七三九年到達北京。乾隆對他的數學和天文學才能很賞識，便命他在欽天監中供職。很快，他成為戴進賢的得力助手。乾隆八年，奉旨補授欽天監監副。戴進賢去世後，升補監正。在職期間，劉松齡負責製作了許多天文儀器。乾隆九年，乾隆帝命製新觀測天象的儀器，由戴進賢負責此事，但不久戴進賢去世，此事便自然落到了劉松齡等人肩上。他們首先按戴進賢的原設計要求，製作了五分之一大小的模型一座，進呈乾隆。這座模型至今仍保存在故宮博物院。根據乾隆的修改意思，整個儀器全部採用中式作法，於乾隆十九年完成，安裝在觀象台上，儀器完工時，奏請乾隆重新賜名，乾隆則依據虞書舜典「在璇璣玉衡以齊七政」之義，定名為璣衡撫辰儀。此儀共分三層，外層六合儀加了一個赤道圈，而去掉了原來的地平單環，中層則增加了一個半圈分至環，廢棄了黃道圈，從而可以用一器而謙備日月星之用。最裡層為四遊雙環，其望筒用新的槍管式窺管代替了原來的照準器。璣衡撫辰儀是北京古觀象台上陳設的最後一件大型銅鑄天文儀器，其造型和花紋都極為考究，十分精細，受到了當時人們的高度重視。其圖說被收入《皇朝禮器圖式》中。

此外，劉松齡還主持製作了天球儀。如乾隆十七年，命將新測恆星並增星圖象，照乾清宮陳設的天球儀式樣製造二份，由造辦處催總胡常保、原任掌庫劉山久及通曉儀器的劉裕錫專司製造。由允祿、何國宗、監正劉松齡等

負責經常性的檢查指導，於乾隆
十九年完成。乾隆三十七年四
月，乾隆又命內務府按淳化軒陳
設的天球儀和地球儀的尺寸再造
兩件，由劉松齡等承辦。可見劉
松齡在清宮製造天文儀器過程中
所處的重要地位。

　　乾隆帝對劉松齡淵博的學識
十分欽佩，經常向他請教疑難
問題，而劉松齡也往往都能做出
令乾隆帝滿意的答覆。乾隆十三
年十月二十五日，宮中太監胡世
傑拿出顯微鏡一件，因不明用
途，讓劉松齡認看，劉松齡當即
指明「全係看微小之物用」。乾
隆十八年四月，又命劉松齡認看
各色油及用法。乾隆三十八年八

觀象台璣衡撫辰儀

月，乾隆讓太監胡世傑拿著七枚西洋錢，請劉松齡認看，指明來歷，第二天
劉松齡回覆：「正面女國王像，邊上字國王名額哥德理喏（葉卡捷琳娜），
係俄羅斯國王；背面雀二頭（雙頭鷹）係本國之號，邊上字一七六二，係造
錢年份，餘字係俄羅斯錢。其餘錢，除年份不同，俱是一樣。」乾隆對他的
解釋十分滿意，高興地將錢幣交養心殿內收藏起來。

　　乾隆還讓劉松齡參與辦理清政府的外交事務。乾隆十七年，劉松齡向乾
隆轉達了葡萄牙國王派使臣巴哲哥訪華的消息，乾隆十分重視，在北京做好
了一切迎接的準備工作。他還派內務府郎中官柱和劉松齡去澳門迎接使臣，
並吩咐對使臣「可酌量款以筵宴，沿途一切供應量從豐厚」。巴哲哥在中國
滯留了一年多，受到乾隆的熱情款待，讓他參觀了圓明園等地，還命西洋畫
家畫了他的半身像保存在宮中。巴哲哥返國時，仍命官柱和劉松齡送至廣
東。乾隆對劉松齡的接待工作十分滿意，下諭稱讚他「沿途辦理一切，甚屬
黽勉」，賞給他三品職銜，又特賞白銀二千兩。

劉松齡出色的工作成績，使乾隆帝對其恩寵有加，而對其錯處往往不太在意。如乾隆十九年正月，宛平縣桑裕村傳教事發，劉松齡因曾前往那裡傳教受到牽連。有人提出採取嚴厲的懲治措施，乾隆沒有採納。又如乾隆二十三年因失察員屬之事，吏部擬將劉松齡等罪俸一年，也被乾隆「加恩免議」。

乾隆三十九年九月，劉松齡因病去世，乾隆特賜銀二百兩為其治喪。劉松齡為乾隆服務長達三十五年，其中任欽天監監正長達三十一年，為中國留下了一份寶貴的文化遺產，被譽為「勤敏監務，敬寅恕屬，德業兼著」的西人代表。

第四節　乾隆與西洋畫家

在清代歷史上，康熙和乾隆都對西洋人極為優待，但性質卻不盡相同。乾隆帝並非像他祖父那樣對西方科學自覺地學習和利用，而只是對西方藝術表現出極大的興趣。如果說康熙帝優待外國人是為了利用他們所掌握的科學知識達到治國利民目的的話，乾隆則在很大程度上是為了渲染歌舞升平的盛世，滿足其自大的心理和追求享受的欲望。而供職清廷的西洋畫家們在一定程度上滿足了乾隆的這種心理和要求，從而受到乾隆的禮遇。

一、乾隆與首席畫師郎士寧

乾隆三十一年六月十日（一七六六年七月十六日），郎士寧在北京病逝。乾隆帝聞訊十分悲痛，頒布諭旨對其哀悼。諭旨說：

> 西洋人郎士寧自康熙年間入值內廷，頗著勤慎，曾賞給三品頂戴，今患病溘逝，念其行走年久，齒近八旬，著照戴進賢例加恩，給予侍郎銜，並賞內務府銀三百兩，料理喪事，以示優恤，欽此。

　　乾隆高度評價了郎士寧近五十年服務宮廷的功績，從中可見二人關係之密切。

　　郎士寧，原名Giuseppe Castiglione，義大利米蘭人。一六八八年七月十九日出生，十九歲加入耶穌會。還是在很年輕的時候，郎士寧便以畫馳名，曾為熱那亞耶穌會的教堂和葡萄牙里斯本的哥因勃拉修道院創作了有關天主教的油畫和壁畫。其畫技更為葡萄牙王后所賞識，特意挽留他為其子女畫肖像畫。一七一四年四月從里斯本乘船前往中國傳教，一七一五年七月抵澳門，不久奉旨前往北京，住在東堂，在馬國賢引薦下，覲見康熙帝，行三跪九叩大禮。康熙得見他的繪畫才能，十分欣賞，便命他學習中國畫，並不時入宮作畫。

　　雍正繼位之後，郎士寧正式以臣屬的身分供奉朝廷。我們現在見到的最早由郎士寧署款的作品《聚瑞圖》就作於雍正元年。此畫內容為並蒂蓮和雙穗稻穀，題款為：「皇上御極元年，符瑞疊呈，分歧合穎之穀實於原野，同心並蒂之蓮開於禁地。臣郎士寧拜觀之下，謹繪寫瓶花，以記祥應。雍正元年九月十五日，海西臣郎士寧恭畫。」通過此畫，不難看出此時的郎士寧已經開始調整他所掌握的西方油畫技巧，主動迎合中國皇帝的審美要求和中國傳統的美學觀念，利用中國的紙、絹、墨、筆、顏色，試嘗中西合璧的新體繪畫的創作。此後，雍正帝經常命郎士寧與唐岱、高其佩等合畫各種山水花卉、鳥獸小品，用於宮內及圓明園建築的裝飾。這一時期郎士寧較有代表性的作品有《聚瑞圖》、《百駿圖》、《嵩獻英芝圖》等。與此同時，為了培養更多的藝術人才，充實宮廷繪畫的創作力量，雍正帝又命郎士寧擔負培養學生的工作，據檔案記載：隨同郎氏學畫的人原有十三人，經過一段時間的學習、篩選，最後確定班達里沙、八十、孫威鳳、王玠、葛曙、永泰等六人仍留在郎士寧處繼續深造，烏林人佛延、柏唐阿全保、富拉他、三邊里四人撥到養心殿當差，而查什巴、傅弘、王文志三人被革退。郎士寧所教的學生中有的成為宮廷中頗有成就的畫家，受到清帝的青睞，如王玠之子王幼學、王儒學等，成為服務宮廷的繪畫世家。

　　郎士寧的繪畫成就在乾隆時達到極致。有人論述郎氏繪畫時說：「二教士（指郎士寧和王致誠）在中朝為畫工，二人竭其心思才力，欲令中國人品歐洲繪畫之風範骨法，及其陰陽諸旨趣。帝初聞而異之，乃令其繪帝后王公

朝臣之容及宮殿中陳飾之四季花卉等，繪成者共有二百餘件之多。」（許明龍主編：《中西文化交流先驅》）朗氏的創作極為豐富，作品包括油畫、建築裝飾、線法畫、肖像畫、紀實畫、工藝美術品等。尤其是他的融合中西的新體繪畫，尤為乾隆欣賞。比如他於乾隆八年作的《十駿圖》，每幅所繪駿馬體格壯健，依骨骼肌肉的起伏以筆墨逐層渲染，背光處墨深，凸起處墨淡，具有極強的立體感，手法寫實，逼真生動。乾隆看後十分喜愛，命交付內廷懋勤殿，收貯在特別的紅漆金龍箱中。乾隆不止一次地在詩中稱讚郎士寧高超的新體畫技，說：「凹凸丹青法，流傳自海西」、「我知其理不能用，愛命世寧神筆傳」。郎士寧曾奉命創作了許多肖像畫。乾隆二年，郎士寧受命為乾隆和他的十一位后妃畫像，從左至右，依次為乾隆和十一后妃的胸像。畫成後乾隆十分珍愛，把它密封在一個雕刻精細的紅漆盒中，並親筆御題「心寫治平」四字，宣諭任何人等不能擅開此匣。據說，在畫像時乾隆曾同郎士寧開玩笑說：「你看我的這些妃嬪中間誰最漂亮？你可以為你認為最美的一位畫像。」但當第二天乾隆問及「在昨天那些妃子裡你選中了誰」時，郎士寧卻答：「我沒有看她們。當時我正在數陛下房上的琉璃瓦。」可見郎士寧在為乾隆服務時小心翼翼的程度，同時也說明乾隆本人對郎氏肖像畫的看重。乾隆曾在朗氏早年畫的他和雍正的肖像畫中題到：「寫真世寧擅，續我少年時。入室嘩然者，不知此是誰。」看來，欣賞郎氏的繪畫作品，確給乾隆的生活增添了不少色彩。

當然，郎士寧的創作自由並不是無限的。他必須依乾隆的旨意行事。在清宮檔案中，有許多關於乾隆對郎士寧的繪畫進行干預的記載。郎士寧的畫件幾乎都是由乾隆命令畫的，在定稿之前要先起草稿，送乾隆審查，批准後再正式繪製。如乾隆四年正月三十日傳旨著郎士寧畫油畫一張，二月十三日傳旨郎士寧畫大油畫，由如意館預備頭號高麗紙和顏料。乾隆九年傳旨命郎士寧為「萬方安和」戲台後面起畫稿呈覽。乾隆十八年十二月二十一日太監胡世杰傳旨：著郎士寧畫大畫一張等等，有時乾隆還在諭旨中對繪畫提出具體要求。如乾隆十年三月十一日傳旨著郎士寧將畫上閃光去了。乾隆十三年元月十六日，太監胡世杰交冷枚、金昆合畫一人拉馬掛屏，傳旨著郎士寧照此樣大小畫一人拉劣蹶馬畫一張。乾隆對郎士寧繪畫活動的干預，表現在郎士寧傳世作品上，則是「臣」字和「奉敕恭畫」款識的產生。如表現乾隆在承德避暑山

莊接見歸附的杜爾伯特首領情景的《馬術圖》中，郎士寧即題款為：「乾隆二十年七月臣郎士寧奉敕恭繪」，而另一幅同樣題材的《萬樹園賜宴圖》則有「乾隆二十年……敕恭繪」款。

乾隆帝除了關心郎士寧的創作生活外，對其日常生活也關備至。還是當皇子時，乾隆就經常去看郎士寧作畫，即位以後更加頻繁，即使在服喪期間，也幾乎每天都光顧郎士寧的畫室。他甚至自稱是郎士寧的學生，對其相當尊重。清官檔案中多次記載乾隆賞賜郎氏銀兩、飯食、錦緞等。如乾隆七年八月二十三日，賞郎士寧元寶一個；乾隆二十年正月初一和初九賞克食；乾隆三十一年五月十五日賞郎士寧菜一桌；乾隆三年郎士寧身患重病，臥床不起，乾隆特意命太醫

郎士寧繪乾隆《平安春信圖》軸

院御醫為郎氏診治，不時垂詢病情，還賞銀一百兩作為郎士寧治病的費用。郎氏臥病期間不能作畫，乾隆便讓其徒弟代筆，恩准病好後也可以在家作畫。乾隆二十二年，郎氏七十歲時，皇帝特為之舉行隆重的祝壽活動，賜給他親筆御書的頌辭和各種物品。當郎士寧拜竭完皇帝回住所時，由二十四人組成的樂隊前導，滿官員四人騎馬隨之，並有欽差官同行。沿途的西直門和其住所都結上彩帶，百姓沿街歡祝。

當然，作為傳教士，郎士寧是不可能全身心地為乾隆服務的。為了天主教的利益，郎士寧曾多次利用他的特殊身分請求乾隆皇帝寬免傳教士，馳禁天主教。乾隆元年四月，禮部上奏，西洋教士除供奉內廷者外，一律禁止居

留。於是在京傳教士急請郎士寧出面周旋。五月三日，乾隆照例來看郎士寧作畫，郎士寧忽然跪在乾隆帝面前請緩禁教，並取出事先準備好的奏書呈上，乾隆平靜地聽完了郎士寧的陳述，說：「朕未嘗阻難卿等之宗教，朕唯禁旗人信奉。」十月後，乾隆宣諭：「准禁旗人信教，他皆不問。教士亦得自由信奉。」乾隆二年，因教友劉二為重危嬰兒授洗，被控迷拐罪，乾隆又頒旨禁教。郎士寧採取同樣的手段向乾隆哭訴說：「皇上禁絕吾儕之宗教，滿城張貼斥天主教為邪教之上諭，吾人何能再為萬歲供職？西洋人又何敢再來此效力？」乾隆答道：「朕不禁天主教，你們可自由信奉，朕只不准本國人民學習罷了。」郎士寧仍不甘心，後又數次面懇乾隆開恩垂憐。幾天後，乾隆朱筆書諭：「天主教非邪教可比，不必禁止，欽此。」郎士寧終於以片言之力，大勝於千百奏疏，使一場風波平息下來。

作為清廷的御用畫師，郎士寧將其一生中的大部時間獻給了中國，獻給了中國的皇帝，並與皇帝們建立了和諧友好的關係。在這一點上，郎士寧和乾隆的努力是值得稱道的。

二、乾隆與清宮其他西洋畫家

乾隆一朝的宮廷繪畫之所以呈現出多姿多彩的局面，是與大批西洋畫師的參與分不開的。在這些畫師中，除郎士寧以外，還有王致誠、艾啟蒙、安德義、潘廷璋、賀清泰。他們都不同程度地受到乾隆的禮遇，在豐富和發展乾隆朝宮廷藝術方面成就卓著。

王致成，原名 J. Denis Attiret，法國人。一七〇二年生於多納，父親是一位畫家。由於家庭的薰陶，王致成從小就對藝術抱有極大興趣，到中國來之前，已是一位引人注目的畫家了。法國傳教團派王致成來華的目的，是為了以藝術手段擴大法國傳教團的傳教成果，為親近皇帝創造條件，從而能夠與葡萄牙傳教團勢力相抗衡，為法蘭西謀取更多的利益。一七三七年底，王致成從法國啟程，次年八月抵達澳門，一七三九年二三月間到達北京。王致成將一幅預先準備好的油畫《三王來朝耶穌圖》進呈給乾隆御覽。據說乾隆帝非常欣賞這幅畫，愛不釋手，連連誇獎王致成的畫技高超，並決定把這幅畫掛在「大內最尊貴的宮殿」中。他傳諭命王致成即日搬到如意館內，與郎士

寧住在一起。自此，王致成開始了他三十多年宮廷御用畫師的生活歷程。

王致成在宮中的生活十分艱苦。每天早晨七時許，他就得趕到內城外候命，侍衛兵向負責該區的太監通報後，由另一位太監引導進入內城。他剛一進去，大門隨即在他身後關閉。這樣經過幾道門，才到達他作畫的地方。皇上每天都要將御膳上的菜賜他幾道，不過這些菜在送到他手上之前，早已變得冰涼。況且，他的胃口還極不適應這些食品，這些飯菜與其說能增進食欲，倒不如說是倒胃口的。他只得以水果和饅頭充飢。在寫給友人的信中，王致成描述了他宮中的生活情況：

> 余在內廷供奉繪事，勞瘁異常。其畫室僅數間平房，不可避寒暑。冬唯設一小爐，凍則呵筆從事，夏則炎熱蒸爍，室內如爐。且中國之人，概因外國人為其屬民，得蒙內廷擢用，已為異數，榮幸無比。余抵華後，皇上召用，禮遇甚隆，異於通常傳教之士。中國之人皆以為逾格之寵，而余則淡然漠然……終日雖供職內廷，實不啻囚禁其中。每當禮日慶辰，亦幾無祈禱之暇，不得勤行聖事之機，又執筆之際，多端掣肘，不能隨意發揮特技。（石田干之助著、賀昌群譯《郎士寧傳考略》）

他還抱怨怨乾隆對他的干預：

> 我們做的一切均由皇上欽定。我們先勾出草圖，他過目後讓我們修改。不管他的意見好壞，我們什麼也不能說。必得按他喜愛的方式去修改。

據說，王致成來華之後，以畫歷史故事和人物肖像油畫著稱。但乾隆卻素喜中國的水墨畫，於是傳旨：

> 水彩畫意趣深長，處處皆宜。王致成雖工油畫，惜水彩未愜意，苟習其法，定能拔萃超群也。願即學之，至寫真傳影，則可用油畫，朕備知之。（方豪《中國天主教史人物傳》）

強令王致成改習中國畫。對王致成來講，放棄油畫是件痛苦的事情。再

加上宮中其他畫師和個別太監又對他的畫妄加指摘，使他難以忍受。有一次，王致成實在忍不住了，私下裡和郎士寧大發牢騷說：「我是歐洲畫派成熟的畫家，不需要再到中國來學習如何作畫。」幸虧郎士寧溫語相勸，曉以利害，才使他激憤的心緒平靜下來。

當然，這些牢騷只能是背地裡發發而已，表面上王致成必須依乾隆之命行事，而乾隆對這些事情也並不知道，他對王致成仍一如既往，恩寵日隆。乾隆皇帝經常來到如意館，看王致成作畫，有時還不時與之交談，顯得十分親近。他在王致成處有時一待就是二三個小時，高興時還穿著新式服裝，作出不同的姿勢，讓王致成為其作畫。出巡時，也時常命王致成隨行，以便隨時為其服務。由於經常接觸，二人關係日漸親密。一七五四年七月，為了嘉獎王致成的忠心服務，表達對他作品的厚愛，乾隆帝擬給他四品官銜，被王致成婉言謝絕，此後仍以畫師身分供奉內廷。一七六八年十二月八日，王致成在北京逝世。他一生為乾隆作了大量優秀作品，其中的《十駿馬圖》現仍

王致成《十駿圖》之一

保存在故宮博物院。

艾啟蒙，原名Ignatius Sichelbarth，波希米亞人。一七〇八年生，一七三六年入耶穌會，一七四五年來華。由於精通繪畫，被乾隆帝留在宮中如意館任職。艾啟蒙的創作很合乾隆口味，特授他奉宸苑卿三品銜。乾隆三十六年，崇慶皇太后八十大壽，乾隆為此舉行了盛大的慶典，並命艾啟蒙將其場面描繪成圖。乾隆四十二年的一天，乾隆帝又到艾啟蒙處觀看作畫，看到艾啟蒙的手顫動不已，十分奇怪，便問道：「你的手在抖嗎？」艾氏回答：「沒事，這不影響臣作畫。」乾隆又問：「你多大年歲了？」答：「七十了。」乾隆聽後，趕忙說：「怎麼不早點說？郎士寧七十歲時，我曾給他祝過壽，這次我也要為你祝壽。」九月十八日，乾隆為艾氏舉行慶典，親自接見了艾啟蒙，賜給他綢緞六匹，朝服一領，瑪瑙一串，御筆「海國耆齡」匾一方。宴會後，乾隆又命艾啟蒙乘坐八抬大轎，以十字架為前導，在四名滿官和二十四人的樂隊隨同下，巡遊北京一遭，引得京城百姓都出來觀看，一時傳為美談。乾隆四十五年，艾氏在北京去世，清廷特賜銀二百兩作為其殯葬費用。

另外，羅馬籍奧斯汀會士安德義亦以畫家身分供職官廷，並受乾隆之命與郎士寧、王致誠、艾啟蒙一起創作《平定準部回部戰功圖》，這是一項浩大的工程，是在乾隆親自過問下完成的。

三、十全武功與戰功圖

乾隆皇帝秉承康、雍之治，社會穩定，國庫充裕，呈現出一派太平盛世的景象。然而乾隆皇帝於安樂之中卻絲毫沒有鬆懈對邊疆的經營，在他統治期間，多次對邊疆的叛亂進行征伐，可謂捷報頻傳。其中的十次重大戰爭被他列為「十全武功」，即兩次平定準噶爾、一次平定回部、兩次平定金川、一次平定台灣、一次攻打緬甸、一次征伐安南、兩次攻打廓爾喀。而他自己也以「十全老人」自居。「十全武功」中以乾隆二十年至二十四年平定準噶爾和回部的戰爭發生較早，影響較大。為了紀念這兩次平叛的勝利，乾隆決定讓在宮廷中供職的西洋畫家以繪畫方式，創作了大型歷史紀實銅版組畫《乾隆平定準部回部戰功圖》。其實，在此之前，乾隆就已經好幾次讓郎士寧等繪製過一系列表現清政府與中國西北邊疆準噶爾部和回部發生的重大政

治、軍事事件的作品。

　　乾隆十八年蒙古杜爾伯特部三車凌等率部三千七百餘戶歸附，十九年五月十三日乾隆在承德避暑山莊召見三車凌，封以親王，並連續於五月十六日、十七日、二十一日、二十二日在萬樹園為其舉行盛大宴會。為記錄這一活動，乾隆曾先命王致誠於五月七日至避暑山莊作相應準備工作。王致誠在山莊停留五十餘日，不避暑熱，共畫得三車凌肖像十二幅，搜集了大量素材，終因疲勞而病倒。同年八月，準噶爾輝特部台吉阿睦爾撒納率部二萬五千人歸附，乾隆又決定在山莊接見他。八月二十八日乾隆傳旨命艾啟蒙赴熱河作畫，九月十三日又改為讓郎士寧、王致誠、艾啟蒙一起赴熱河。十一月十三日乾隆至避暑山莊，召見阿睦爾撒納一行，賜宴萬樹園並賞其觀看馬術。三位洋畫師親睹了這一事件，畫成許多樣稿，二十年五月九日，乾隆傳旨讓郎士寧、王致誠、艾啟蒙繪製《萬樹園賜宴圖》和《馬術圖》，如實記錄了這兩次不尋常的接見。兩畫現均藏於北京故宮博物院。

　　通過這兩次的創作，使乾隆帝對西洋畫師們駕馭重大題材的能力有了相當的認識。二十四年，準部、回部平定後，他便諭令郎士寧等畫伊犁人民投降、追取霍集占首級、黑水河打仗、阿爾楚爾打仗、獻俘、郊勞、賜宴等畫。不久，郎士寧等將小樣進呈乾隆。經過考慮，乾隆決定將這些畫稿經粵海關監督交付西洋，找好手照稿刻作銅板，具體細節要求由郎士寧寫明一同發去。三十年五月，第一批底稿完成，發稿時乾隆特諭：這組版畫要共畫十六張，發往西洋，揀選能藝依稿刻作極細銅版，所用工料任其開報，如數發給。第一批底稿共四張，即郎士寧畫《格登山斫營圖》、王致誠畫《阿爾楚爾稿》、艾啟蒙畫《伊犁人民投降稿》、安德義畫《庫爾講稿》。刻畫後每版先用整紙印刷一百張，隨銅版一同運回。其餘十二幅分三次呈進，每次四幅，隨同首批四圖發去的還有郎士寧對鎸印銅版的要求：雕刻要精細，完全照原稿，不能走樣，印後原版要保持完整，以便中國重印時同初版一樣精美。

　　這些畫作原準備送至義大利刻版，後因鄧類思神父極力向廣東總督遊說法國可以勝任此事，故總督決定將畫稿交法國東印度公司經辦，並由廣東十三行代表與該公司簽定了承辦契約。大意如下：奉旨傳辦平定準噶爾回部等處得勝圖四張，刊刻銅版等由，現轉託貴國閣老照依圖樣及要求，敬謹照式刊刻銅版四塊，刻成之後，每塊用堅實好紙印刷二百張，共計八百張，連

郎士寧、王致誠等繪《平定伊犁回部得勝圖》

銅版分配二船帶來，計每船帶銅版二塊，印紙每樣一百張，共四百張，並將原發圖樣四張，番字四紙，准約三十三年內一併帶到廣東，以便呈繳，今先付花邊銀五百兩作定，如工價不敷，俟銅版帶到之日，照數找足，立此約字，此係傳辦要件，務須雕刻功夫精緻，如式就辦，依期帶到，越速越好。（方豪《中西交通史》）

這樣第一批畫稿於乾隆三十二年運至法國，其他部分也於一年後陸續送達。這組畫稿共十六幅，皆由乾隆喜愛的宮廷西洋畫家完成，其中郎士寧繪成了《格登山斫營圖》、《黑水營解圍圖》，王致誠繪製了《鄂壘札拉圖之戰圖》、《和洛霍斯報捷圖》、《通古斯魯克之戰圖》、《霍斯庫魯克之戰圖》、《阿爾楚爾之戰圖》、《平定回部獻俘圖》、《凱宴成功諸將圖》，艾啟蒙繪製了《平定伊犁受降圖》，安德義繪製了《庫隴癸之戰圖》、《烏什酋長獻城圖》、《呼爾滿大捷圖》、《伊西洱庫爾淖爾之戰圖》、《拔達克山汗納款圖》、《效勞回部成功諸將圖》。畫稿運至法國後，法國王家畫院院長馬利尼委託柯興辦理，聘請法國當時最負盛名的雕刻家勒巴（Le Bas）、聖多本（St. Aubin）、布勒佛（B. L. Prevost）、阿里默（J. Aliamet）、馬斯克立業（L. J. Masquelier）、訥伊（Née）、學法（PP. Choffard）、德勞內（N. De. Launay）分工，最終於乾隆三十九年全部完成。

在此期間，乾隆帝多次傳諭過問此事，有時竟埋怨辦事官員速度太慢，如乾隆三十六年十一月十九日，傳諭：「成造銅版圖十六樣，今已五六年有餘，才得圖六樣，尚有十樣未得，著問德魁因何如此遲滯，並令催辦。」

但不管怎樣，這組凝結著乾隆和中西匠人心血的戰功圖最終還是完成了，這是中西藝術交流史上的一件大事，據說乾隆對戰功圖成品還是相當滿意的。當銅版及印紙送回北京時，「高宗見之，深為嘉許。」（向達《唐代長安與西域文明》）

第五節　太平天子與西洋奇器

乾隆皇帝對西洋人的重用不僅僅表現在天文曆算、繪畫方面，且由於社會的穩定，生活的舒適，使得他有閒情逸致也有能力去追求西方的奇巧之器。乾隆對西方的種種新穎奇特極盡巧思的東西——從鐘錶、玩具到西洋建築無不興趣盎然。這一點在當時的西洋人當中也是很出名的。「皇帝所需者為奇巧機器」的信息，很快傳遍在宮廷中供職的西洋人，他們極力迎合乾隆的口味，為其設計了種種機械玩具，使乾隆的西洋情趣達到了登峰造極的程度。

一、寵幸西洋鐘錶機械師

自從一六〇一年，義大利傳教士利瑪竇把兩件自鳴鐘進獻給萬曆皇帝後，中國皇帝們便對西洋自動機械表現出了極大的興趣。他們不斷搜羅、鑒賞、製作、收藏，致使自鳴鐘錶及機器充斥於皇宮中的各個角落，這種情況在清代乾隆時期變得更為明顯。

乾隆對於西洋機械鐘錶抱有濃厚的興趣。他曾作過一首《詠自鳴鐘》的詩：

奇珍來海舶，精製勝宮蓮。
水火明非籍，秒分暗自遷。

天工誠巧奪，時次以音傳。

針指弗差舛，轉推互轉旋。

晨昏象能示，盈縮度寧衍。

抱箭金徒愧，絜壺銅史捐。

鐘鳴別體備，樂律異方宣。

欲事寂無事，須教莫上弦。

（《清高宗御製詩三集》卷八十九）

　　並在詩注中指出：「有按時奏西洋樂者為更奇。」表現了他對附著在鐘錶上的各種觀賞性玩意的關注。由於西方機械鐘錶無論其技術的先進還是技藝的精湛，當時的中國都無法與之相比，因此，在乾隆帝的心目中便不自覺地形成了一種崇洋心理，言辭中常常流露出對西洋鐘錶的艷羨。如乾隆十四年二月五日，傳諭兩廣總督碩色：「從前進過鐘錶、洋漆器皿，亦非洋做，如進鐘錶、洋漆器皿、金銀絲緞、氈毯等件，務是在洋做者方可。」（《乾隆朝貢檔》）在這種思想的支配下，搜羅樣式新、玩意奇的鐘錶為成乾隆不自覺的行為，從而導致了乾隆時期西洋鐘錶的大量進口。

　　與此同時，在宮中亦能製造部份鐘錶，而具體負責這項事宜的便是設在養心殿造辦處的做鐘處。「做鐘處」在康熙時已具雛形，雍正時發展成為專門作坊，至乾隆時，其製作鐘錶達到鼎盛時期。據乾隆初年在做鐘處工作的夏里爾說：「十八世紀三四〇年代，在他（指宮廷鐘錶機械師林濟各）領導下的作坊，包括庫房就有一百名中國人在工作。」於此可見乾隆初期清宮做鐘錶的規模之大。在做鐘處，乾隆對西洋人十分倚重，讓他們擔任主要技術指導和項目負責人。他還在圓明園中建立「鐘房」，以專門招待管理宮中鐘錶的西洋傳教士。在長期的交往中，乾隆與這些西洋鐘錶機械師建立了融洽的關係。如法國人沙如玉於雍正九年來華，到京後即被派在造辦處做自鳴鐘。乾隆繼位後，仍然讓他負責宮中鐘錶製作。乾隆元年，因做成新鐘錶，沙如玉先後兩次得到新皇帝的厚賞，一次是六月八日，沙如玉得到上用緞二匹、紗二匹、銀一百兩；一次是七月六日，沙如玉得上用緞一匹；乾隆二年，沙如玉向乾隆進獻西洋油畫顏料，又得到上用緞一匹、紗一匹的賞賜。乾隆五年正月，乾隆下令製「西遊鰲山燈」，要求「在一個輪子上生活，或兩三處一動，或四五處一動，不要

清宮藏西洋鐘錶

一齊動，趕年底務必要得」，乾隆七年命製「方壺勝境」大寶座上的輪簧木胎，都是指定要沙如玉製作的。沙如玉於乾隆十二年去世，可能宮中能做鐘錶的西洋人已不敷差遣，故十三年五月，乾隆傳旨給大臣海望查西洋人中有無會做鐘的人，找來做鐘錶。不久，海望回覆：「西洋人席澄源到京來時會做風琴，今已會做鐘。」乾隆便「准其在做鐘處行走」，此後席氏一直供職內廷。與他同時，宮中還有另一位製作奇巧玩具的西洋人楊自新，他於乾隆三年來華，居住在鐘房，曾經為乾隆製一自行獅，能走百步。後又製成一獅一虎，能走三十步至四十步。乾隆極為喜愛。

由於席、楊二人在製造機械玩具和鐘錶方面大顯奇技，能夠不斷滿足乾隆帝的西洋物欲，所以受到乾隆帝的特別推寵和尊重。乾隆十八年葡萄牙國王派使節來華，在其所著使華紀實中，記載了席、楊二人同乾隆的密切關係：

> 又因他（指席澄源）在朝裡，在花園裡，作鐘作玩意，天天見萬歲，萬歲很喜歡他，很誇他巧，常望他說話，如意館內有三位西洋人畫畫，兩位作鐘，共五位。萬歲常向他們兩個說話。……席老爺在如意館內鐘房，常見萬歲，萬歲和他說話，很誇說他的法子很巧。欽差未來之先，萬歲對席老爺說過好幾次，你們快快完成西洋房子，你們的西洋大人來了，我叫他看我的西洋房子裡的陳設，都是大西洋的很好的東西。又有好些都是席老爺做的，很巧很妙的玩意排設。（方豪《中西交通史》）

可見乾隆在二人面前是毫無避諱的。乾隆三十年，楊自新病故，席澄源也已界垂暮之年。而乾隆的製作任務卻不斷下達，一時席澄源難於應付。

正在這時，兩廣總督楊廷璋摺奏，西洋人汪達洪到廣，他熟諳天文，兼習鐘錶等技藝，均屬精巧，情願來京效力。乾隆馬上批示讓其來京，並命他進如意館行走。汪達洪到京不久，席澄源即去世。汪達洪接替了他的工作，特意為乾隆設計了「一統萬年」的雙自行人，深得乾隆帝的喜愛和欣賞。其實，汪達洪本是一位天文學家，而乾隆卻讓他充當鐘錶匠，專門為其製作奇巧機器玩具，他曾寫信給他的朋友，說：

> 來華後一年，余以鐘錶師資格被召入京，惟實際僅能稱為機器匠，

清宮製作的鐘錶

蓋皇帝所需者為奇巧機器，而非鐘錶……余近正製機器人二，能持花瓶而行，已工作八個月，惟尚需一年，始能完成，余因能時時得見皇帝……余常需入宮，故不能與其他會士同居城內。

乾隆之所以讓汪達洪常隨從左右，就是為了能夠隨時傳達他的製作意旨。在乾隆中後期，汪達洪在宮中機械玩具和鐘錶製造方面起了很大作用，很多著名的工程都是由他來完成的，如修理諧趣園殿內自行人、製作風琴鐘、修理西洋寫字人樂鐘等。

當然，乾隆對這些西洋機械師的看重並不意味著他們在行動和工作上享有絕對自由。對於宮中西洋機械師的工作，乾隆經常從各個方面進行參與和干涉，從玩具式樣的設計到製作所用的材料，都要經過他的批准。這在清宮檔案中記載頗多。如「太監胡世杰傳旨，芰荷香陳設烏木架葫蘆形時樂鐘一座，著西洋人將此鐘頂座上想法安鍍金蓮花朵，逢打鐘時要開花，再做些小式花草配上，先畫樣呈覽，准時再做」；又如「不必用發條，著西洋人汪達洪改做弦墜」等。因此，清宮中西洋人製作的鐘錶更多地體現了乾隆的意志，使其具有了不同於其他地方產品的獨到之處。

正是以這些機械鐘錶和玩具為紐帶，把乾隆皇帝和那些西洋機械師連在了一起，儘管他們的關係並非平等，只是主人與奴僕、雇主與佣人的關係，但他們卻共同努力，相互促進，創造了中國古代鐘錶發展史上的一個輝煌時代。

二、西洋樓與大水法

在長春園北京南北寬不到一百米、東西長約八百米的狹長地帶內，分佈著一組宏偉壯觀的西洋建築群，這就是赫赫有名的圓明園西洋樓。這是圓明園中的一個特殊景區，包括六幢建築物、三組大型噴泉、若干噴水泉及其他園林小品。六幢建築物即諧奇趣、蓄水樓、養雀籠、方外觀、海晏堂、遠瀛觀。其他則有花園迷陣、竹亭、大水法、觀水法、線法山、湖東線法畫等，是乾隆帝專門陳設西洋奇器，欣賞西洋園林和建築的地方，由此可見乾隆帝受西方文化影響之一斑。

收盡天下美景於一隅，是乾隆帝宮廷苑囿設計的一個主導思想。他曾先

後六次到江南巡視，踏遍了江南的勝景名園，終其一生，在他所經營的皇家園林中，對於再現江南風致和園林藝術之美，始終不遺餘力，不惜工本。對於西洋景致乾隆也是如此。在和宮廷中的西洋畫家的接觸中，乾隆發現西方宮殿的造型和風格十分壯美奇異，別有一番韻致，便萌生了在圓明園中建造西洋園林的念頭。

乾隆十二年，他指定在如意館供職的西洋畫家郎士寧、王致誠、蔣友仁等負責這些西洋建築的設計。郎士寧是義大利人，王致誠為法國人，他們都想將自己民族的建築風格融於其中，藉以擴大自己的影響，因此，這些西洋建築便成為不同風格形成的組合體。郎士寧作為總體設計者，極力採用義大利式，從整個建築的整體格局、門窗的形狀等，一看便知是仿照義大利波洛米尼式及熱那亞王宮而建。但具體的細部裝修則顯出法國的影響，如壁間花飾許多就完全抄襲十八世紀法國的建築雕刻。而其中的岩石形、貝殼形、花葉形雕飾以及壁爐、方形柱等，與路易十四時代法國的洛可可式風格十分相似。乾隆對西洋樓的建設十分關注，重要之處都親自過問。對某些規劃設計，甚至直接參與其事。如諧奇趣正樓平台上的欄杆原為銅製，乾隆則命改為琉璃欄杆；乾隆十七年諧奇趣完工後，他親自審查九批西洋物件陳設，包括西洋玻璃燈、西洋顯微鏡、西洋掛鏡、西洋天球儀等。乾隆二十一年又傳

圓明園大法水銅版畫

旨：長春園諧奇趣東邊，著郎士寧起西洋式花園地盤樣稿呈覽，准時交圓明園工程處承造。郎士寧當天就將樣稿進呈乾隆，獲得批准。可見，乾隆對西洋樓工程經常進行具體指點。

　　長春園西洋樓建築群從乾隆十二年開始修建，經歷十三年，至乾隆二十五年基本完成，此後這裡便成為乾隆經常光顧的地方。其中大型噴泉「大水法」是這一景區的中心，它和北面的遠瀛觀、南面的觀水法構成了一條南北中軸線，集中了全國的水法精華。這一奇思巨製是由法國機械師蔣友仁主持的，據說郎士寧和王致誠最初設計西洋樓時並沒有噴泉一項。有一次，乾隆帝偶然從一張西洋畫中看到了法國式噴泉，很感興趣，便詢問郎士寧誰能製造這種裝置。郎士寧和王致誠在這方面並不精通，於是他們向乾隆帝推薦了他們的另一位法國同行蔣友仁。經過慎重考慮，蔣友仁答覆說，只要有相關書籍作依據，進行設計製圖，由他負責指導工人製造，可以製成較好的噴泉裝置。乾隆聽了，大為喜悅，告訴蔣友仁，他將立即頒發諭令，調遣能工巧匠歸蔣友仁派用，接受他的管轄和指揮。蔣友仁深知這副擔子的重大，便竭盡全力投入到這一工作中來。在施工期間，他每天必親赴工場，分佈於園內各處的水法，相距少則半里，多則二里餘，蔣友仁不避酷暑和風雨，經常奔波於幾個工地之間，指導督促，從不懈怠。工餘還常匆匆趕回，等待乾隆的召見。

　　乾隆帝對水法工程的進度非常關注，有一段時間幾乎每天都要抽空去工地巡視，提出相關問題，命蔣友仁回答。為了保證工程的順利進行，乾隆還特地頒發了一些諭旨，讓蔣友仁不受宮規約束，給他提供更多的方便。如：一切舊制舊規悉予解除，聽憑蔣友仁自由行動；皇帝的宮苑，蔣友仁可以單獨出入，並能自己單獨向乾隆進言，陳述一切等。

　　由於蔣友仁的認真指導和乾隆帝的直接關照，大水法終於落成。其建築多用漢白玉石雕成，就連南面觀水法的屏風和寶座也是如此。在海晏堂西面水法的設計中，蔣友仁依據中國傳統計時法，將十二個噴水孔製成銅鑄的十二生肖動物，依次放在寬闊的三角形水池兩邊，每個時辰相應的動物便噴出水來，既新奇又實用。乾隆看後十分滿意，當著許多大臣的面誇獎蔣友仁等：「朕固預知且深信神父蔣友仁，苟非確有把握，必能成作者，彼絕不貿然擔任。」語辭中流露出自得和喜悅的心情。乾隆經常讓蔣友仁講解水法原

理，然後再向其他大臣們轉述。外國使臣來了，就讓他們參觀水法，以顯示皇家苑囿的奇絕。這期間，乾隆帝必會對西洋設計師大加讚揚。

長春園西洋樓建築下幸於一八六〇年被英法聯軍焚毀，此後又經八國聯軍的洗劫，如今已不復存在。但透過那些散落在荒煙蔓草的斷垣殘壁，我們仍不難想像其當年的壯美。

三、西樂縈繞紫禁城

乾隆帝雖屢次禁教，但內心深處對西洋傳教士卻懷柔羈縻。當他下令遣放全國傳教士時，卻將供職宮廷中的西洋人例外，之所以如此，是為了他自己能夠充分享受西方的文明。而命西洋傳教士在宮中為其演奏西洋音樂，便是乾隆帝上述心理的一個外在表現形式。

乾隆對西洋音樂很感興趣。乾隆六年十月三十日，他傳旨張照，問西洋人中是不是有精通西洋律呂的，並讓他將中西音樂的異同點一併俱奏。十一月二日，張照回奏乾隆：

> 臣問得西洋人在京師明於樂律者三人：一名德理格，康熙四十九年來京；一名魏繼晉，乾隆四年來京；一名魯仲賢，今年十月內新到。德理格年已七十一歲，康熙年間考定中和韶樂、纂修《律呂正義》時，伊亦曾預奔走，能言其事，較二人為明白，但曾經獲罪放廢，理合聲明。魏繼晉略能漢語，魯仲賢新到，言語不通。考其樂器，大都絲竹之音居多。令其吹彈，其音不特不若大樂之中和，較之俗樂更為噍殺促數。但德理格能從彼處樂器作中國之曲，魏、晉二人倚聲和之立成，可知其理之同也。其法以鳥、勒、鳴、乏、朔、拉、西七字統總音，鳥、勒、鳴、拉為全聲，乏、西為半聲，可旋轉為七調，則古樂之五聲二變，伶人之工尺七調又同也。（方豪《中西交通史》）

這裡所說的魏繼晉、魯仲賢便是乾隆時期服務於宮中的西洋樂師。

魯仲賢，波希米亞人，耶穌會士。乾隆六年來華，七年奉旨進京，充任宮廷樂師。他曾和魏繼晉一起合作西洋樂曲及歌詞十六首，在宮中傳唱。乾

隆七年七月，太監將經過魯仲賢認看的原宮藏西洋樂器大拉琴、長拉琴、小
拉琴、琵琶、弦子、西洋簫等進呈給乾隆。乾隆即傳旨，既然西洋人會使用
這些東西，就讓他們在內廷教小太監們學習，如樂器上缺少東西，儘管開出
名目，由宮中查給。可知魯仲賢不但在宮中有服務之責，還充任教師之職。
魯仲賢在宮中的行動十分謹慎，他曾私下裡講：

> 皇帝的愛好變化無常，有時喜愛音樂，有時又喜愛噴泉，有時大興
> 土木，構築宮室，有時又廣搜奇器，充實其中。有的玩夠了就厭煩地丟
> 置一邊，但過一段時間又興趣復生，實在讓人捉摸不定，我們只有時時
> 做好準備聽候召喚。

魏繼晉、德國人，亦以音樂供職內廷，他曾經和魯仲賢、那永福等一起
在瀛台教皇帝琴譜，後來外出傳教，但仍不時進宮，察觀宮中大管琴及其他
樂器，或為調音，或加以修理。

清宮藏八音盒

正因為如此，許多西洋人都向乾隆進獻西洋樂器以取悅之。外國使節來華，禮品中樂器一項為必不可少之物，如乾隆五十八年英使馬戛爾尼率領的訪華團在熱河覲見乾隆帝，其所排列的儀仗中就有四名身著綠色金緣衣服的樂工。在其進獻的禮物中，也有西洋樂器。在乾隆平日御用物的鐘錶、八音盒中，多能奏出西洋樂曲，有的曲目多達七、八曲。乾隆五十九年，荷蘭國王遣使來華，帶來的禮品中有一件「萬年如意人音樂鐘」，該鐘能奏多支曲子，必是西洋樂無疑。

另外，乾隆還在宮中組建過西洋樂隊和歌劇院。這支西洋樂隊大約在乾隆十五年左右誕生，是一支以演奏室內樂為主的小型管弦樂隊，該樂隊有西洋樂人十四名，配有統一的演出服裝，其設置是經過乾隆特准的。乾隆時，又有若干名義大利傳教士，在宮中演出義大利著名滑稽歌劇《喬其那》（La Cecchina），乾隆十分欣賞，特命組織樂隊，專演此劇。並特建一院，形似舞台，周圍描繪劇中各幕情狀，頗引人入勝。

乾隆對西洋奇器的興趣必然導致他無止境的搜求欲望，而乾隆之所以對西洋人表現出好感和寵愛，大概也與他們能夠不斷滿足他的這種欲望有關吧！

第六節　皇帝與使臣之間

十八世紀的歐洲發生了人類歷史上的巨大變革，英國首先實現了工業革命，進入了現代工業社會階段。社會的迅猛發展使英國急於向外擴張，尋求新的原料和市場，自然它把錨頭指向了遠東。但由於中國政府採取嚴格的閉關鎖國政策，只許廣州一地同外國通商，使英國對華貿易受到了很大限制。為了突破這種限制，英國政府力圖以政府間談判的方式尋找改善兩國外交和貿易關係的途徑。於是，一七九二年向中國派出了馬戛爾尼勛爵率領的龐大使團。但是與英國政府的初衷大相逕庭，由於文化背景和政治觀念的不同，中國方面只是把這個世界上強大的國家看作是對自己的歲歲來朝、俯首稱臣的藩屬，認為英國只是因為仰慕中華帝國的文明，才遣使遠涉重洋為皇上祝壽的。雙方理解的歧異，使中國皇帝和英國使臣之間，圍繞著國家尊嚴的象

徵——禮儀問題發生了一系列爭執。乾隆皇帝召見了使臣，接受了對他生日的祝賀，但他並不感到愜意；馬戛爾尼見到了皇帝，提出了自己的要求，但他一點也沒有輕鬆的感覺。雙方雖彬彬有禮，但心靈的距離卻拉遠了。

一、充分的準備　謹慎的接待

一七九一年初，英國政府正式任命馬戛爾尼勛爵為特使。當時，內務大臣敦達斯曾寫給馬戛爾尼一封信，明確講到此行的原因和目的：

> 在中國經商的英國人多於任何其他國家，但其他歐洲國家的商人或是由使節、甚至由打入北京朝廷開明層的傳教士陪同，而英國商人卻無人幫助，與中國皇帝遠遠地隔開著，可以理直氣壯地說我們的實力在中國表現得不夠。……您一到便要受到接見，您要服從中國朝廷的禮儀，既不要損害自己君主的尊嚴，又不要被禮節上的小事束縛住手腳。（〈法〉佩雷菲特《停滯的帝國——兩個世界的撞擊》）

馬戛爾尼欣然接受了這一極具吸引力的職位，所有使團的成員都是經過他的認可才確定的，他們應該對談判直接有用，或者能以他們的才能或知識來增加英國的威望。按著這一原則，最後有百餘名傑出的人員入選，其中包括外交官、英國青年貴族、學者、醫師、畫家、樂師、技師、士兵和僕役，加上水手多達七百人。至於送給皇帝的禮品，這是使團賴以活動的基礎。它們應使中國皇帝眼花撩亂，突出表現英國人的才華。經過多方考慮，他們確定了幾十件精巧的禮品，這些禮品將證明英國是地球上最強大的國

馬戛爾尼像

馬戛爾尼與斯當東

家，是文明程度最高的國家。這樣經過近一年必要的物質和心理準備工作，
一七九二年九月二十六日，滿載禮品和使團成員的「印度斯坦號」船，在戰
艦「獅子號」和「豺狼號」的護衛下，離開了樸茨茅斯港。

　　與此同時，英國政府想到使團的突然出現可能會使中國方面感到奇怪，
進而懷疑此行的動機。為了減少不必要的麻煩，在使團出發之前，政府又讓
東印度公司董事長佛蘭西斯‧培林給當時的兩廣總督郭世勳寫了一封信，讓
其代為向乾隆帝轉奏，信中寫到：

　　　　最仁慈的英王陛下聽說：貴國皇帝慶祝八十萬壽的時候，本來準備
　　著英國住廣州的臣民推派代表前往北京奉申祝敬。但據說廳代表等未能
　　如期派出，陛下感到十分遺憾。為了對貴國皇帝樹立友誼，為了改進北
　　京和倫敦兩個王朝的友好往來，為了增進貴我雙方臣民之間的商業關
　　係，英王陛下特派遣自己的中表和參議官，賢明幹練的馬戛爾尼勛爵作
　　為全權特使代表英王本人謁見中國皇帝，深望通過他來奠定兩國之間的

永久和好。特使及其隨員等將要馬上啟程。特使將攜帶英王陛下贈送貴
國皇帝的一些禮物。（斯當東《英使謁見乾隆紀實》）

這本是一封客氣的公文式函件，然而，當這封信的譯稿輾轉遞到乾隆手
中時卻完全走了樣。特使變成了貢使，禮物變成了貢品，郭世勳轉奏的譯稿
這樣寫著：

> 敬稟者我國王兼管三處地方，向有夷商來廣貿易，素沐皇仁。今聞
> 天朝大皇帝八旬萬壽，未能遣使晉京叩祝，我國王心中惶恐不安。今我
> 國王命親信大臣，公選妥於貢使馬戛爾尼前來，帶有貴重貢物進呈天朝
> 大皇帝，以表其慕順之心。惟願大皇帝施恩遠夷，准其永遠通好。俾中
> 國百姓與外國遠夷同沾樂利，物產豐盈，我國王感激不盡。（故宮博物
> 院編《掌故叢編》）

乾隆閱讀了郭世勳的奏摺及譯稿之後，認為英國人「情詞極為恭順懇
摯」，便下諭給予英使特殊優待。准許英使由天津進入北京，並諭令福建、
浙江、江蘇、山東等處督撫「如遇該國貢船到口，即將該貢使及貢物等項，
派委妥員迅速護送到京」。（乾隆五十七年十月十二日上諭）在接到這道諭
旨後，沿海各地很快地做好了迎接英使的準備工作。

一七九三年六月二十日，英使乘船到達澳門，以後各地官員就像遞接力
棒一樣小心翼翼、客客氣氣地將英使船指引到了天津港。從那裡逆白河北上，
經通州，八月二十一日到達北京。英使被安排在圓明園附近的宏雅園居住。

當時乾隆皇帝正在熱河避暑山莊，準備在那裡度過他八十三歲的生日，
通過飛騎通報使他對英使的活動瞭如指掌。他不斷下達命令，如何接待英國
使團。他說：「應付外夷事宜，必須豐儉適中，方足以符體制。此次英吉利
國貢使到後，一切款待固不可踵事增華，但該貢使航海遠來初次觀光上國，
非緬甸、安南等處頻年入貢使可比。」「對遠來貢使不可頂撞」，同時還命
令一旦英使到京，便馬上將他們帶往熱河，與其他藩屬貢使一起參加皇帝萬
壽的慶典活動。至於所進禮品，按著乾隆的意思，原本全數送到熱河避暑山
莊，但英使提出所帶禮物高大精密，需要一個月之久才能安裝完畢，乾隆考

英使「貢船」

慮到若安裝需時一月，待安裝完畢已過了萬壽之期，不如擇其輕巧、易於安裝者送往熱河，其餘大件則陳設於圓明園，等從熱河回來後再詳細觀覽。

九月二日，在長蘆鹽政瑞徵陪同下，英使出發前往熱河，一路上乾隆讓英使住在自己的行宮，還特意關照不用著急，只要於陰曆八月中旬到達就行。九月八日，英使一行抵達熱河，並舉行了莊嚴的入城儀式，據說，當時乾隆皇帝在避暑山莊內的一個高台上觀看了入城的英使隊伍。這是他和英吉利貢使的第一個照面。當然，這些馬戛爾尼當時並不知曉。

二、名分與禮儀紛爭

中國人眼中，外國使團的目的只是為了在皇帝壽辰或其他重大節日向皇帝致敬，再沒有什麼其他使命，對馬戛爾尼使團當然也不例外。基於這種認識，在馬戛爾尼等赴熱河途中，隊伍中便多了一個明顯的標誌——一面寫有「英吉利貢使」的旗幟。對此，馬戛爾尼採取了睜一隻眼閉一隻眼的態度，佯裝不知，以使使團的使命不致於半途而廢。既稱貢使，貢物是必不可少的。從一開始，中國上下對禮品就極為關心，他們請求使團先將禮品清單進

呈乾隆閱覽。馬戛爾尼認為，為了增加禮品的光彩，最好採用東方風格對禮品進行介紹。於是，在禮品清單之前便加進去了這樣一段序言：

> 英王陛下為了向中國皇帝陛下表達其崇高的敬意，特從他的最優秀卓越的臣屬中遴選出一位特使萬里迢迢前來覲見。禮品的選擇自不能不力求鄭重以使其適應於這樣一個崇高的使命。貴國地大物博，無所不有，任何貴重禮品在貴國看來都不足稱為珍奇。一切華而不實的奇巧物品更不應拿來充當這樣隆重使命的禮物。英王陛下過慎重考慮之後，只精選一些能夠代表歐洲現代科學技術進展情況及確有實用價值的物品作為向中皇帝呈獻的禮物。兩個國家皇帝之間的交往，禮物所代表的意義遠比禮物本身更足珍貴。（斯當東《英使謁見乾隆紀實》）

後面則是對禮品的逐件誇耀性的介紹。禮品清單於八月初送達乾隆手中，他對禮品還算滿意，但其中有一點卻令他十分生氣。在清單中，馬戛爾尼竟自封為欽差，即「君主特使」，從而將英王升格為與其相提並論的皇帝，這是他怎麼也無法接受的。乾隆立即作出反應，下達諭旨對相對稱呼予以糾正，「此不過該通事仿效天朝稱呼，自尊其使之司。無論該國正副使臣總稱為貢使，以符體制，在今後一切譯本中，一律改為貢使或藩使」。這一糾正在以後得到了切實的貫徹。

同樣的爭執也發生在覲見禮節問題上。乾隆以其「天朝大國」的優越心理，將整個世界納入了一個以自我為中心，按等級、名分構成的朝貢體系之中。世界上除了大清皇帝，再沒有與之相匹敵的君主。不管是誰，都應匍伏在自己腳下。自然，英國使臣在覲見時也應行三跪九叩之禮。乾隆雖然知道「西洋人用布紮腿，跪拜不便，是其國俗」，但仍通過接待的大臣告訴英使：「各種藩封到天朝進貢觀光者，不特陪臣俱行三跪九叩之禮，即國王親自來朝者，亦同此禮。今爾國王遣爾等前來祝嘏，自應遵天朝法度。」並給英使出主意說：「按你們的國俗俱用布紮縛不能跪拜，但你們可以在叩見時暫時將縛布鬆懈。待行完以後重新紮上，這並不是什麼很難的事。」（《掌故叢編》）按著這一指示，中國負責接待的官員做出了如下打算，英使到熱河以後要先學習禮體，倘若有不合禮節之處，向其一一指明，等練得跪拜嫻

熟以後再領他觀見皇帝。但出乎人的預料，馬戛爾尼斷然拒絕了這一要求。對此乾隆帝極為不快，他在諭旨中惱怒地說：

> 似此妄自驕矜，朕意甚為不愜，已全減其供給。所有格外賞賜，此間不復頒給……外夷入覲，如果誠心恭順，必加以恩待，用示懷柔。若稍涉驕矜，則是伊無福承受恩典，亦即減其接待之禮，以示體制。（《掌故叢編》）

緊接著又有一批批人來遊說馬戛爾尼，讓他順從皇帝的意思。為了不致使事情搞得太僵，馬戛爾尼決定在不損傷英國國王的尊嚴和聲譽的前提下，盡力滿足乾隆的要求。他表示可以向乾隆行三跪九叩禮，但必有一位同英使身分、地位相同的中國官員向他攜來的英王畫像行同樣的叩頭禮，或者行有

西方人想像中的馬戛爾尼觀見乾隆情形

英使想像中的馬戛爾尼覲見乾隆場面

別於屬國的獨立國使者應行的謁見禮節，即以其謁見英王時的免冠單腿下跪
之禮謁見乾隆。顯然，前一種方案是行不通的，堂堂天朝大國的官吏怎能向
藩屬下跪呢？經過幾番較量，乾隆最後終於以考慮到使團遠道而來，又攜帶
了珍貴禮品，相應禮儀可略為靈活為藉口，同意了英使單腿下跪謁見之禮。
馬戛爾尼勝利了，但他也將為此而付出更大的代價。

三、熱河覲見

　　儘管乾隆對英使的「無知」和「無禮」感到惱火，甚至曾一度打算拒絕
接見，但作為一位大皇帝的寬厚仁慈的教養改變了他。既然英國人肯下跪，
雖然是單跪，也完全可以說是臣服的表示，因為對於一個粗俗的蠻夷，不可
能指望他完全做到文明人應該做到的事。於是，乾隆決定在九月十四日接見
英使，當然是「該貢使等與蒙古王公及緬甸貢使等一體宴賞觀劇」，英使並

不是這次接見中的唯一主角。

九月十四日早晨三點鐘,馬戛爾尼及其隨員便從駐地出發了,四點鐘左右到達舉行慶典的萬樹園。參加慶典的人很多,經過三個小時焦急的等待,七點多鐘,乾隆帝終於出現了。現場的氣氛立刻活躍起來,英國人的情緒也受到了感染。斯當東以極為抒情筆調記下了他對皇帝的第一印象:

> 皇帝從身後一座樹林茂密的高山中出現,好似從一個神聖森嚴的叢林中走來。御駕之前有侍衛多人一路高聲宣揚皇帝的聖德和功業,皇帝坐在一個無蓋的肩輿中,由十六個人抬著走,輿後有警衛執事多人手執旗傘和樂器。皇帝衣服係暗色不繡花的絲綢長褂,頭戴天鵝絨帽,帽前綴一巨珠,這是他衣飾上所帶的唯一珠寶。(斯當東《英使謁見乾隆紀實》)

而其他人則看到乾隆動作敏捷,風度翩翩,臉上沒有一點老年的痕跡,總是笑瞇瞇的,看上去不超過六十歲。

乾隆帝進入大幄,升至寶座,慶典儀式開始了。乾隆接見時只有馬戛爾尼、斯當東、副使的兒子托馬斯·斯當東和翻譯被允許進入大幄,其餘的人被留在了外面。馬戛爾尼通過禮部尚書的指引,雙手恭捧裝在鑲著珠寶的金盒子裡面的英王書信,舉過頭頂,虔誠地從寶座旁拾級而上,單腿下跪,把書信送到乾隆面前。乾隆親手接過,隨手放在旁邊。隨後,馬戛爾尼又向乾隆敬獻了兩塊十分精緻的鑲著鑽石的琺瑯錶,乾隆熱情友好地和馬爾尼談了一番,然後他把一柄白玉如意交給馬戛爾尼,以表達對英王的謝意和回贈。他還同時送給馬戛爾尼自己一柄碧玉如意。然後副使斯當東上前,獻上兩支漂亮的汽槍,乾隆同樣賞給他一柄碧玉如意。在整個接見過程中,乾隆帝始終非常愉快自如,態度開朗,眼睛光亮有神。

由於彼此語言不通,交談要經過幾道語言翻譯,乾隆感到難以盡興,便詢問使團中有無能直接講中國話的人。馬戛爾尼回答說有一位十三歲的孩子小斯當東能略講幾句。小斯當東帶著稚氣的問候使乾隆帝馬上喜歡上了這個孩子,他隨手從自己的腰上解下一個檳榔荷包賞給了小斯當東,荷包是用黃色絲綢做成的,上面繡著一條五爪金龍。這一特殊恩惠立即引來許多羨慕的眼光。

乾隆皇帝在熱河接見英使

　　拜見結束後，宴會開始，馬戛爾尼等被安排在皇帝左手的一張桌子上。在席間，乾隆對英使很照顧，特意讓執事官從自己桌上取下幾樣菜肴賜給馬戛爾尼，宴會結束之前，他又讓馬戛爾尼和斯當東來到御座前，每人賞給一杯酒，他親切地問起英王的年歲，英使一一作了回答，最後乾隆說了幾句祝福英王的話，便離開了。

　　第二天，乾隆開始讓和珅陪同他們參觀避暑山莊。正當馬戛爾尼等在萬樹園門口作準備時，乾隆從這裡經過。他一看見英使就停了下來，兩個攀談了一會兒，最後，乾隆說到：我現在要往布達拉廟拜佛，因為你們同我們不是一個宗教，我就不叫你陪我去了。你現在可以在御花園遊玩一番。」（斯當東《英使謁見乾隆紀實》）在以後的三天中，除了參加十七日的皇帝壽辰慶典之外，英國使團成員一直都在遊覽這座壯麗的行宮。

　　九月十八日，馬戛爾尼、斯當東父子又被乾隆邀請到內宮觀看戲劇演出。這是個不大但很漂亮的劇場，共有三層，馬戛爾尼一整天都是在那裡度過的。皇帝坐在下層正中，面對舞台，旁邊是侍候的人。女眷們都在上層，她們的廂座都用紗簾遮起，以防被人看見。乾隆與馬戛爾尼邊看戲邊聊天，他告訴特

使：「我們國家疆域廣大，政事紛繁，我平時處理庶務，沒有空閒，只有今天這種重大慶典才抽空出來玩玩。」為了讓后妃們也能看看外國人的樣子，乾隆還特意讓太監把小斯當東帶到上層廂座中，和后妃們坐在一起。乾隆誇獎小斯當東中國字寫得不錯，他說既然這孩子能用中國筆寫字，也一定能用中國筆繪畫。他讓孩子試一試，小斯當東勉強畫了幾朵蓮花和皇帝前天賜給他的荷包上的圖案奉上，乾隆看了非常喜悅，又賞給了他幾樣東西。

一整天，馬戛爾尼極力想把乾隆拉到外交事務上來，多次以婉轉的語氣提起此次使團的目的，但都被乾隆岔開了。直到最後，乾隆帝才親自交給馬戛爾尼一個盒子，請他轉贈給英王。盒子內裝有他的詩、繪畫和幾顆珠寶。乾隆對馬戛爾尼說：

> 把這個小匣親手奉送給你的君王，並告訴他，這些禮物雖形似微小，但在我看來，這是我所能贈送的，也是我的國家所能提供的最珍貴的物品，因為這是從我的歷代祖先遺傳了很長的時代而保留傳給我的最後的紀念品。我已經保存下來留給我的兒孫後裔，作為祖宗的遺言，這是我的兒子唯一的座右銘，我希望這高貴的先人的言行，可以鼓舞他作為輝煌的榜樣，由於祖先的創業，他必須把發揚皇朝盛德和增進萬民安樂與繁榮為他一生的崇高目的。（愛尼斯・安德遜《英使訪華錄》）

馬戛爾尼再也無法說什麼了。九月二十日，乾隆贈給英國人的禮物諸如絲織品、瓷器、茶葉等先行運回北京。九月二十一日，馬戛爾尼同使團全體成員也從熱河起程，返回北京。

馬戛爾尼不甘心就這樣離開熱河，在行前的短暫時間內，他通過和珅提出了同清政府建立外交和商業關係的六項要求。乾隆在同一天發佈的上諭中則明確了自己的態度：

> 英吉利國上表懇請派人留京居住，其事斷不可行。此次該國航海遠來，是以諸加體恤。今該貢使到後，多有陳乞，屢為煩瀆，看來此等外夷究屬無知。

並命令廣東官員隨時留心，防止英國人勾結鬧事。英國人又吃了一次閉門羹。

四、小偷似的離去

九月三十日，乾隆從避暑山莊回到北京。一到圓明園，就去參觀禮品陳列。馬戛爾尼沒有在場，使團的機械師向乾隆演示了各種儀器的功用，他們用望遠鏡望遠，把一塊金屬片放在派克氏透光鏡下溶化。乾隆立刻指出這些都是用玻璃製成的。他對一個安裝有一百一十門大炮的皇家號軍艦的模型非常感興趣。詳細詢問了當時在場的使節團人員關於軍艦上許多零件的問題及英國造船業的一些問題。儘管如此，人們發現乾隆對於這些禮品的興趣已經遠不如在熱河時那麼強烈了。出於禮貌，乾隆賞給參加安裝的人每人四兩銀子，並在參觀結束後留下了這樣一句話：「以後不需要再見面了。」乾隆的意思很明確，使團的任務完成了，留在北京已經沒有必要。

十月一日，和珅在圓明園會見了馬戛爾尼，向他轉達了乾隆的意思。當然，他的詞語是相當有分寸的，他說皇帝考慮到天氣狀況、健康、厭倦情緒、思念家鄉等原因，出於對使團成員的關心，希望最好在冰凍前動身。十月三日，瑞徵派人來叫馬戛爾尼，說和珅已在大殿等候，讓他馬上過去。當時馬戛爾尼正臥病在床，但還是服從了。馬戛爾尼隨來人到了大殿，和珅已經在場，殿正中放著一個蒙有黃綢的椅子，上面擺著一個黃封，那就是乾隆致英王的覆言。和珅告訴馬戛爾尼，皇帝的詔書將隆重地送到他的住處，然後，再用手漫不經心地指著幾張桌子，那上面擺著一個個黃紙包，這是皇帝送給使團的最後一批禮物。

馬戛爾尼是帶著極為失落的情緒回到駐地的，他再也不能對中國方面的要求置之不理了。本來，他想拖到元旦以後再動身，現在看來已經沒有必要，與其被人趕走，不如主動撤離。馬戛爾尼向乾隆提出了准予離京的請求，很快一道聖旨由信使快馬加鞭地送往直隸、山東、江南、廣東的督撫，指示各地官方接待的規格要降低：

英吉利國貢使瞻覲事浚，於九月初三日起程由內河水路行走，赴廣

東澳門。該督撫等只須派令道將護送，不必親自接見。其水程應需供給及口食等項，俱照例應付，俾無缺乏，不可過於優厚。倘有藉詞逗留等事，應飭令護送官員嚴詞拒絕，催令按時前進，毋任遷延。

乾隆將英使動身的日期定在了十月七日。當天早晨，英國使團成員啟程了，乾隆沒有送行，只派和珅在城門口象徵性地舉行了一個告別儀式。他表示希望馬戛爾尼對以往的招待能感到滿意，同時保證在中國境內一路上仍會得到最妥善的招待。

英國人走了，他們是帶著深深的遺憾離開的，正如他們自己所說：「我們像小偷似地離去。」因為在他們所帶的乾隆給英王的覆信中，斷然拒絕了英國的要求：

> 咨爾國王遠在重洋，傾心向化，特遣使恭齎表章航海來庭，叩祝萬壽，並備進方物，用以忱悃。朕批閱表文，詞意肫懇，具見爾國王恭順之誠，深為嘉納。所有齎到表貢之正副使臣，念其奉使遠涉，推恩加禮，已令大臣帶領瞻覲，賜予筵宴，疊加賞賚，用示懷柔……至爾國王表內懇請派一爾國之人住居天朝，照管爾國買賣一節，此則與天朝體制不合，斷不可行……凡西洋諸國甚多，非止爾一國，若俱仍爾國王懇請派人留京，豈能一一聽許？是此事斷斷難行，豈能因爾國王一人之請，以致更張天朝百餘年法度？

看來，乾隆在禮遇馬戛爾尼時，根本就沒有把他的請求當作一回事。

五、被驅逐的使團和主權地位的喪失

時間飛速地過去了二十多年，在這期間，英國的勢力又達到了前所未有的高峰。他們沒有忘記馬戛爾尼的恥辱。要在中國土地上站穩腳跟的強烈願望驅使著他們，要嘛通過戰爭，要嘛通過外交手段叩擊中國的大門。英國人選擇了後者，他們決定再派遣一個新使團，由阿美士德率領。二十年前隨從馬戛爾尼出使、現在已是英國東印度公司代理人的托馬斯·斯當東作他的副手。他

們希望透過二十多年的發展，中國人的看法能夠有所改變。

一八一六年二月八日，阿美士德率員出發，在廣州同斯當東等會合後，於七月二十八日到達天津。事情的發展並不像他們所希望的那樣。清廷派工部尚書蘇楞額等為接伴大臣，他不但仍在使團的車船上高懸「貢使」字樣的旗幟，而且堅持認為馬戛爾尼每次覲見乾隆之時，皆有叩頭之舉，成例彰彰，殊不可改。要求阿美士德覲見嘉慶時也必須遵行中國的叩頭禮節。至於清廷的最高統治者嘉慶皇帝，似乎比他的父親乾隆更加維護傳統禮制，他為此下諭說，乾隆時「爾使臣行禮，悉跪叩如儀」，言外之意現在也應該是一樣的。他告訴辦事官員要千方百計地使英使就範，如儀進謁。如果英使不能如儀行禮，不僅要將英使逐回，還要以辦理不善之罪懲處他們。接伴大臣哪敢怠慢？在進京途中他多次向阿美士德提起這個問題。和馬戛爾尼所用方法一樣，阿美士德拒絕了。可憐的接伴大臣不敢將真情上奏，而是向嘉慶撒謊說英使已同意跪拜，只是「起跪不甚自如，勉力尚堪成禮」。嘉慶皇

阿美士德像

嘉慶皇帝像

帝見奏很高興，表示「朕以遠國小臣，未嫻儀度，可以矜恕」，只要他們盡可能做好就行了。

八月二十八日夜，英使一行到達圓明園，當時許多王公大臣已經在那裡等候，他們想用突然襲擊的方法，在阿美士德極端疲勞之餘，迫使他稀里糊塗地就範。但阿美士德卻藉口疲勞，衣冠不整，沒有帶英王的國書而拒絕前往。這些人再三勸促，但阿美士德和斯當東還是不肯入覲，並稱絕不行三跪九叩之禮。嘉慶帝聞訊異常惱怒，認為英使「借事搪塞，弁髦皇命」，諭令將使團「即日遣回，該國王表文亦不必呈進」。可憐的阿美士德萬里迢迢，漂洋過海來到中國，最後卻與嘉慶皇帝沒見一次面，沒說一句話，就被灰溜溜地被趕走了。

馬戛爾尼和阿美士德兩個使團的相繼失敗，使英國政府懂得通過談判的正式外交手段在中國是得不到什麼東西的。戰爭，只有戰爭才是這種談判外交的唯一繼續。一八四〇年四月，已經是議員的托馬斯・斯當東在英國下議院辯論中提出了這一見解。他說：「正在準備中的戰爭是一場世界性的戰爭。它的結局會產生不可估量的影響……儘管令人遺憾，但我還是認為這場戰爭是正義的，而且也是必要的。」從此鴉片和戰爭成為英國的新戰略，鴉片摧殘了中國人的身心，大炮則打開了中國的門戶。鴉片戰爭的直接後果是中國喪失一系列領土和主權的完整。

道光以後的中國皇帝們再也不能像乾隆、嘉慶那樣坐在高高的寶座上，輕輕鬆鬆地俯視著西洋貢使的叩拜了。與那時相比，中國皇帝和西方使節的地位徹底地翻轉了。

第七章
天門洞開以後

「普天之下莫非王土，率土之濱莫非王臣」，這是中國數千年來一直雄居東方而形成的地位和理念。然而，當人類歷史推進到十八世紀末，這個古老的東方帝國開始由盛轉衰，走向沒落；而以前根本未被它放在眼裡的西方「蠻夷」小邦，卻逐步由小而大，成為強者。一八四〇年，隨著英國炮艦轟開了中國封閉的國門，「天朝上國」皇帝才吃驚地發現：自己新的對手居然是那樣的強大！其後，英法聯軍攻入北京、俄國在北方大肆侵略、新興的日本企圖獨霸中國……皇帝們卻仍不知從根本上自新圖強，而只是被動地在細枝末節上步步設防，然後又被迫步步退縮，以致處處仰人鼻息，低三下四，受盡屈辱，自己高高在上的時代一去不復返了！

第一節　面對陌生的敵人

一、天朝迷夢的破滅

　　十九世紀前半期，英、法等西方國家先後完成工業革命，進入了歷史上所稱的蒸汽機時代。而此時的中國卻仍然採取閉關自守的政策，在妄自尊大、閉目塞聽的清朝統治者看來，這個世界上似乎只有一個「天朝」，那就是大清帝國，只有它才是世界的中心，外國希望與之進行貿易往來，便視為向天朝進貢。嘉慶二十五年（一八二〇年）七月，嘉慶皇帝顒琰病死於熱河避暑山莊，皇二子旻寧承繼大統，他便是道光皇帝。此後，隨著外國列強的衝擊，這個天朝也就江河日下，進入了多事之秋。

道光皇帝像

　　西方各國經濟的迅速發展，迫切需要海外市場和原料供應地，於是，地大物博、人口眾多的中國，便成了他們向東方擴張的重要目標。然而，中國自給自足的封閉式的經濟體系，卻使外國商品難以佔領市場，絕大多數中國人不需要、也無力購買質優價高的洋貨。英國是當時最大的資本主義強國，其工業品在中國銷路不廣，還必須向中國運來大量銀元，以購買他們所需要的茶葉、生絲和其他產品。英國政府為了改變對華貿易中的逆差，便開始向中國大量傾銷鴉片。

　　鴉片盛產於印度和小亞細亞一帶，早在唐代就已從阿拉伯國家傳入中國，當時稱罌粟，阿拉伯人則稱之「阿芙蓉」，明朝中期以後，中國才譯作「鴉片」。由於它含有大量生物鹼（嗎啡、可太因、那可汀），少量服用，具有提神、鎮痛、止瀉等作用，因此，中國一直當作藥材來進口。明朝末期，有人把鴉片與旱煙混合起來吸食。清朝中期以後，有些官僚才開始吸食純鴉片，但那時每年進口不過二百箱。乾隆三十八年（一七七三年）以後，英國開始將印度的鴉片運抵中國，鴉片的輸入量便以數倍的速度增長，至道光十九年（一八三九年），竟高達四萬多箱！

　　鴉片的輸入，引起了嚴重惡果：中國由出超國變為入超國，白銀大量外流，銀價急劇上漲，人民負擔空前加重，政府財政陷入嚴重危機。不僅如此，從京城到地方，「天朝」的京官、外官、貴戚、太監、兵丁、僧侶乃至下層百姓，不少人都成了面色鐵青、骨瘦如柴的大煙鬼。據統計道光十五年（一八三五年），全國的「癮士」已達二百萬人之多！

　　在這種情況下，道光皇帝不得已採納湖廣總督林則徐等人的禁煙主張。道光十八年（一八三八年），他任命林則徐為欽差大臣到廣東查禁鴉片。次年正月，林則徐到達廣州。他的禁煙態度十分堅決，短短二十多天內，便在廣州虎門海灘當眾銷毀鴉片二百三十餘萬斤，取得了禁煙鬥爭的巨大勝利。

　　然而，英國政府卻以虎門銷煙為藉口，發動了對華侵略戰爭。當年十月，英內閣以「保護通商」為藉口，正式決定向中國出兵。次年六月，英政府任命喬治・懿律率四十多艘船

吸食鴉片的中國人

艦和四千餘名士兵開赴中國，於六月集結在廣州海面，封鎖珠江口，第一次鴉片戰爭正式爆發。

　　關於戰爭的過程，很多史料中都有詳盡的記載，由於清廷的故步自封，道光皇帝和他的絕大多數臣僚們對外部世界了解甚微，以致用人不當，更無戰略戰術可言，最後不能不以失敗而告終。正如當時的進步思想家魏源在《海國圖誌》一書中所言，直到鴉片戰爭失敗，道光帝尚且不知英國「地方周圍幾許？所屬國共有若干？其最為強大不受該國統屬者共有若干？又英吉利至回疆各部有無旱路可通？與俄羅斯是否接壤，有無貿易相通？」身為一國之君，連世界最基本的地理知識都一無所知，豈不為天下笑談，戰爭又豈有不敗之理！

　　道光二十二年七月二十四日（一八四二年八月二十九日），清政府的代表耆英、牛鑒爬上停泊於南京江面的英國「皋華麗號」軍艦，被迫在米字旗下與英方簽訂了清朝歷史上第一個不平等條約——《中英南京條約》。其後兩年內，清廷又分別與英、美、法三國簽訂了《中英五口通商章程》、《中英虎門續約》、《中美望廈條約》和《中法黃浦條約》。至此，中國被迫割地、賠款、開放通商口岸，國主主權及司法權、關稅自主權開始遭到了破壞。

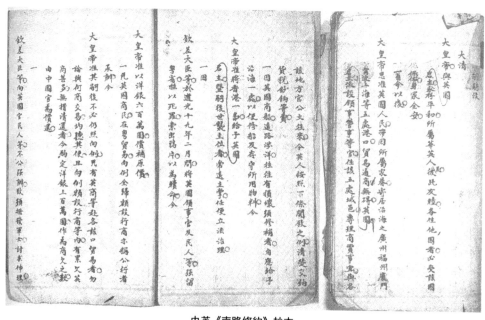

中英《南路條約》抄本

據說，當《中英南京條約》的文本進呈道光皇帝，要他批准時，這位皇帝曾「負手行便階上，一日夜未嘗暫息，侍者但聞太息聲」，只是由於迫不得已，才「以朱筆草草書一紙」了事。此後，他便一直耿耿於懷，覺得自己對不起祖宗，死後沒有資格入祀祖廟，所以，臨死前留下遺詔：

> 朕萬年之後，斷不可行郊配之禮，誣朕以不德不孝。若繼體之君，顧命之臣，不尊朕諭，任意強行，則是甘為我大清不孝不忠之人矣。

若按清朝慣例，每位皇帝陵墓前的神道上，都要建一座「聖神功德碑」，以記述其一生的功德業績，而道光則不准在其陵前設立此碑，他說：「不可以聖神功德字樣，率行加稱。若當時君臣不能仰體朕懷，是陷朕於不德，一世之勤勵憂惕盡成虛矣。蓋謂之孝乎？蓋謂大不孝也。」

道光帝可謂抱恨黃泉，清王朝的「天朝」之夢，終於在洋人鴉片加炮艦的攻擊下逐漸破滅了。

二、被洋人嚇跑的皇帝

道光三十年（一八五〇年）正月，道光皇帝旻寧帶著割地賠款的遺恨病死於圓明園，留給其子咸豐皇帝奕詝的則是一個更大的亂攤子。咸豐在位十一年，可謂內憂外患，戰事頻仍，幾乎沒有過上一天太平日子，成了一位名副其實的「戰亂天子」。

咸豐即位之初，便爆發了聲勢浩大的太平天國運動；其後、英、法兩國為了進一步擴大他們在第一次鴉片戰爭中獲得的權益，又在俄、美兩國的配合下發動了新的對華侵略戰爭——史稱第二次鴉片戰爭。這對清廷來說，無疑是雪上加霜，結果被迫於一八五八年（咸豐八年）六月分別簽訂了中俄、中美、中英、中法《天津條約》。

《天津條約》是比第一批不平等條約更不平等的條約，其中公使駐京、賠款等項規定，尤其使咸豐皇帝感到有失體面。於是，他決定在大沽口秘密備戰，派蒙古親王僧格林沁趕修大沽炮台，以對付外國武裝的再度入侵並「聚而殲之」；同時，對外國公使進京交換和約文本，則表示「絕不食

咸豐皇帝朝服像

言」，允許公使從北塘上岸進京，並下令在北京城內為各國公使準備好下榻之所。然而，各國公使一開始就以武力相要挾，一八五九年（咸豐九年）六月，英法兩國艦隊陳兵大沽口外，斷然拒絕清廷指定的由北塘登陸的路線，堅持經大沽口溯白河進京。六月二十五日，英法聯軍突然向大沽口進攻，但卻遭到了中國守軍的頑強抵抗。經過一晝夜的激戰，聯軍死傷近五百人，軍艦被擊沉多艘，英國艦隊司令也身負重傷，聯軍被迫退往上海。這是清朝自第一次鴉片戰爭以來獲得的一次巨大勝利。

聯軍虧了血本，自然不肯善罷。次年春，英、法兩國又派出戰艦二百餘艘，英軍一萬八千餘名、法軍七千名，由英國人額爾金和法國人葛羅率領，大舉北犯。咸豐皇帝對抵抗本來就沒有多大信心，此時，又被大沽之戰的勝利所迷惑，不僅宣佈「《天津條約》各款概作罷論」，而且還撤掉了北塘防務。七月（八月），聯軍先後進佔北塘、攻陷大沽，並在未遭任何抵抗的情況下佔領天津。

天津失陷，咸豐皇帝慌了手腳，急忙派大學士桂良前往談判。但當咸豐得知聯軍又提出公使帶兵進京及立刻交付賠款等項要求時，覺得無論如何也不能接受。於是英、法聯軍開始由天津出發，經河西務直逼通州（今北京通州區）。九月九日，咸豐帝聲稱「親統六師，直抵通州，以伸天討，而張撻伐」；同時，又令怡親王載垣和兵部尚書穆蔭為欽差大臣，赴通州議和。對於咸豐來說，是戰是和的決心是很難下定的，戰與和的標準只有一個：北京是否被佔領，自己的帝位能否保全？此時，除了拖延和觀望，他已無計可施。

九月十四日，載垣等開始與英方代表巴夏禮、威妥瑪進行談判。幾天

後，當載垣等了解到英軍正準備攻城時，才知道談判只不過是對方的緩兵之計。此時的載垣大有上當之感，竟採取扣押人質的方法，命僧格林沁將巴夏禮及英、法士兵三十多人同時拘捕，押解入京後，囚於刑部大牢。他愚蠢地認為：「巴夏禮善能用兵，各夷均聽其指使，現已就擒，該夷兵心必亂，乘此剿辦，諒可必操勝算。」事已至此，咸豐帝只好硬著頭皮下令抵抗。僧格林沁等率清軍數萬名，在八里橋與英、法聯軍展開激戰。結果清軍大敗，聯軍直逼北京。

這時，有些王公大臣勸說住在圓明園的咸豐皇帝返回紫禁城，以安定人心。然而，這位幾天前還曾大喊「御駕親征」的皇帝，此時早已拿定主意，決定「北狩」熱河。九月二十二日清晨，咸豐帝不顧「廷臣伏地力爭」，由鄭親王端華、尚書肅順、軍機大臣穆蔭等人護駕，帶著皇后鈕祜祿氏、懿貴妃那拉氏和五歲的兒子載淳匆匆北逃。臨行前，還編造了一個就連他自己也不會相信的藉口，說此行是「坐鎮京北」、「將以巡幸之備，作為親征之舉」！

次年八月二十二日（咸豐十一年七月十七日），這位被洋人嚇跑的皇帝病死於避暑山莊的煙波致爽殿，享年三十一歲。

三、「兩個強盜闖進了夏宮」

圓明園座落於北京海淀以北，它包括圓明、長春、綺春（後改萬春）三園。這三座園林，連成一片，總面積達五千二百餘畝。在它周圍環有香山靜宜園、玉泉山靜明園、萬壽山清漪園，以及暢春園、熙春園等名園，東西連綿二十餘華里。三園佔地面積僅次於承德避暑山莊；而建築成就和園林藝術又遠在避暑山莊之上。其個體建築組合，則極變化之能事，全園建築組群無一雷同，但又萬變不離其宗，各組建築都以院落格局為基調，把中國古典園林藝術發揮到了極致。

圓明園內還座落一些西洋式建築。長春園北京的諧奇趣、蓄水樓、養雀籠、外方觀、海晏堂和遠瀛觀六座洋樓，均係乾隆時期供職清廷的西方傳教士郎士寧、王致誠、蔣友仁負責設計和督造，屬歐洲文藝復興後期的巴洛克風格，但在細部和裝飾方面又融入了許多中國的藝術手法，形成了中西合璧

的建築風格。

　　圓明園自康熙四十八年（一七〇九年）開始修建，以後歷經雍正、乾隆、嘉慶、道光和咸豐各朝的不斷增修擴建，歷時一百五十餘年。這座大型皇家園林，兼有御苑和宮廷兩種功能，一百多年來，一直滿足著幾代皇帝的生活和理政需要。皇帝在紫禁城居住的時間，一般只是每年的冬季，其他季節（尤其是夏季），大多都要在圓明園度過，因此，外國人又稱這裡是「東方的夏宮」。此外，園內還收藏著大量珍寶、圖書和藝術品，儼然一座大型的皇家博物館！

　　然而，這座馳名中外，被歐洲人譽為「一切造園藝術的典範」的圓明園，卻被一群來自「文明世界」的野蠻人毀滅殆盡。

　　咸豐十年八月二十二日（一八六〇年十月六日），英法聯軍徹底擊敗清朝守軍後，隨即攻佔了圓明園，清廷管理圓明園大臣文豐福投海自殺。第二天，有組織的搶劫便開始了。法軍司令孟托邦函告法國外務大臣說：「予命法國委員注意，先取在藝術及考古上最大價值之物品。予行將以法國極罕見之物由閣下以奉獻皇帝陛下（拿破崙三世），而藏於法國博物院。」英軍司

1900年前的圓明園殘跡

令格蘭特則向政府報告說：為了不讓軍隊因放肆搶劫而敗壞士氣，他只派軍官們去盡可能地收集應歸於英國人的物品。並下令將軍官們分為兩部分：一部分上午去圓明園搶掠，另一部分則安排在下午。

接著，又出現了自由搶劫。

關於搶劫的具體情況，當時的參預者後來寫過不少回憶。這裡，我們只摘錄法軍翻譯官德里松在他的《翻譯官手記》中的一段自白：

> 這一大群各式皮膚、各種式樣的人，這一大幫地球上各式人種的代表，他們全都鬧哄哄地，蜂擁而上，撲向這一堆無價之寶。他們用各種語言呼喊著，爭先恐後，相互扭打，跌跌撞撞，摔倒又爬起，賭咒著、辱罵著、叫喊著，各自都帶走了自己的戰利品。初看起來，真像是一個被人踏翻了的螞蟻窩，那些受驚了的好幹活的黑色小動物都帶著穀粒、蛹蟲、蛋或口含著稈向四面八方跑去。有一些士兵半身都纏著織錦、絲綢；還有一些士兵把紅寶石、藍寶石、珍珠和一塊塊的水晶石都放在自己的口袋裡、襯衫裡、帽子裡，甚至胸口上還掛著用大珍珠做的項圈。再有一群人，他們手裡都拿著各式各樣的時鐘、掛鐘、匆匆忙忙地走開。工兵們帶來了他們的大斧，把家具統統砸碎，然後再取下鑲在上面的寶石。更糟糕的是有一個人竟把路易十五式掛鐘也打碎了，為的是取下它的鐘面，因為他錯把標出時刻的數字都看作是鑽石做的，而事實上卻只是水晶做的。不時，有人叫道：著火了。於是有不少人都匆忙跑去，把許多東西全扔在地上；他們撲滅了在高牆上蔓延的火焰，又把許多絲綢、緞子和皮貨都堆在地上。這一幅幅情景只有吞食大麻酚的人才能胡思亂想得出來。

他還把聯軍剛剛抵達和撤離北京時的情況做了一番比較：

> 走至安定門時，法國軍隊只有一輛車輛，也就是將軍的車輛才載有帳篷和專用箱。而當軍隊開拔時，不知道為什麼竟出現了大批滿載著的車輛，單是這支軍隊也得十十足足走上一小時。至於英國人的行李軍隊，那更長得出奇。這一支神話式的軍隊足足有兩法里之長。

當時，英國《泰晤士報》駐北京的一位記者就曾估計：「被劫掠和破壞的財產，總值超過六百萬鎊」。

為了毀滅掠劫罪證，並迫使清政府盡快接受他們的簽約條件，英國公使額爾金、英軍統帥格蘭特又捏造出清政府曾把通州談判的巴夏禮等三十七名英、法俘虜關押在圓明園，並對其進行虐待的藉口，派半個騎兵師共三千五百餘人開進圓明園，將園內建築一齊縱火焚燒。據目擊者回憶：大火持續了兩天兩夜，圓明園上空，濃煙滾滾，「使天光黑暗，無殊日食，附近一帶地方亦皆黑暗」。一代名園轉眼化為廢墟，附近的暢春、清漪、靜明、靜宜等園也未能倖免。

英法聯軍的暴行，當時就曾遭到了世界公論的譴責。法國大文豪雨果說道：東方的夏宮「是一個令人震驚，無可比擬的傑作」，「我們教堂的所有財富加起來也無法和這一東方巨大的、且又漂亮的博物館相比較」，「有一天，兩個強盜闖進了夏宮，一個進行洗劫，另一個放火焚燒」，「一個勝利者把腰包塞滿，另一個趕緊效法把箱子全都裝得飽鼓鼓；兩個人手挽著手，心滿意足地回到了歐洲。這就是兩個強盜的歷史」，「在歷史的審判台前，一個強盜將叫做英國，另一個強盜則叫做法國」。

光緒年間，為迎接慈禧太后四十大壽，清政府曾對圓明園的局部景點進行修復。但八國聯軍侵入北京時，這裡又一次遭到破壞。此後，圓明園便成了一座歷史的廢墟。

四、「天朝」有了外交部

清朝長期實行閉關政策，以「天朝上國」自居，視外國、異族為「藩屬」或「外夷」，同外國向無正常的外交往來，只有藩屬國的定期朝貢。因此，清廷也就一直沒有一個專門的外交機構，只有禮部和理藩院，分掌著有關朝貢事務。

第一次鴉片戰爭期間，清廷與英國發生了前所未有的交涉，性質已與朝貢截然不同，只好委派臨時性的欽差大臣負責辦理。中英《南京條約》簽訂後，清廷被迫開放上海、福州、廈門、寧波和廣州為通商口岸，才設立了一個名為「五口通商大臣」的官職，先後由兩廣總督和兩江總督兼任，以負責

通商交涉事宜。清廷的這一做法，一方面承認了它同西方各國已不是藩屬關係，非禮部和理藩院所能管轄；另一方面則仍舊不肯放棄「人臣無外交」的傳統觀念，把同西方國家的交涉視為臨時性舉措。

咸豐十年（一八六〇年）八月，英法聯軍兵臨城下，咸豐帝倉皇北逃，臨行前授其弟恭親王奕訢為「欽差便宜行事全權大臣」，留京督辦「和局」。奕訢與以往的欽差大臣不同。他一受命就在圓明園附近的善緣庵設立公所，與聯軍交涉。入城談判時，又先後在法源寺、嘉興寺等處辦公，建立臨時的外事機構。不僅如此，協助他辦理「和局」的還有大學士桂祥、戶部左侍郎文祥、總管內務府大臣寶鋆、順天府尹董恂、統兵大臣勝保等一批文武大員。其手下隨同當差的員弁亦達五十餘名，這些人大都是軍機處章京、內閣及各部院司員、步軍統領衙門下級官員、上書房行走等。在長達數月的對外交涉中，他們或奔走聯絡、隨同交涉，或撰稿具文、繕寫文件，各司其職。在京城無主的情況下，這些人聚攏於奕訢周圍，一個專門負責外交事務的機構已具雛型。

九月十一、十二日，奕訢分別與英國公使額爾金、法國公使葛羅在禮部大堂交換了《天津條約》文本，並簽訂了續增條款——《北京條約》。

「和局」成功，清廷的對外交涉可謂告一段落。然而事實遠非如此，條約雖已訂換，更多的涉外事務又紛至沓來，諸如賠款割地、公使駐京、建立海關、新闢通商口岸、實施新稅法、招募華工出國、教士入內地傳教等，皆在條約規定之列，勢在必行。另外，西方列強對原來那種只與地方督撫打交道，而不能與清廷直接交涉的方式早有不滿，因此在第二次鴉片戰爭中，額爾金曾特別強調公使駐京這一要求，一再表示要與中國建立「正式的外交關係」。因此，清廷設立一個正式的外交機構已是大勢所趨。

咸豐十年十二月一日（一八六一年一月十一的），奕訢等奏請設立總理各國事務衙門（簡稱「總理衙門」或「總署」），並建議其機構「一切均仿軍機處辦理」，「以王大臣領之」，派軍機大臣兼管。身在熱河的咸豐帝很快批准了這一奏摺，但朱批諭旨卻比原奏多了「通商」二字，稱「京師設立總理各國通商事務衙門，著即派恭親王奕訢、大學士桂良、戶部佐侍郎文祥管理，並著禮部頒給欽命總理各國通商事務關防」。在咸豐看來，洋人唯利是圖，外交即是通商。對此，奕訢等頗感疑慮，再次上奏，強調通商事宜在

上海、天津已分別有南北洋大臣駐紮專理，總理衙門在京不便遙控；更重要的是洋人會以為此衙門專為通商而設，不辦理其他外交事務，可能再找麻煩，因此，請求省去「通商」二字。咸豐帝朱批「依議」。於是，清廷的第一個外交機構──總理各國事務衙門名正言順地設立了。

在總理衙門的選址問題上，清廷又頗費了一番腦筋。開始，奕訢等人曾打算在禮部大堂設立辦公之所，但考慮到大堂是考論國家大典的地方，地位崇高，若在此接待「夷人」，則有礙國家體面，也會影響禮部的正常工作；若選在地位較低的禮部司堂，又擔心會引起列強的不滿。最後，才決定將衙門設在崇文門內東堂子胡同。奕訢等在給咸豐帝的《奏總理衙門未盡事宜擬章程十條》奏摺說道：「此次總理衙門，義取簡易，查東堂子胡同舊有鐵錢局公所，分設大堂、滿漢司堂、科房等處，盡足敷用，無容（庸）另構。惟大門尚係住宅舊式，外國人往來接見，若不改成衙門體制，恐不足壯觀，且啟輕視。擬僅將大門酌加改修，其餘則稍加整理，不必全行改修。」

總理各國事務衙門

　　當時，清廷各類衙門的規模都比較龐大，一般擁有房屋百間至數百間。總理衙門之所以因陋就簡，一方面反映了清廷還存在著「夷卑我尊」的心理；另一方面，他們只不過是把設立總理衙門當作權宜之計，待「軍務肅清，外國事務較簡，即行裁撤，仍舊軍機處辦理，以符舊制」。然而，外國事務非但未簡，反而日趨增多，清廷裁撤的初衷自然也就無法實現了。特別是後來隨著洋務運動的發展，總理衙門的職權不斷擴大，不僅辦理外交、通商事務，而且凡與洋務有關之事，如鐵路、電報、學校、關稅等，無不在其管轄之內，故有「洋務內閣」之稱。它與軍機處雖無明顯的對等關係，但實際上軍機處只管對內事務，總理衙門則統管涉外事件。

　　總理衙門的設立，受到了列強的普遍歡迎，英國公使威妥瑪聞之「甚為欣悅」，認為這是西方「數十年求之不得」之事；法國公使布爾布隆更稱讚這是「中外各國永敦睦好之最妙良法」。在列強看來，總理衙門一定會成為他們對清廷施加影響和控制的有效工具，然而，後來的情況卻讓他們頗感失望。隨著清廷倡導的洋務運動的開展，他們甚至發出這樣的抱怨，說「中國過去很弱，我們在各口岸可以為所欲為，但總理衙門最近的政策使我們認

總理衙門官員議事

為，其中多數大臣已深信，中國現在強得足以恢復早先那種驕傲自大的作風」，聲稱「必須使狡猾的中國人安分守己」。總理衙門「體制不崇，職責不專，遇事拖延」，早已無法滿足列強的需要了。

光緒二十六年（一九〇〇年）八月，八國聯軍攻佔北京，迫使清政府簽訂了《議和大綱》，其中第十二條規定：「總理各國事務衙門必須革故更新，……其如何變通之處，由各國酌定，中國照允施行。」次年六月九日（一九〇一年七月二十四日），清廷頒布諭旨：「從來設官分職，惟在因時制宜。現當重訂和約之時，首以邦交為重，一切將信修睦，尤賴得人而理。從前設立總理各國事務衙門辦理交涉，雖歷有年所，惟所派王大臣多係兼差，未能殫心職守，自應特設員缺，以專責成。總理衙門著改為外務部，班列六部之前。」（《中外舊約章彙編》）

第二節 同治帝與外國公使

一、外國公使進駐京城

在正常的國際交往中，各國政府互派使節、互設使館，以處理國家間的各類事務，本來是一件極為尋常的事情。然而在清朝後期，圍繞各國公使進駐北京一事，清廷與列強之間，卻曾引起軒起大波。

鴉片戰爭以後，清朝封閉的國門被迫逐漸對外國開放，列強不僅在各通商口岸設立領事，而且要求遣使常駐北京。咸豐五年（一八五五年），美國公使伯駕就曾公開聲稱：列強「從遙遠的地方無法駕馭中國政府，到了它的身邊，它就變得馴服多了」。清廷對此極為恐懼，並一再阻攔，凡與列強的交涉事宜，均被指定在廣州、上海進行。咸豐八年（一八五八年），中英《天津條約》規定：「大清皇帝、大英君主意存睦好不絕，約定照各大邦和好常規，亦可任意交派秉權大臣，分詣大清、大英京師。」其他各國根據「利益均沾」的原則，也獲取「欽差各等大員及各眷屬可在京師，或長行

居住，或能隨時往來」等權利。此項條款，引起了朝廷上下的極大震動，咸豐君臣普遍認為這是「千古未有之奇聞」，會給清廷帶來「肘腋之禍」。吏部尚書周祖培等在給咸豐的一份奏摺中，陳述了公使駐京將給清廷帶來「八害」。此摺頗能反映人們當時的真實心態，現摘錄於下：

> 自五口通商以來，該夷分居內地，不惜重金購覓《邸鈔》，盡窺我之虛實。若久駐京師，則凡有舉動，纖悉必知，既速且詳，動為所制。其害一也。該夷所到之處，建立高樓，用千里鏡（既望遠鏡）窺測遠近。京師既准設館，且許其自行度地，使於附近禁城地方，任其建立。則宮禁重地，園庭處所，盡為俯瞰。其害二也。京城所有隙地，大都不堪居住，該夷居住，必欲通衢大道，指地營造。則將遷徙衙署，拆毀民居，聽之則不可，拒之則不能。其害三也。蹕路經行，理宜清肅，該夷建館之後，設遇壇廟祭祀，園庭臨幸，或憑樓而望，或夾道而觀，誰能禁之？其害四也。京師從前設立西洋堂，止為天文算法，並為傳教等事。今該夷之立夷館，則專為倡行天主教而設，近年沿海地方業為所惑，即粵逆亦藉耶穌（穌）以煽人心。京師首之區，若遭蠱誘，則衣冠禮樂之族，夷於禽獸。其害五也。民夷雜處，設有鬥訟，無從為斷。更或奸猾之徒，為重利所餌，挾夷為重，橫行都市，其患尤不可勝言。每年步軍統領衙門及五城所獲土棍竊盜，層見迭出，尚不能盡絕根株，既有夷館，則皆恃為捕逃淵藪。其害六也。京師內外各門，徵收稅課，稽查出入，立法最為嚴密。該夷來京之後，勢必包攬商稅，任意往來，門禁盡廢。其害七也。朝鮮、琉球等國，久奉正朔，每遇朝貢，皆極恭順。若見該夷之桀驁倨侮，必皆有輕視天朝之意。其害八也。（《籌辦夷務始末·咸豐朝》卷二十六）

咸豐帝還將今日公使駐京與昔日洋人在京的情況作了一番比較，稱「昔時駐京洋人，因學算法，操縱與我，無慮為慮。今則來去由伊，貪得無厭」。他在權衡了《天津條約》各項內容的利弊後，認為「公使駐京，為患最巨，斷難允行」。竟輕重不分，本末倒置地諭令在上海同英、法代表談判通商章程的桂良等人，試圖以全部免除洋貨關稅和弛禁鴉片為條件，取消條

約中外國公使駐京等條款。但洋人同樣把公使駐京看得比其他事項更為重要，清廷的要求被拒絕了。

咸豐十年（一八六〇年）九月，英法聯軍佔領北京，清廷被迫屈服，除承認《天津條約》的全部條款外，在續簽的《北京條約》中，公使駐京一項又得到進一步確認。英國人捷足先登，選中了東交民巷北、御河西岸的梁公府；法國人也不甘落後，選中了更具氣魄的肅王府。次年二月（一八六一年三月），法國公使布爾布隆、英國公使普魯斯相繼進駐了修葺一新的法、英使館。

東交民巷英國使館

東交民巷法國使館

此後，俄、美、德、比、西、義、奧、日、荷各國也先後建立了各自的使館。從此，東交民巷一帶便飄起了各色國旗。

其實，列強各國之所以強烈要求遣使駐京，主要目的是希望對清廷施加直接有效的影響，促使其徹底履行各項不平等條約所規定的「義務」，正如英國人阿思本所言：「公使駐京實現以後，即可由清朝皇帝代替英國海陸軍來執行警察任務，鎮壓中國人民的反抗，並懲罰那些對外國人不完全馴服的官吏。」同時也不應否認，這一要求符合近代國家間相互交往的慣例。而清廷之所以不惜代價，抵制外國公使進駐北京，卻並非對列強的真實意圖有所認識，他們真正擔心的，除所謂「八害」外，還有至關重要的一點，就是公使一旦駐京，勢必進而要求觀見皇帝，同時又不肯遵行清廷儀節，使大清天子「至高至尊」、「威服四海」的形象損失殆盡。

公使駐京，清廷實出無奈；遣使駐外，同樣也是一再拖延。同治七年（一八六八年），清廷始派第一個巡迴使團（即蒲安臣使團）出國，但這只屬於臨時性舉措；光緒元年（一八七五年），在英國的強力要求下，才授命郭嵩燾為駐英公使，常駐倫敦。其後逐漸增加駐使國家，至清末達十五國，設十位使臣管理，此為後話。

二、不肯跪拜，還當你是「貢使」

同治十二年六月初五日（一八七三年六月二十九日），同治皇帝載淳在中海紫光閣接見了日、英、法、俄、美、荷六國使臣。《清史稿》卷九十一對此記載云：

> 其年夏，日本使臣副島種臣、俄使臣倭良嘎哩、美使臣鏤裴迪、英使臣威妥瑪、法使臣熱福理、荷蘭使臣費果蓀瞻覲紫光閣，呈國書，依商訂例行事。接見時，帝坐立唯意，賜茗酒，恩自上出。使臣訊安否，謹致賀辭。未垂問，毋先言事。西例，臣見君鞠躬三，今改五鞠躬；使臣初至始覲見，餘者否。嗣後親呈國書者仿此。其儀式先期繪圖試習，覲見某處所，某日、月、時，並候旨行。

同治皇帝像

這是清朝皇帝首次接受外國人以西式禮節覲見，在中外關係史上佔有重要地位。

各國公使覲見皇帝的要求由來已久，早在各國紛紛提出遣使駐京的同時，即希望面見皇帝，親遞國書。清廷擔心公使覲見不遵從中國式的跪拜禮，有失「天朝」尊嚴，才採取一再拖延的態度。咸豐九年（一八五九年），英法聯軍在大沽口戰役中受挫，美國公使華若翰按清廷規定的路線進京，交換中美《天津條約》文本，由此曾引發一場頗具滑稽色彩的「禮儀之爭」。

此時的清廷正為一時的勝利所陶醉，所以，官吏們在接待華若翰時淋漓盡至地表現出了詭辯之能。他們首先以退為進，聲稱絕不將美國視為高麗、安南一類的屬國，故不要求美國公使對皇帝三跪九叩，而只需「一跪三叩足矣」。美使聲明：「本人之來，目的非求陛見也。」清官吏則堅持：「須見皇帝，約方可更換。」見皇帝就得行跪拜禮，美使不肯依從。清官吏便以挑釁的口吻說：「吾二君皆敵體，吾與汝皆為臣子，故吾等跪皇上，汝等亦須同跪。如若不然，則是有意駕凌吾人之上矣！」美使當即反問：「倘彼等在外國君主之前，肯叩頭否？」清官吏從未想過有朝一日還會去什麼「夷國」，就很乾脆地回答：「不獨預備叩頭，且在必要時，即焚香禮拜，事之若神，亦所甘心！」如此一來，弄得美國人無可奈何。他只好將國書交給清廷接待大臣，再離京前往北塘，同直隸總督草草換約了事。對此清廷曾一度引以為榮，稱之為「二十餘年未有之快事」。然而，單憑這種口舌之力，又何嘗能夠抵擋其後英法聯軍的大舉進攻！

各國公使駐京後，又紛紛要求覲見皇帝，親遞國書。時值同治帝沖齡即位，慈安、慈禧兩太后垂簾聽政，這自然是一個再好不過的藉口，清廷屢次以此為由進行婉絕。對此列強各國極為惱怒，西方新聞媒介更是輿論紛紛，

聲稱：「英法布各駐京使臣僉以不得朝覲為恥，屢求入覲，而以皇上未成冠禮，未親庶政為辭。」（《清外務部檔案》）

在清廷內部，雖然曾國藩、李鴻章、左宗棠等已認識到不應將清朝禮法強加於人，主張「禮從宜，使從俗」。但守舊派大臣卻堅持：「列祖列宗二百餘年之舊制，又安可輕易乎？」甚至某些洋務官僚也聲稱：外國公使「以陪臣獲仰天顏，宜如何榮幸，且尚敢惜跪拜之禮，悍然與我爭」！希望他們「洗心革面」，否則「終為自大之夜郎，則為天心所不容」。身為夜郎反怪他人自大，清廷之頑鈍可見一斑。

同治十二年，同治皇帝親政。俄、德、美、英、法五國公使乘機聯名發出照會：「恭逢大皇帝親裁大政，今希奏請降旨召見。」此時清廷再也找不出託辭，只是堅持：覲見須行跪拜之禮。公使們的態度也十分明確：有礙國體之禮，斷不可行！倘若僵持不下，衝突似乎難以避免。最後，清廷懾於外國人的壓力，被迫作出重大讓步；公使方面，為了給自己留下迴旋餘地，也給清廷一點面子。雙方達成如下妥協方案：

一、接見之禮，君上坐立自便，或賜茶酒，或別用榮異，均為君恩，自非必應討請；

二、使臣入朝見上之際，有請安奏賀數言，未問及不能首先論及事務。蓋凡公務，國主若肯首，應聽主張。奏對之後，使臣如欲續奏，抑或於國主未問之先，遽然奏陳，國主亦可以禮卻謝；

三、此次使臣入覲，以在華資深之員領班，代各同僚奏時。如詢問他臣，恭候請問；

四、中外禮儀不同，如有礙國體之禮，不得勉強。各使出見本國君上，均三鞠躬，此次覲見改為五鞠躬，以昭格誠敬；

五、各國實任出使大臣，奉有本國國君之書，初來住中國者，如覲見大皇帝，以便面遞國書。其餘不在請覲之例；

六、覲見禮節言詞，應先期繪圖練習；

七、覲見處所以何年何月何日入覲，恭得大皇帝諭旨遵行；

八、定議後，將來無論何國幾等使臣，初次來住中國，如有本國國書，必應親遞者，均照此次五國大臣覲見禮節，不得稍有參差；

　　九、觀見大典，不宜輕舉，且日後初次來華之各國大臣，既住中國，為日正長，當照此節略所言五國使臣同見之例，遲早恭候諭旨遵行，不能一人隨時請觀，用昭鄭重。（《籌辦夷務始末，同治朝》卷八十九）

　　各項規則均已擬定，觀見理應正常進行。豈料事情偏偏節外生枝，這時日本外務卿副島種臣以特使身分來華交換《中日修好條規》文本。此人來京伊始，便欲以三鞠躬禮觀見同治帝。一開始，清廷試圖以中日兩國屬同文之邦、習俗相近為由，勸其觀見時行中國禮；繼而又告之各國公使均已同意五鞠躬的辦法，但副島依然表示僅「作三揖」。無奈，清廷只好同意他以三鞠躬禮單獨觀見。不料，副島又對清廷擬定的觀見次序提出詰難。

　　清廷所定各使臣觀見的先後次序，原本無意區分等別高下，只是考慮「各國公使駐京已久，及今始得謁見，……故以各公使為頭班，行總觀。以日本為次班，行獨觀」。而副島則自稱「頭等欽差，代表吾君」，指責清廷「是非倒置」，並以「決意歸國」相要挾。（稻葉君山《清朝全史》下三）清廷只得再次破例，同意副島為頭班觀見。

　　這樣，同治帝於六月初五日在紫光閣正式接見了日、俄、英、法、美、荷六國使臣。德國公使李福斯因病回國，故未能參加觀見。

東交民巷日本使館

紫光閣舊影

　　這次觀見活動是清廷屈從列強壓力的結果，因為通過兩次鴉片戰爭的打擊，它已無力再與各國對抗。只是百足之蟲，死而不僵，哪怕只在表面上，還要維持「天朝」門面。非常滑稽的是，清廷將觀見地點安排在紫光閣，原來是頗費一番腦筋的。在清代，紫光閣常被用作皇帝宴請藩屬國貢使及蒙藏王公之所，此次讓各國使臣在此觀見，同樣也暗含各國公使為貢使之意。當然，這對那些不諳大清禮法的「外夷」來說，自然無從知曉的。

　　更有甚者，觀見活動結束後，《京報》竟謊話連篇，煞費苦心地編造使臣觀見時的種種軼聞。如稱英國公使見到皇帝後「五體戰慄」，對皇上的垂問皆「不能答」；其他使臣在大庭之上，「有國書失手落地者，有皇帝問而不能答者」；觀見結束，皇帝命其退下時，各公使竟「恐懼之餘，雙足不能動」，退至休息處已是「汗流浹背」；其後清廷降恩賜宴，使臣還因心有餘悸而「皆不能赴」；恭親王見此狼狽情形，便嘲諷道：「吾曾語爾等謁見皇帝，非可兒戲視之，爾等不信，今果如何？吾中國人豈如爾外國人之輕若雞羽邪？」（《清朝通史》下三）如同癡人說夢，此時的清廷只能以這種自欺

紫光閣內景

欺人的幻想來維持老大自居的空架子。

　　這次接見外國使臣,也是同治帝與外國人的唯一一次會面。次年同治崩逝,清廷再立幼主。十六年後,清廷才再次同意各國公使的覲見要求,同時頒布諭旨:嗣後凡各國公使就任或離任,皇帝一律予以召見,具體辦法依同治十二年成例,地點仍在紫光閣。

第三節　光緒帝與外國人的特殊會面

一、召見日本前首相伊藤博文

　　光緒二十一年(一八九五年),中日甲午戰爭爆發,老大的清帝國被新

興的日本一舉擊敗，清廷苦心經營十幾年、耗費巨資建成的北洋海軍竟遭全軍覆滅。最後，清廷欽差大臣李鴻章被迫與日本政府的全權代表伊藤博文簽訂了屈辱的《馬關條約》。自古以來，日本人一直恭恭敬敬地以中國為師，幾乎處處向中國學習，而此時情況卻發生了根本性逆轉。究其原因，關鍵在於一八六八年（清同治七年）日本成功地進行了明治維新，通過向西方先進國家學習，實行了一系列西式改革，不僅擺脫了類似中國的半殖民地化危機，而且終於躋身於近代強國之列。

戰爭的慘敗，使年輕的光緒皇帝感到蒙受了從未有過的恥辱，為保全清朝的江山社稷，他決定仿效日本，變法圖強。光緒二十四年四月二十三日（一八九八年六月十一日，是年為舊曆戊戌年），他在康有為等維新人士的鼓動策劃下，頒布諭旨，明定國是，轟轟烈烈的戊戌變法運動開始了。在此後的一百零三天內，光緒帝先後頒布諭旨二百多道，涉及政治、經濟、軍事、文化、教育等方面的改革措施達數十項之多，其中不少內容均與明治維新大同小異。然而，由於變法極大地觸動了慈禧太后及其守舊派官僚的權力，煌煌上諭，大多成為一紙空文。這時，日本前首相伊藤博文以遊歷名義來華訪問，這給維新派帶來一絲希望，也使守舊派加快了反撲的步伐。

伊藤博文是日本倒幕功臣、維新元老，也是對華外交的決策人物。他歷任四屆首相、三任樞密院院長，這年時逢第三屆伊藤內閣辭職，他即以日本在野人士身分來華，自然引起了清廷上下的轟動。伊藤於七月二十三日經朝鮮來到中國，二十六日抵天津。次日，守舊派權臣、直隸總督榮祿在北洋醫學堂設宴，為伊藤接風，但他心裡卻十分戒備；與此同時，一些維新人士則對伊藤的到來感到歡欣鼓舞。伊藤此時在寫給他妻子的一封信中說道：

> 一到天津，清國朝野歡迎我的盛情實非筆墨所能形容。明日當由天津赴北京，皇帝陛下似乎久已在等著我，諒能立即謁見。當滯留在天津時，忙於日夜宴會，甚多中國人前來，咸以援助中國為請，實在欲推不得之勢。迄至今日所聽到的是：皇帝似甚賢明，年僅二十七歲，若至北京，聞有種種下問。（轉引自彭澤周《近代中日關係研究論集》）

二十九日，伊藤博文抵達北京。他首先拜會了總理衙門王大臣，並與馬

關談判的老對手李鴻章進行了會面，然後又赴總理衙門大臣張蔭桓府宅參加為他舉行的晚宴。張蔭桓是當時清廷要員中唯一的一位維新派人士，深得光緒皇帝信賴，而且傾向親日，故此對伊藤表示出極大熱情。此間，康有為也曾特地到日本使館拜見伊藤博文。他首先說道：「侯爵遊歷敝國，正值敝國銳意變法之時，敝國志士，深屬望侯爵有以惠教敝國，維持東方時局。」伊藤問道：「然則貴國數月以來，著意變法，而未見推行之效，何哉？」康有為答以慈禧掣肘、光緒無權和頑固派阻撓，並請伊藤觀見慈禧時「剴切陳說」，使她「回心轉意」。伊藤表示：「既如此，僕謁見皇太后，謹當竭盡忠言。」（引自湯志鈞《戊戌變法人物傳稿》）

伊藤博文的到來，確實給維新派帶來了不小的期望，京城之內，一時成為輿論所向。御史楊深秀在給光緒帝的奏摺中說：「況值日本伊藤博文遊歷在都，其人曾為東瀛名相，必深願聯結吾華，共求自保者也。」（《戊戌變法檔案史料》）英國傳教士李提摩太也為之鼓動：「既然伊藤博文那樣成功地改變日本成了一個強國，那麼最好的辦法，是由中國政府請他作一個外國顧問。」（李提摩太《留華四十五年記》）有人甚至主張乾脆將其留下為相，藉此全面推行新政。而凡此種種，都在慈禧的掌握之中，她自然感到十分緊張，以至於在光緒準備接見伊藤的前一天匆忙從頤和園回宮，以便親自監視皇帝的一舉一動。

八月初五日（九月二十日），光緒帝在勤政殿召見了伊藤博文，並待之以親王之禮，賜坐於御座之旁。但由於慈禧就坐在屏風後面監聽，光緒帝無法暢所欲言，二人只有照例寒暄，始終沒有涉及任何實質性問題。下面我們引述一下對話內容，會談時的情景即可見一斑。

伊藤首先致頌詞：「陛下近日變法自強，力圖振作，將來中國富強之業可立而待，外臣不勝欽佩，

光緒皇帝像

此實東方盛事，外臣歸國述與敝國皇帝知之，當必異常歡悅，願陛下永保盛業，長享景福。」

光緒帝說：「貴國自維新後，庶績咸熙皆出自貴侯手定，各國無不景仰，無不讚美，朕亦時佩於心。」又說：「貴國與敝國同洲，相距較近，我中國近日正當維新之時，貴侯曾手創大業，必知其中利弊，請為朕晰言之，並祈與總署王大臣會晤時，將何者當興，何時當革，筆之於書，以備觀覽。」

伊藤答道：「敬遵寵命，他日猥承總署王大臣下問，外臣當竭其所知以告。」

伊藤博文像

光緒帝最後又說了幾句「但願嗣後兩國友誼從此益敦」之類的客套話，會見便匆匆結束了。（《戊戌變法》三）

此時，伊藤已經覺察出由於慈禧和頑固派勢力高居上風，中國的維新變法前途暗淡。因此在被召見之後，一位大臣問他變法應該先從哪裡入手時，他便推託自己身為外臣，並不熟悉中國實情，因此不便多言。但最後他還是不由得點明要害：「皇帝銳意變法矣，未知皇太后聖意若何？愚意兩聖意見相同，方能有濟也。」果然，就在光緒接見伊藤的第二天，慈禧等人即以凌厲手段發動了戊戌政變，慈禧宣佈重新訓政，使光緒帝形如囚徒。正是由於伊藤的來訪，促使守舊派加快了政變的步伐。

那麼，伊藤博文此行目的何在？據說他臨行之前，曾被明治天皇召入宮中，密談數小時，可見此人肩負著某種特殊使命。事實上，當時日本與俄國，為爭奪在中國東北的特殊權益，相互間屢有磨擦。由於中國的維新派主張聯日拒俄，而守舊派則採取親俄態度。因此，伊藤的中國之行，完全是從日本的自身利益出發，實地考察中國事態的發展，如果可能的話，給維新派以必要的支持，乘機在清廷內部培植親日勢力；反之，變法失敗，他自然也不會開罪於守舊的清廷，並因此而影響日本的在華利益。而維新派對伊藤的來訪，如同抓住了一根救稻草，則反映出他們政治上的幼稚和力量上的極度脆弱。當然，伊藤也沒有讓維新派完全失望，政變發生後，康有為、梁啟超

亡命海外，便與日本方面的營救有著直接關係。

二、洋醫生為皇帝診病

戊戌政變以後，光緒帝被軟禁於南海瀛台。但對於他在變法中所表現的種種「叛逆」行徑，慈禧太后並不肯就此論罷，她還在尋找藉口，準備將其徹底廢黜。

先是從太醫院傳出消息，說皇帝患了重病。至於得病原因，甚至出現了這樣一種說法：皇帝吃了康有為所進的紅丸！這樣一來，即道出了光緒無法理政的緣由，又給維新派增加了罪名，真可謂一箭雙鵰。八月初十日（九月二十五日），慈禧又以光緒帝之名發佈這樣一道諭旨：

> 朕躬自四月以來，屢有不適，調治日久，尚無大效。京外如有精通醫理之人，即著內外臣工，切實保薦候旨。其現在外省者，即日馳送來京，勿稍延緩。

按常理而論，皇帝若非真的患了疑難病症，絕不會這樣傳諭天下，徵召名醫的。接著，又將皇帝每天的脈案藥方傳示各衙門，造成了病情日益嚴重的緊張氣氛。

一時間人言藉藉，普遍猜測皇命難保，不少在華外籍人士也對此表示出極大的關注。英國《字林西報》發表評論說：清廷「命令各省疆吏挑選最好的醫生送到北京，這一類故事完全是虛構的，有意散布的……，是為了在恰當的時機，即太后的權力穩定地建立之後，就會有一道上諭出來，說什麼皇帝已經龍馭上賓」，並希望各國公使要求觀見皇帝一次，以便澄清事實真相。然而此時各國公使的態度卻是相當謹慎的，由於他們相信光緒帝已經或即將死去，因此認為，為了一個失卻價值的皇帝而觸動以慈禧為首的清廷，進而影響本國的在華利益，已無任何必要。這一點從英國首相沙士勃雷的下述一段談話中暴露無遺：

> 不必擔心外國利益會因反改革運動而受到特別的損害，中國的政治

將如以往那樣發展下去，各種改革被廢棄對中國來說誠然應該惋惜，但這全為中國內政，只要不涉及外國利益，就無權由他人加以干涉。另外，如果外國限定其程度和方針，作出某種介入的舉動，那麼可能不唯毫無效果，且能引起重大後果。這件事俄國並未參與，而且這類事件對俄國也如對其他國家一樣，並不涉及其利益。因此眼下沒有採取任何措施的理由。（引自《日本外交文書》）

不過，隨著光緒帝已死的消息可靠性的逐漸降低，外國公使的態度也開始有了一些改變。八月下旬，英、法、俄等國軍隊開進北京使館，英國公使竇納樂則警告：「假如光緒帝在這政局變化之際死去，那麼在西方各國引起的後果對於中國將是災難性的。」在軍事和外交的雙重壓力下，清廷的態度不得不開始軟化。總理衙門大臣、慶親王奕劻約見英、法兩國公使，向他們通報說：皇帝的病情大有好轉，且常與太后一同聽政。公使趁機提出，希望派一名外國醫生為皇帝看病，奕劻等人隨即將這一要求向慈禧作了轉達。洋醫生入宮為皇帝治病，本是史無前例之事，況且這樣一來，她的西洋鏡馬上就會被揭穿，對此慈禧太后堅決不准。後來，兩國公使乾脆把事情挑明，說道：「薦醫者非為治病吃藥，緣貴國此番舉動離奇，頗駭聽聞，各國國家商定驗看大皇帝病症，為釋群疑。已奉國家之電，不能不看。」奕劻又奏請慈禧，說明原委。慈禧心裡不敢得罪洋人，表面上卻裝出不屑的態度說：「皇上有病，外國豈能干預。且外國醫生，也不配看皇上病。」但事已至此，也只好應允。（蘇繼祖《清廷戊戌朝變記》）

這樣，光緒二十四年九月初四日（一八九八年十月十八日），法國使館醫師多德福在義大利使館翻譯的陪同下來到瀛台，慈禧則派慶親王奕劻、端郡王載漪及軍機大臣等前往監視。關於此次洋醫生為光緒帝診病的情況，根據清宮內務府檔案記載，大體可知一二。

多德福先閱讀了光緒帝自書的《病源說略》，內稱：

> 身體虛弱，頗瘦勞累，頭面淡白，飲食尚健，消化滯緩，大便微瀉色白，內有未能全化之物，嘔吐無常，氣喘不調，胸間堵悶，氣怯時止時作。

幽禁光緒帝的瀛台涵元殿

可知，光緒帝承認自己有病，但「飲食尚健」則說明並非病入膏肓。
多德福對光緒問診、問診、化驗並描述病情：

　　肺中氣音尚無常現症，而運血較亂，脈息數而無力。頭痛，胸間虛火，
耳鳴頭暈，似腳無根，加以惡寒，而腿膝尤甚。自覺指木，腿亦酸痛，體有
作癢處，耳亦微聲，目視之力較減。腰疼。至於生行小水之功，其亂獨重。
一看小水，其色淡白而少，迨用化學將小水分化，內中尚無蛋清一質，而分
量減輕，時常小便，頻數而少，一日之內於小便相宜，似乎不足。

　　據此，多德福對光緒帝的病症診斷為「敗腰」，並認為這是他的百病之
源。針對病情，他提出了自己的治療方案：

　　養身善法，總之莫善於惟日食人乳或牛乳矣，他物均不宜入口。每
日約食乳六斤左右，而食牛乳時，應加入辣格多思（乳糖）一兩五錢，
如此食乳須數月。若以藥而論，則用外洋地黃末，實屬有功。腰疼，乾
擦可安痛楚。西洋有吸氣罐，用之成效亦然。

多德福自信地認為，若按此法治療，光緒完全可以康復。至於這位皇帝長期所患的遺精症，多德福地認為：「宜先設法治腰，然後止遺精。」（關精明《外國醫生曾為光緒診病》，《歷史檔案》一九八四年三期）

洋醫生入宮診病的結果表明，光緒帝不僅依然健在，而且其病情也遠非清廷公佈的脈案那般嚴重。病情診斷在總理衙門與各國使館間傳閱開來，光緒帝身患重病的疑團，至此大白於天下。

光緒帝患病是真，但卻並非什麼不治之症。慈禧等人之所以在這個問題上不斷進行渲染誇張，其目的不言自明，那就是為罷廢（乃至謀害）皇帝尋找合理的藉口。然而，由於列強的直接干預，慈禧太后還不敢一意孤行，藉病廢帝的企圖只好就此作罷。

第四節　「洋人的朝廷」

一、引火燒身的宣戰

經過兩次鴉片戰爭的沉重打擊，清廷對外國列強已產生很強的懼怕心理，因此，對洋人一直採取忍讓求和的態度，以求苟且之安。然而，戊戌政變以後，變法的主要策劃者康有為、梁啟超在英、日兩國的庇護下逍遙法外，並在國外組織保皇黨，屢屢要求慈禧歸政於光緒帝，清廷要求將其緝拿歸案，但卻遭到拒絕；慈禧等人企圖藉口光緒帝病重而廢之，也因列強的干涉而未能實現。光緒二十五年十二月（一九○○年一月），慈禧又不顧各方面反對，立端郡王載漪之子溥儁為大阿哥，準備次年元旦讓光緒帝行「禪讓」之禮。為此，載漪曾派人遍約各國公使參加大阿哥的策封儀式，各公使則反應冷淡，無一赴約。至此，清廷積蓄已久的懼外心理開始發生逆反，試圖尋機對洋人進行報復。

恰在此時，矛頭直指洋人的義和團運動蓬勃發展，並很快進入了京津地區。義和團初起山東時，清廷採取的是堅決鎮壓的態度，並連續撤換了三任

傾向招撫的山東巡撫，最後派袁世凱的新建陸軍前去鎮壓。而當義和團勢力發展到京畿一帶後，慈禧太后的態度卻發生了根本性變化。一來她認為在北京動用重兵鎮壓會招致不少麻煩，二來義和團的盲目排外正與她此時的仇外心理相吻合，於是便決定改剿為撫，利用義和團打擊洋人，以收兩敗俱傷之效。為此，她於光緒二十五年五月初九日（一九〇〇年六月五日）派大學士剛毅、刑部尚書趙舒翹等赴良鄉、涿州等地，名為宣佈上諭，實則察看團民。他們回京後稟報：「義民無他心，可恃。」

由於朝廷政策的改變，北京城內的義和團逐漸合法化，開始公開設立「壇棚」，「千百成群，擇地操演」。慈禧太后還將部分義和團員召進頤和園，親自觀看他們「刀槍不入」的武功。至此，慈禧太后對義和團的「法力」不再懷疑，「洋人命運該絕」。其後，王公府第皆准團民設壇，在京八旗官兵有不少人都加入了義和團，甚至宮中的太監、宮女也開法學習拳法。當時駐守京畿的馬福祥甘軍，也有不少人參加了義和團活動，並於五月十五日在永定門外殺死了日本使館書記生杉山。此後，團民又在城內連續焚燒洋人教堂、劫殺教民，大量中國教徒紛紛逃入外國使館，京城大有失控之勢。

參加義和團的清軍士兵

義和團運動的迅速發展，引起了外國列強的極度恐慌，他們先向清廷提出抗議，要求全力鎮壓；繼而日、英、法、德、俄、美、義、奧等八國，就地組織聯軍四百多人開進北京，藉以保護使館；最後，大批聯軍又從大沽口登陸，在英國海軍上將西摩爾率領下向北京進發，準備親自剿殺義和團。

此時的慈禧太后，已決意同洋人撕破臉皮。她於五月二十至二十三日連續四次召開御前會議，商討對策。到場的王公大臣、六部九卿有的認為義和團不足信賴，主張剿殺；有的認為團民「法術」可依，人心可用，主張向洋人開戰。眾說紛紜，莫衷一是。光緒帝及太

常寺卿袁昶等人均認為不可輕易與洋人開釁，否則，內憂未平，外患又起，後果不可收拾。但這一主張卻遭到了載漪等人的堅決反對。此間慈禧太后還曾收到一份據說是洋人的照會，內容包括：指明一地，令中國皇帝居住；代收各省錢糧；代掌全國兵權；勒令太后歸政。這樣一來，更加促成了她的反洋決心，群臣只好表示「願效死力」，同意對外宣戰。二十五日，清廷以光緒帝名義發佈宣戰諭旨：

　　朕今涕泣以告先廟，慷慨以誓師徒，與其苟且圖存，貽羞萬古，孰若大張撻伐，一決雌雄？連日召見大小臣工，詢謀僉同。近畿山東等省，義兵同日不期而集者，不下數十萬人，下至五尺童子，亦能執干戈以衛社稷。彼（按：指洋人）尚詐謀，我恃天理；彼憑悍力，我恃人心。無論我國忠信甲冑，禮義干櫓，人人敢死；即土地廣有二十餘省，人民多至四百餘兆，何難翦彼凶焰，張國之威？其有同仇敵愾，陷陣衝鋒，抑或仗義捐資，助益餉項，朝廷不惜破格懋賞，獎勵忠勳；苟其自外生成，臨陣退縮，甘心從逆，竟作漢奸，即刻嚴誅，決無寬貸。爾普天臣庶，其各懷忠義之心，共洩神人之憤，朕實有厚望焉。（《拳時上諭》，《義和團》四）

　　其實，這份諭旨並非嚴格意義上的「戰書」，因為它既無明確的宣戰對象，也沒有送到敵國手中，但卻表明清廷利用義和團，正式向列強開戰了。
　　這場戰爭除在天津方面與八國聯軍的戰鬥外，在北京主要是清軍與團民

曾遭義和團圍攻的西什庫教堂

共同圍攻使館和西什庫教堂。二十六日，清軍神機營章京恩海率隊巡街，行至東單牌樓時，將試圖反抗的德國公使克林德當場擊斃，這就是轟動一時的「克林德事件」。

再說義和團，其「刀槍不入」的神話在洋人的槍炮之下自然破滅，他們非但未能擊敗洋人，反而在使館區和西什庫教堂面前損失慘重。加之義和團原本不是什麼紀律嚴明的隊伍，進京後燒殺搶劫之事又屢有發生，這不僅使士民大失所望，而且清廷也越來越對他們表示懷疑。後來，慈禧太后又得知所謂洋人勒令其歸政的「照會」實屬子虛烏有，而是載漪為了使大阿哥早登大位，促使她盡快與洋人開戰而授人炮製的。於是，她又有了對義和團的彈壓之舉，並任命李鴻章為議和全權大臣，準備與列強進行和談。然而，八國聯軍並未因清廷的求和而稍有弛緩，他們在天津一帶突破清軍防線後，又大舉向北京進發。此時的慈禧等人只得孤注一擲，轉而對義和團表現出支持的態勢，下令清軍和團民猛攻使館。結果，使館前後被圍五十六天，但卻始終未能攻下。

七月二十日（八月十四日），聯軍攻入北京；次日清晨，慈禧帶領光緒帝后、大阿哥等倉皇逃離北京城，這是她繼咸豐十年隨咸豐帝「北狩」後的又一次出逃。如果說，與那次熱河之行有什麼不同的話，那就是此時的慈禧更加狼狽了。臨行前，她匆匆換上了一身青布粗衣，頭上綰起漢式髮髻，猶如一名逃難的農村老婦；光緒帝則身穿黑紗長衣、黑布褲。他們在神武門內登上臨時準備的普通騾車，隨行的王公大臣、太監宮女寥寥可數。慈禧對車夫說：「盡力趕，要有洋鬼子攔阻，你不要說話，我跟他說，我們是鄉下苦人，逃回家去。」就這樣，一群落魄君臣經德勝門逃離北京，然後，經懷來直奔太原、西安。一路顛沛流離，有時甚至食不果腹，自然更是苦不堪言。

堂堂一國之主，居然淪落到這種境地，真是可悲可嘆！然而，留給北京，乃至中華民族的，則是更大的屈辱和劫難。

二、古都北京的奇辱

光緒二十六年七月二十日（一九○○年八月十四日）俄國軍隊首先攻入東便門，接著日軍攻入朝陽門，英軍攻入廣渠門，其他國家的軍隊也相繼入

城，北京被八國聯軍佔領。

先讓我們看一下這支侵略軍的組成。七月初八日（八月四日），聯軍自天津向北京大規模進發，其兵力配屬為：日軍八千名，統帥為陸軍中將山口素臣；俄軍四千八百名，統帥為連納維奇將軍；英軍三千名（多為印度殖民軍），統帥為蓋斯利；美軍兩千一百名，統帥為菲律賓總督、陸軍中將霞飛；法軍八百名（多為越南殖民軍），統帥弗雷將軍；義軍五十三名；奧軍五十八名；德軍二百多名，其主力部隊後來到達。此外，還有部分兵力留守天津等地。

就在義和團運動高漲之時，西方的某些輿論曾叫喊：「中國人仇視歐洲人」、「黃種人敵視白種人」、「義和團要毀滅西方文明」。日本政府在大規模派兵入侵之時，甚至還聲稱：為了人道主義而出兵！那麼，這些來自「文明」國度的人們，又將怎樣對待古老的中華文明呢？

德軍來華之前，德皇威廉二世曾發出訓令：「苟入北京，以入野蠻國之法待之。」其他侵略軍也大都具有類似心態。隨著聯軍踏入這塊古老的國土，各種野蠻的燒殺淫掠活動就已開始了。正如聯軍統帥瓦德西所描述：「從大沽到天津之間，以及天津重要部分，已成一種不可描寫之荒蕪破碎。……所有沿途村舍，皆成頹垣廢址──塘沽係五萬居民之地方，已無華人足跡。從此地到北京之一段，……凡軍隊行經之地，但見其一片淒涼荒廢而已。即北京自身，亦因燒搶之劫而大受破壞。失所流離之民，據估計約有三十萬人，但實際上似或多於此數；散居於該段旁邊，

美軍攀登北京城牆

太半均在露天之下。」（《瓦德西拳亂筆記》）

　　聯軍佔領北京後，更是燒殺、搶劫、姦淫，無惡不作。

　　首先，他們以剿殺義和團為名大肆屠戮，凡見稍有可疑之人，便認為是義和團民，舉槍就打。法軍入城之時，恰遇一群逃難之人，其中雖說可能包括個別清軍和團民，但大多還是普通百姓。侵略者把他們驅趕到一個死胡同內，然後架起機槍瘋狂掃射一刻鐘之久，無一生存。有時，聯軍堵住一個住戶，不問青紅皂白便把全家殺光。一次，逃難市民及部分義和團民隱藏在莊王府內暫避，聯軍便將王府團團圍住，一邊用槍炮射擊，一邊縱火焚燒，結果死難者達一千七百人之多！京城之內，屍體隨處可見，聯軍便強迫人們集中挖坑掩埋，然後，又把抬屍者殺死在坑中。一時之間，洋人的槍炮聲、婦女兒童的哭叫聲不絕於耳，整個北京城籠罩著血雨腥風。不少人或因失去親人而極度悲傷，或因房屋被毀而無處藏身，亦或因為不堪忍受恐怖與屈辱，往往自殺了之，闔家自盡之事，也時有發生。正如史家所言：「大約禁城之內，百家之中，所全不過十室。」（葉昌熾《緣督廬日記》）

　　伴之殺戮的還有焚燒，許多寺院、道觀或王公府第，凡曾有義和團設壇

聯軍監殺義和團

練拳之所，全部被聯軍燒毀。不僅如此，許多偶然發生的小事也成了他們焚燒的藉口。例如，孫公園內的小孩在院中玩耍，一顆石子落入俄軍所居院內，俄國人便不由分說，將孫家及左右鄰居統統抓去痛打，然後放火焚燒孫宅，火勢蔓延到附近的興勝寺，共燒毀屋房百餘間。自皇城的西安門到地安門，再至東安門，其間房舍十不存一，前門以外更是焚燒殆盡。輝煌的都城，到處滿目荒涼。

與此同時，北京城內還遭到了連續不斷的搶劫。聯軍入城以後，曾公開特許軍隊搶劫三日，以後還有分散的自由搶劫。他們闖入民宅就翻箱倒櫃，凡有值錢的物品便一掃而光；主人開門稍有遲緩，便遭毒打，甚至因此而喪生。有時一夥洋兵剛剛離去，另一夥人又接踵而至，一日數劫之事屢見不鮮。平民百姓尚且如此，豪門巨富自然更不在話下，僅禮王府一處，各種金銀珍寶就被法軍搶掠七天，堆在西什庫教堂內，尤如一座珠寶之山。清廷的各類官府衙門，也是搶掠的重點目標。日軍入城後，搶先佔據了清廷的財政機構——戶部衙門，搶走戶部庫銀三百萬兩，為了銷贓滅跡，還將戶部衙署付之一炬。此外，錢法堂、祿米倉、太常寺、光祿寺都被破牆刨壁，所存白

日軍在北京搶掠

銀也被搶去三百萬兩之多。至於皇宮御苑，被劫珍品更是無法統計……各國搶劫的物品及白銀，有的運歸國家，有的運到外地變賣，有的乾脆按級別大小就地分掉。天壇、前門、東西牌樓、虎坊等處，一時熱鬧非常，各類珍寶如玉器、瓷器、書畫等，甚至衣物、家具都布滿街面，聯軍官兵們操著各種語言爭相叫賣。他們個個兩手空空而來，衣袋滿滿而歸。法軍統帥弗雷曾從中國寄回四十箱各類珍寶，俄軍統帥連納維奇回國時還帶走十個沉甸甸的大箱子。據時人估計，聯軍僅從北京一地劫掠的物品即相當於白銀十億兩！而各種奇珍異寶的實際價值，則更是無法用白銀來計算的。

聯軍對北京婦女的姦淫侮辱更是令人髮指。他們將抓到的婦女，不分良賤老少，統統驅趕到表里胡同，使之分屋而居，充作官妓。為了防止她們逃跑，又將胡同的一端堵死，另一端設崗哨看守，任官兵隨意入內姦宿。至於闖入各家各戶的強暴行為，更是屢見不鮮。許多婦女一見洋兵身影，往往立即自殺，以至懸樑、投井、服毒而死的女屍隨處可見。清廷高官貴戚的家屬也難逃此禍。直隸總督裕祿在京津間抵禦八國聯軍時兵敗自殺，家屬仍居北京，城陷後，「女公子七人盡為聯軍所擄」。大學士倭仁的妻子年已九十餘歲，也被聯軍「挫辱備至」而死。滿洲貴族崇綺，是滿蒙兩族參加漢文科舉考試者中唯一的一名狀元。他是同治帝的岳父，也是大阿哥溥儁的師傅，此

德軍強迫中國人勞役

人思想守舊，曾支持義和團盲目排外，慈禧出逃時曾命其留京與洋人談判，但他卻逃往保定，留在北京的妻妾、媳婦、女兒，均被聯軍捉至天壇，不論大小、輪次姦污，他的兒子飲恨自殺。崇綺聽到這個消息，感到屈辱備至，也在保定的蓮池書院服毒自盡。

尚未逃出北京的王公大臣，只要曾支持過義和團或有排外情緒的，都受到了八國聯軍的嚴厲懲處。體仁閣大學士徐桐，官居極品，但思想極端守舊，平時專攻理學，反對任何外國思想和技藝，曾積極支持慈禧太后發動戊戌政變及立溥儁為大阿哥，家中設過「壇口」，認為義和團殺洋鬼子、殺二毛子（指中國教民），乃數千年來第一快事。聯軍入侵時，這位八十一歲的耆老已無力出逃，便暫時躲藏起來，後懸樑自盡，屍體一月無人斂葬。國子監祭酒熙元、王懿榮等，也都因主張抗擊聯軍而被迫自殺。

聯軍對捕捉到的官員更是極盡羞辱之能。戶部尚書崇禮被聯軍拘捕，每天給他幾個麵餅為食，吃完後，就被士兵牽著辮子遊街；江蘇織造莊健，被強迫挑糞；怡親王溥靜為士兵洗衣，後因不堪勞累而自盡；克勤郡王及侍郎慶寬一同被捕，聯軍強迫他們往城外駄屍，每日往返數十里，不准休息，只給麵餅一個、清水一碗；禮部尚書啟秀，曾協助清軍攻打使館，被捕後，聯軍正準備將其處死，時逢其母死亡，在李鴻章的一再請求下，才被寬限十天，他在為母送葬之時，雙手被繩索綁縛，由士兵牽引，然後仍舊牽回，不久即在菜市口被殺。據統計，在京的大小官員被八國聯軍殺害或被迫自殺者達一百多人。

為了實現對北京城的嚴密控制，同時也避免各國軍隊發生內部摩擦，聯軍進城伊始，便決定實行各國分區佔領的辦法。七月二十二日（八月十六日），聯軍頭目經過討價還價，最後議定：內城四牌樓以北歸日本佔領；永定門以東，北至東珠市歸英軍佔領；四牌樓以南，由俄、奧、法、義分別佔領；德軍主力到達北京後，又在俄國佔領區旁擴展一區，劃歸德國。各國軍隊均在本國佔領區內擇地駐紮，或衙門公署，或廟宇會館，或高門大宅，凡被選

八國聯軍統帥瓦德西

定的民宅，洋兵便蜂擁而入，將住戶統統驅逐，不准攜帶一物。各處居民，不論貧富，均須在門前插掛白旗，如在日本佔領區內，旗上要寫「大日本國順民」；德國區內，便寫「大德國順民」……有些士坤富戶為了少生騷擾，還設法向各國軍營呈送錢物，以換取其軍官簽發的「護照」，以便在洋兵入宅搶劫時出示免災。各佔領區內不斷推出各種高壓政策，強令居民遵行，還經常挨門逐戶抓人，充當苦力。

後來，各國又議定設立「北京管理委員會」，分別由八國派軍事要員組成，其下還設有「北京巡捕事務」、「安民公所」等殖民機構。一時間，城內各主要路口到處張貼所謂「安民告示」，其內容大致如下：

　　一、各城門按時啟閉，派撥洋兵看守；

　　二、每晚不許街巷人行；

　　三、禁止賭局、煙館；

　　四、掩埋各家薰葬屍骸；

　　五、不准私藏火槍軍械；

　　六、如放煙花爆竹，須先期報明；

　　七、中國巡勇，外國巡捕，無論分派何事，商民必須遵行；

　　八、華人如有詞訟，准其向各國就近巡捕房扭告。（仲芳氏《庚子記事》）

堂堂大清國都，已與租界無異；而燒殺淫掠，又遠非租界所及。

三、皇宮禁苑的劫難

八國聯軍侵佔北京後，建築富麗輝煌、收藏著大量稀世珍品的宮苑壇廟，也成了他們佔領和掠奪的重點目標。

西苑，又稱三海（包括南海、中海和北海），為明清兩代帝王避暑遊樂的地方，也是宮廷建築的重要組成部分。苑內建築宏偉，林木繁茂，湖水澄碧，風光十分秀麗。光緒十一年（一八八五年），清廷曾對三海進行大規模勘修，除修葺原有建築外，又在中海西岸增建了一組規模宏大的儀鑾殿建築

群，作為慈禧太后寢宮和召見王公大臣之所。聯軍攻入北京後，西苑被俄軍搶先佔領，這座歷代帝王苦心經營數百年的皇家御苑竟成了侵略者的兵營，殿內珍藏的各種貴重物品被搶掠一空。其中一些不易攜帶之物，如瓷器、玻璃器、家具等，則幾乎全被砸爛。一些名貴字畫被撕成碎片，有的甚至成了大便後的手紙！三海建築，北海所遭破壞最為嚴重，雕樑畫棟的宮殿幾為廢墟。光緒二十六年閏八月二十四日（一九〇〇年十月十七日），聯軍統帥、德國陸軍元帥瓦德西抵達北京，又將司令部設在儀鑾殿，慈禧太后的居所一時成了入侵者的指揮中心。半年後的二月二十九日（一九〇一年四月十七日），大殿突然著火，當時瓦德西正睡在從德國寄來的「石綿行舍」內，幸虧被哨兵及時叫醒才慌忙逃脫，他的參謀長施瓦茲・霍夫少將卻葬身火海。至於起火原因，則「當係由鐵爐之火，延燒壁上之木皮紙面所致。該爐係在正房方面食堂邊廚室之中，立於壁前」。（《瓦德西拳亂筆記》）也就是說，火源來自聯軍司令部臨時搭設的廚房。可惜一組輝煌的宮殿，傾刻化為焦土！而瓦德西還曾懷疑有人故意縱火，竟下令殺害多名在西苑做苦力的中國役夫。事後，他又遷居豐澤園頤年殿，繼續指揮侵略戰爭。

聯軍頭目在中南海

聯軍頭目在景山壽皇殿前

　　頤和園是在英法聯軍焚毀的清漪園廢址上興建的又一座名園，也是慈禧太后晚年的重要生活場所，園內收藏的歷代珍寶無計其數。聯軍佔領頤和園後，曾對這裡進行大肆搜刮，然後，將掠得的珍寶用駱駝隊強行運到天津租界，來往數月不絕。

　　在這場空前浩劫中，清廷用以祭天法祖的各類壇廟無一倖免。天壇為英軍所據，先農壇被美軍佔領，太廟和社稷壇都變成了侵略者的兵營……聯軍曾在這裡舉行各類慶祝活動，狂飲大嚼，群魔亂舞，昔日神壇聖地，淪為鬼域之鄉。這些地方除各祭殿中的陳設多損失殆盡外，個別建築還被隨意拆毀。聯軍向西挺進途經易州時，竟連清朝帝陵——西陵也未放過，他們曾以派兵保護為名，幾乎將各神殿內的供器全部掠走。

　　那麼，作為清朝統治中心的紫禁城又是怎樣一種情形呢？也許無論當時還是現在，這都是人們比較關心的問題。事實上聯軍在攻陷北京的第二天便將皇宮團團包圍，各國都想先入為快，因為那裡擁有著數不盡的奇珍異寶。但聯軍總部擔心如此一來可能在各國間引發矛盾和衝突，另外在局勢尚未明

八國聯軍和外交使節「參觀」紫禁城

朗之前，他們還想以此作為要挾清廷的重要籌碼。所以儘管皇城禁地之內，大清門、天安門、瑞門及左右闕門洞開，聯軍兵馬在此暢行無阻，但紫禁城的四座城門卻受到嚴格控制（午門由美軍把守，其他三門歸日軍負責），不准軍隊隨意進入。然而，這座東方帝宮對洋人的誘惑力畢竟是太大了，所以，聯軍方面隨即又決定組織各國軍隊入內「參觀」。

八月初四是聯軍首次正式「參觀」紫禁城的日子，屆時各國官兵、各使館人員陸續在午門外聚齊，然後，在俄軍司令官連納維奇的率領下浩浩蕩蕩地開進皇宮。他們前後依次為：俄軍八百人、日軍八百人、美軍四百人、英軍四百人、法軍四百人、德軍二百五十人、奧軍六十人和義軍六十人。當他們走進宮殿之時，不少人見到喜歡的東西便順手牽羊，化為自己的囊中之物。關於這天宮中的損失情況，清宮檔案中恰好有一份《洋人拿去乾清宮等物品清單》，計有：玉器一百六十五件、瑪瑙四十四件、瓷器三件、筆十六支、核桃珊瑚二十件、扇子五把、扳指六個、竹木器七件、玩器三十五件、冊頁十四頁、手卷四軸、掛軸兩件、銅器八件和石器墨紙四件，以上共

外國人坐在乾清宮皇帝寶座上拍照

三百三十一件。另外，乾清宮內的青玉古稀天子之寶一方、青玉八徵耄念之寶一方、銅鍍金佛像兩尊、碧玉雙喜花觚一件和碧玉英雄合卺觥一件等物也被竊走。其後，在八月初六、十二、二十七、九月初一、十月初三、初七、初十等日的檔案中，也都有類似的記載。

屢次劫掠之後，負責把守紫禁城城門的日、美兩軍頭目，還共同議定了一個所謂的《遊覽紫禁城章程》，現引錄於下：

此章程自西曆（一九〇一年二月）十九日，即中曆元旦為始，照行。

此章程因方便文武官員及各國士商入紫禁城而設，以免有屢報宮中之物為遊客所攜失之事。此係美日兩國提督會議，開定下列各條：

（一）凡文武官員，及各國士商，應持有聯軍各管帶官之信函，准於每禮拜二、禮拜五等日，自午前十點鐘，至午後二點鐘止入內，二點

鐘以後，應請各位退出。

（二）按前條所開之各管帶官之信函，應請於前兩日預投，或致美提督，或致日提督。函中聲明係某官居長，及應偕行人數。美日提督自當互相知會。

（三）遊者應由南門入，由北門出。其餘各門，均不能擅開。（按第八條所開各位，不在此例）

（四）凡大內懸有免入等牌之門戶，均請免入。

（五）當開明各日期時辰內，應有派出值日美日武官照料。

（六）大內所用華僕，除奉有美長官或日長官之准狀外，不准帶物件外出。

（七）所有華人出宮禁者，應由把門美兵日兵認真搜檢。倘查有違章之物在身上，應由把門兵丁扣留，具報長官，以便申報提督核辦。

（八）如瓦統帥（指瓦德西）及聯軍各官長提督，及其偕來之友，不論何日，在上午十點鐘至午後二鐘之間，紫禁城南門可以啟開延入。或有人持瓦大帥及聯軍各官長提督之名片投交守門武官，亦可放行。（佚名《西巡回鑾始末記》）

這份「章程」是否得到了切實執行，目前已無從得知，但它至少說明洋人隨意入宮盜竊之事時有發生。

紫禁城中的文物珍品究竟被竊走多少？即使在當時也很難做出準確統計。至於那些來自「文明世界」的人們，不知是在何種心理支配下所做出的荒唐舉動，則更讓今人難以理解了。三大殿台基上的八口鎏金銅缸，既是宮中的消防儲水用具，又是頗有氣勢的建築陳設，聯軍進宮後竟用刺刀在上面瘋狂地亂刮，直至華美的鎏金層完全剝落。時至今日，銅缸上的斑斑刮痕依然十分清晰，似在靜靜訴說當年的劫難……

四、洋人勒逼慈禧歸政

八國聯軍侵華，是中國近代史上規模最大的一次侵略戰爭。八國共出兵六、七萬人，相繼攻佔天津、北京，進而又控制了直隸全省。與此同時，沙

皇俄國幾乎傾注國力，單獨出動十多萬軍隊侵入中國東北，佔領了東三省大片領土，企圖實施它的「黃俄羅斯」計劃；英國政府曾計劃策動兩廣總督李鴻章在兩廣獨立，策動湖廣總督張之洞在兩湖獨立，建立聽命於它的殖民政權；德國政府在任命瓦德西為聯軍統帥時，設想將山東完全劃歸己有。其他國家也都虎視眈眈，各懷瓜分中國的野心。

然而，由於各國間矛盾重重，倘若對中國實行瓜分，必將在列強之間引起激烈爭奪，以致幾敗俱傷，各國已經取得的利益可能因此損失殆盡。另外，義和團運動雖已失敗，但它卻極大地打擊了外國列強的侵略氣焰。正如瓦德西在給德國皇帝的報告中所說：「在山東、直隸兩省之內，至少當有十萬人數加入此項運動，彼等之敗，只是由於武裝不良之故，其中大部分，甚至於並火器而無之。」中國人「含有無限蓬勃生氣」，「無論歐美日本各國，皆無此腦力與兵力可以統治此天下生靈四分之一」，「故瓜分一事，實為下策」。此後，美國又提出了所謂「門戶開放」政策，即列強共同維護清廷的存在，迫使它嚴格執行各項不平等條約所規定的義務，使列強在華利益得到切實保護。這樣政策一經出籠，很快得到了各國的認同，為此，他們必須在清廷內部扶植合適的人選。

列強對慈禧的聽政地位早就有所質疑，庚子宣戰後，更使她與列強的關係全面惡化。臨戰前夕，慈禧太后主戰，光緒皇帝主和，這就使列強感到應該扶持光緒，迫使慈禧歸政。戰爭開始時，美國傳教士丁韙良就向各國公使獻策：「必先將皇太后遷移他處，而使皇上復辟。」（《義和團》一）外國駐華新聞媒介也強烈呼籲：應該支持光緒，使他能夠真正執掌皇權。各國還通過外交渠道，紛紛要求慈禧歸政於光緒。德國官員首先約見清廷駐德公使呂海寰，正式提出有關慈禧交權問題，但未見清廷的任何反應。德國外相又向八國聯軍發出通告，表示將「助中國真正國君定亂保法」。接著，俄國沙皇尼古拉二世發出國書：「如光緒大皇帝政權自操，將各國人民照約保護，剿平匪亂，我深願力助挽回時局。」（《李鴻章全集‧電稿三》）英國女王維多利亞致電光緒：「朕惟望大皇帝早日能復回實權，將不法者無論其官職大小，一律置之重典，並另設善後之法，以杜後患。」（《英國藍皮書》一九〇〇年）對此，清廷依然置若罔聞。

聯軍攻佔北京後，列強更是力促光緒回鑾，試圖使他從慈禧的控制下解

脫出來，回到聯軍佔領下的北京。為此德國皇帝、日本天皇及各國公使都曾致書光緒，聲稱只有在他回京之後，和談才能舉行。光緒二十六年閏八月初四日（一九〇〇年九月二十七日），瓦德西抵達天津，他在接見記者時談道：「中國政府於此時如欲保存現在之中國，則當急與各國聯合以定和局。若能令光緒皇上脫離其被困之臣，則時局又甚易布置矣。……若幸而光緒皇上能迎還北京，則尤宜選舉新黨中能識大體之臣，以輔助之，為第一要義。」（《八國聯軍志》）並說必須對慈禧、載漪等禍首施以嚴厲制裁。倘若同意列強要求，允許光緒返京，無疑於放虎歸山，慈禧及其權臣的下場可想而知，他們對這一點十分清楚，故此一直保持沉默。

外交通牒不見回應，列強又進一步訴諸武力。瓦德西來華後，策劃的第一項軍事行動就是攻佔保定，因為那裡是直隸省城，聯軍佔領天津和北京後，慈禧等人逃往太原，清廷的其他官員和直屬軍隊武衛軍則大都逃至此地。同時，保定也是義和團在直隸的活動中心，那裡的大批義和團依然會對列強在華勢力構成威脅。慈禧等人得知聯軍南下的企圖，便於閏八月初八日（十月一日）從太原啟程，繼續向西安逃竄。不久，保定失陷。接著，聯軍又兵分三路進犯山西，對清廷擺出步步緊逼的架式。此時的慈禧已如驚弓之鳥，看到聯軍的尾隨之勢，又開始籌劃「幸蜀」，進入天高地遠的四川。

對這樣一個夠不到打不著，只顧亡命的朝廷，列強一時無可奈何，於是，乾脆放出口風，聲稱就連光緒也不再承認，而準備在中國擇立新君，另建政府。關於新皇帝的人選，據說，最初考慮的是恭親王奕訢之孫溥偉。山東巡撫袁世凱為此電告西安：「各國又有另立政府之說，使中國自相殘殺，無一寸淨土，計甚凶狡。」與此同時，臣僚們還聽到另一種傳言，就是列強準備利用滿漢矛盾，在明朝皇帝後裔中擇立一位君主。當時，反清復明思潮已經開始抬頭，如果列強加以利用，後果可想而知。鐵路大臣盛宣懷得知這一消息，分別電告兩江總督劉坤一、湖廣總督張之洞和山東巡撫袁世凱：「聯軍各公使聞順天府尹何乃瑩有奏請幸蜀之議，特而告中國全權議和大臣奕劻、李鴻章，如不回鑾，擬另立明裔。」劉坤一對此大為驚恐，立刻向西安方面陳說利害：「近來康黨票匪正以反清復明煽惑人心，若各國再有此意，天下騷然，不可收拾。」（《劉忠誠公遺集》）李鴻章還特地派人前往西安勸說。無奈，清廷只得放棄入蜀計劃，並下定決心，只要能夠保住慈禧

的實際地位，可以同意列強的任何要求。

在如何對待慈禧的問題上，列強內部因利益取向不同，意見本來就不統一。隨著事態的發展，逐漸形成了截然相反的兩種態度，即以俄、法、美為代表的寬大派和以德、英、日為代表的嚴懲派，即便在後者之間，意見也不盡一致。不久，英、日兩國紛紛轉向，先後放棄了對慈禧太后的追究。德國則因駐華公使克林德被殺，對清廷積怨最深，所以一直希望能夠對慈禧進行嚴懲。無奈聯軍內部矛盾重重，他們為了各自的利益，甚至經常發生武裝衝突。而瓦德西身為聯軍統帥，也愈發感到難堪，最後，除其本國軍隊和幾千義大利軍隊外，其他軍隊都不聽從他的指揮。德國孤掌難鳴，也不得不調整對華政策，宣稱不干涉中國內政。至此，慈禧太后的地位得到了各主要列強的默認。

慈禧的權力危機解除了，列強各國也在共同利益的基礎上重新達成共識：在同清廷談判時不再涉及慈禧歸政，而要在其他問題上對她狠狠敲詐一番，使之變得俯首貼耳。經過反覆爭論、商討，列強共同開列出一個十二項條款的《議和大綱》，並聲稱不得有半點更改。議和大臣李鴻章隨即將「大綱」內容電告西安行在，當慈禧逐條看去，發現並未將自己列為禍首時，竟大喜過望，當即表示全部接受。不久，她又拋出了那句「量中華之物力，結與國之歡心」的著名口號，使偌大的中國任列強隨意宰割。當然，為了同列強議和，替罪羊還是要有的，於是，慈禧便以光緒帝名義發下諭旨，懲辦載

《辛丑條約》簽字場面

慈禧、光緒返回北京

漪、載勛、剛毅、趙舒翹等「禍首」，將他們處死的處死、流放的流放、革職的革職、降級的降級，處罰相當嚴厲。

光緒二十七年七月二十五日（一九〇一年九月七日，此年為舊曆辛丑），奕劻、李鴻章同德、奧、比、西、美、法、英、義、日、荷、俄十一國公使共同簽訂了《辛丑條約》。這一喪權辱國的不平等條約，標誌著中國已完全淪為半殖民地，清廷也從此成為「洋人的朝廷」。八月初五日（九月十七日），八國聯軍撤出北京。十一月二十八日（一九〇二年一月三日），慈禧等人終於結束了一年零四個月的流亡生活。其後，慈禧既未歸政，光緒也未遭廢黜，清廷繼續維持著兩宮並位，而朝政仍歸慈禧的權力格局。

五、「朕心實負疚焉」

光緒二十六年十一月初三日（一九〇〇年十二月二十四日），列強公使向清廷提交了訛詐性的《議和大綱》十二款，其中第一款即為：「戕害德使一事，由中國派親王專使代表皇帝致慚悔之意，並於被害樹立銘志之碑。」

德國公使克林德

（《清鑒綱目》卷十五）利用克林德事件對清廷施以侮辱性懲罰。此時的清廷已無力顧及什麼體面與尊嚴，只得唯列強之命是從。

克林德男爵，光緒七年（一八八一年）首次來華，初為德國公使館實習翻譯，後歷任駐廣州領事館翻譯、公使館參贊及代辦，後曾一度調任德國駐墨西哥使館參贊。光緒二十五年再度來華，繼任駐華公使。義和團運動爆發後，他一開始就持敵視態度。光緒二十六年五月十七日（一九〇〇年六月十三日），克林德身為外交使節，竟親率使館內的德軍攔擊、綁架過路團民；次日，又率兵尋釁，見團民習武，竟下令開槍射擊，打死團民及普通百姓二十餘人。五月二十五日（六月二十一日），總理衙門照會各國公使，限其二十四小時內離京赴天津，一路可由清軍護送。次日上午，克林德不顧同僚勸阻，與翻譯柯達士乘轎前往總理衙門進行抗議，經至東單牌樓時，恰遇神機營章京恩海率隊巡邏。恩海見洋人乘轎飛奔，便舉槍警告，但克林德卻在轎內先向恩海射擊。恩海避過槍彈，隨即還擊，克林德當場斃命，柯達士受傷逃跑。對於克林德之死，當時一般人都認為實屬咎由自取。然而，此事卻成了列國（尤其是德國）向清廷進一步勒索和報復的藉口。

閏八月初二日（九月二十五日），逃至太原的慈禧就曾以光緒名義頒佈諭旨：

大德國駐京公使克林德，前被匪戕害。業經降旨，深為惋惜。因思該臣駐華以來，辦理一切交涉事宜，和平妥洽，朕追念之餘，倍深軫惜。著賜祭一壇，派大學士昆岡即日前往奠醊。靈柩回國時，並著南北洋大臣妥為照料。抵本國時，再賜祭一壇，派戶部右侍郎呂海寰前往奠醊。用示篤念邦交惋惜不忘之至意。

並電令駐德公使呂海寰向德方呈遞國書：

此次中國變起倉猝，害及貴國使臣克林德。朕馭下無方，致傷睦誼；一經追念，軫惜益深。……貴國與中國交誼素敦，務望大皇帝以保全中外大局為重，盡捐嫌隙，俾和局早日定議，彼此永遠相安，不勝盼切禱切之至。

清廷可謂苦苦哀求，但德方卻不肯就此罷休，在此後不久給清廷的回書中竟蠻橫地說：「貴大皇帝只飭奠醊，豈足以慰此項無辜之冤魂哉？」（《光緒朝東華錄》卷四）

清廷接受《議和大綱》後，對派哪一位親王出使一事遲遲未能定議，後來，還是德國新任駐華公使穆默出面交涉，才決定由醇親王載灃承擔此任。光緒二十七年四月十九日（一九〇一年六月五日），光緒皇帝正式下詔授載灃為「頭等專使大臣」，並命「老成歷練」的內閣侍讀學士張翼和「熟悉洋務」的副都統蔭昌為參贊。臨行前，又經德方同意，讓正準備回國的德國總兵李希德爾也作為隨行人員贊襄一切。

載灃時年十八歲，他是道光皇帝旻寧之孫、醇賢親王奕譞之子和光緒皇帝載湉的異母弟，這樣的身分足以表示清廷「謝罪」誠意。五月二十七日（七月十二日），載灃一行由北京永定門火車站啟程，慶親王奕劻及德國、荷蘭、日本等國公使、總稅務司赫德等前往送行。在天津老龍頭火車站下車後，載灃等人稍事休息，即趕赴大沽口，登上開平礦務局的「安平輪」南下了。六月初一日（七月十六日）抵達上海；初五日（七月十二日）搭乘德國郵船「貝仁號」出海。輪船經過香港、新加坡，進入印度洋、地中海，載灃

一行於七月十一日（八月二十四日）在義大利的熱那亞登陸。然而，當他到達瑞士西北境的巴塞爾城時，便託病不前了。

原來，此時德方又提出了一項苛刻的條件，聲稱載灃一行既為道歉而來，在參見德皇威廉二世時，就應該是「德主坐見，醇王行三鞠躬禮」，「參贊入見均叩首」。在中國，跪拜禮是臣下面君時的必行之禮，而西方人則視之為屈辱的表現。關於這個問題，早在同治十二年（一八七三年），清廷就與各國公使議定：外國使臣覲見中國皇帝時免除跪拜！中國使臣到外國自然也不應屈膝。現在，德方又提出跪拜之事，顯然是故意刁難，以示污辱。此事傳回國內，朝野上下無不憤然。

在巴塞爾，載灃等始終與西安行在保持密電往還，然而得到的回答卻是軟弱無力的，一會兒要求載灃：「總以磨得一分是一分。如實在不能挽回，應與照會議明：此次專使原為道歉，始通融酌允。以後仍按照各國通行之禮，不得援此為例。」一會又說：「格外要索，國體有關，礙難照允。」（《醇親王使德往來文電》）在北京方面，清廷議和大臣奕劻、李鴻章也為此忙得不樂乎，他們一面請求各國公使出面調停，一面以此為理由拖延《辛丑條約》簽字。駐德公使呂海寰的態度更加明確：「寧蹈西海而死，不甘向德皇跪拜。」與此同時，載灃也請李希德爾前往柏林通融。最後，德方迫於中外輿論，才又提出了一個折中方案：載灃向德皇呈遞國書時，只帶蔭昌一人作為翻譯，二人俱行鞠躬禮，其餘人員均不參加。僵持旬日之久的「禮節之爭」至此告一段落，這對飽受列強欺凌的中國人來說，也算得上是一次難得的「勝利」。

二十三日（九月三日），載灃一行抵達德國波茨坦，下榻德皇奧蓮格理行宮；次日，謁見德皇威廉二世。載灃與蔭昌向德皇行三鞠躬禮、致頌詞、呈遞國書，威廉二世坐受國書，致答詞時也未站立，態度極為傲慢。光緒皇帝的道歉國書云：

> 大清國大皇帝，敬致書於大德國大皇帝陛下：朕惟中國與貴國訂約以來，信使往還，輯睦無間。前歲貴國親王來京，朕迭次接見，情誼尤為款洽。
>
> 乃上年五月，義和拳匪闖入京師，兵民交鬨。貴使臣克林德，竟至被戕殞命。該使臣銜命來華，辦理交涉事件，悉臻妥協，朕甚嘉許。不

載灃在柏林（前左為清朝駐德公使呂海寰）

意變生倉猝，遽爾捐軀。朕自惟薄德，未能事先預防，疚心曷極！

已於該使臣死事地方，敕建銘志之坊，用以旌善癉惡，昭示後來。茲派醇親王載灃為欽命頭等專使大臣，親齎國書，前往貴國呈遞。該親王分屬近支，誼同休戚，特令竭誠將命，以表朕慚悔之意。

又此次貴國勞師遠涉，戡匪安民，和議早成，生靈無恙，尤徵大皇帝顧全大局。並令該親王代朕道達謝忱。惟望大皇帝盡棄前嫌，益敦夙好。從此我兩國本共享升平之福，永朕玉帛之歡。惟大皇帝鑒察焉。（《清鑒綱目》卷十五）

若僅將克林德之死歸為「義和拳匪闖入京師，兵民交哄」，尚可視作外交上的託辭；而稱列強的強蠻入侵是什麼「勞師遠涉，戡匪安民」，並為此表達「謝忱」，則呈現清廷對洋人已奴顏卑膝至極。

不過，呈遞國書之後，德方也沒有再找什麼麻煩，威廉二世還曾親往載灃下榻處回拜，授予他紅鷹大十字寶星。載灃的表現也不卑不亢，他向德國皇陵獻了花圈，並進行了近一個月的參觀遊覽，增長了不少見識。本來，載

澧還準備利用這次機會再訪問美、日兩國，但國內方面卻要求他在德事畢就直接回國。因為，他此行是「專程」道歉的，倘若繞道他國，則唯恐德方認為「有違專程之意」。這樣，載澧一行於八月十八日（九月三十日）離開德國，十月初六日（十一月十六日）回到北京，歷時四個多月的道歉使命始告結束。

克林德碑於光緒二十七年五月初十日（一九〇一年六月二十五日）動工，經一年零七個月的施工，於光緒二十八年十二月（一九〇三年初）修建完畢。它位於崇文門內大街西總布胡同之西，以大理石建築，但採用中國傳統的牌坊式。它東西橫跨街面，白石柱座，四柱三樓。上面以拉丁、德、漢三種文字書有光緒皇帝的「惋惜凶事之旨」：

> 國家與環球各國立約以來，以使歷數萬里之遠來駐吾華，國權所寄至隆且重，凡我中國臣民俱宜愛護而敬恭之者也。德國使臣克林德，秉性和平，辦理兩國交涉諸務，尤為朕心所深信。乃本年五月，義和拳匪闖入京師，京兵交訌，竟至被戕殞命。朕心實負疚焉。業經降旨特派大臣致祭，並命南北洋大臣於該使臣靈柩回國時妥為照料。茲於被害地方，按其品位

1903年克林德牌坊建成後，載澧代表清政府前往致祭。

樹立之碑銘。朕尤有再三致意者。蓋睦鄰之誼，載於古經。修好之規，詳
於公法。我中國素稱禮儀之邦，宜敦忠信之本。今者克林德為國捐軀，令
名美譽，雖以傳播五洲，而在朕惋惜之懷，則更歷久彌篤。惟望譯讀是碑
者，睹物思人，懲前毖後，咸知遠人來華，意存親睦，相與開誠佈公，盡
心款洽。庶幾太和之氣，洋溢寰區，既副朝廷柔遠之思，益保亞洲升平之
局。此尤朕所厚望云。（《義和團檔案史料》）

這座克林德碑，當時的北京百姓又通稱之為「石頭牌坊」，它記錄著古
都北京曾蒙受的奇恥大辱，是中國社會半殖民地化的歷史見證。

一九一八年，德國在第一次世界大戰中以失敗而告終，中國作為協約國
的一員，也成了所謂的戰勝國。消息傳來，國人壓抑已久的反抗怒火一下
子爆發出來，人們首先以石頭牌坊為出氣對象，很快將其搗毀。第二年，又
由協約國各方出面，讓德國將拆毀的牌坊修好，移至中央公園（今中山公
園），改稱「公理戰勝」坊；一九五三年，又更名「保衛和平」坊。

晚清時期繪《十大國大皇帝尊影》

六、早該放下的空架子

皇帝接見外國使臣，雖然在同治十二年就已經開始，至光緒前期又在具體規定上有所放鬆，但對於清廷妄自尊大、在禮節方面步步設防的作法，列強各國卻早已不滿。議和過程中，有關觀見問題也被各國列為重要內容，向清廷明確地提了出來。

以往皇帝接見各國公使，就時間、地點、方式和禮儀細節而言，清廷基本上還能夠保持主人身分，各國公使只能在劃定的禮儀範圍內表示不同意見；此次交涉中情況則完全相反，各國公使反客為主，清廷必須按外國人的意圖行事，至多只能在規定的範疇內與之磋商，小心翼翼地探詢可否稍作變通。如光緒二十六年（一九〇一年）三月，各國領銜公使葛絡干代表列強照會清廷議和大臣，態度強硬地提出：

> 諸國會同觀見皇帝必在太和殿，其一國使臣單行入觀者，必在乾清宮；使臣呈遞敕書或國書，必派御輿暨應有之侍衛前往使館，並參隨各員同迓，觀見禮成後一體送回；使臣賚奉國書，必由各中門行走；皇帝必親手接收國書；諸國使臣至宮殿階前降輿；倘設宴款待，必在乾清宮，皇帝必躬親入座。

太和殿是清廷舉行盛大慶典的場所，一般只有皇帝登基、冊立皇后、每年三大節（元旦、冬至和萬壽節）等少數重大活動時，皇帝才能親臨，以示昭重；大清門、天安門、端門和午門的各中門，平時只有皇帝才能通過，此外就只有皇帝大婚時皇后鳳輿可從此抬進，每次殿進的前三名（狀元、榜眼、探花）可以從此走出一次。各國公使若在太和殿觀見和從上述各中門出入，顯然嚴重有違清朝典制。經清廷一再懇求，各公使才勉強放棄在太和殿觀見的要求；但仍堅持呈遞國書或敕書時須從中門進入紫禁城。

各國公使提出的其他條件也十分苛刻。如提出呈遞敕書或國書時，必須乘坐御用黃轎，同時必須至乾清宮前才降輿，這使得清廷尤為難堪。它提出：黃轎為皇帝的專門用具，他人乘坐萬不可行，各國公使乘坐王公所用綠呢大轎即「足以昭隆重」；王公大臣入宮，都在宮門之外下轎，只有皇帝特

賞紫禁城內乘肩輿者，方可乘椅轎至宮內景運門，故希望各國公使採用紫禁城內乘肩輿之制。起初，各公使不肯作半點通融，聲稱「諸國欽差大臣觀見中國皇帝禮節，亦應一體更改。其如何變通之處，由諸大國酌定，中國照允施行」。清廷又反覆陳明利害，同時再次作出重大讓步：各國公使呈遞敕書或國書，可乘加有黃攀的綠轎，以示地位高於王公；可乘轎至景運門外，再換椅轎至乾清宮前，這樣即優於紫禁城內乘肩輿。並說這樣還可以為日後各國元首或太子來華留有餘地，各國公使始肯接受。

最後，所有交涉結果都在《辛丑條約》中確定了下來。和約規定的觀見禮節如下：

一、諸國使臣會同或單行觀見大清國大皇帝時，即在大內之乾清宮正殿；

二、諸國使臣觀見時，來往乘轎至景運門外，在景運門換椅轎至乾清門階前降輿，步行至乾清宮皇帝前。禮成後，諸國大臣一體回館；

三、每值使臣呈遞敕書或國書時，大皇帝必遣加用黃攀如親王所乘之綠轎到館，將使臣迎入大內。禮成後，仍一體送回。往來之時，必派兵隊前往使館迎送；

四、每值呈遞敕書或國書時，其書在使臣手內，必由大內各中門走進，直到駕前。禮成後即由已定諸國使臣觀見禮節所議各門而回；

五、使臣所遞敕書或國書時，皇帝必親手接收；

六、如皇帝願款宴諸國使臣，現已議明應在大內之殿廷設備，皇帝亦躬親入座；

七、總之，無論如何，中國優禮各國使臣，斷不致與彼此兩國平行體制有所不同。

光緒二十七年十二月十三日，也就是回鑾後剛剛半月之時，慈禧、光緒便在乾清宮以新的禮節會見了各國公使，接受國書。對此，檔案中有如下記載：

屆時，大皇帝遣加用黃攀如親王所乘之綠轎，並派兵隊（哨官一

名，步兵八名）迎使臣進大清門，至天安門外，換坐椅轎，進端門、午門、太和門、中左門、後左門，至乾清門階下下椅轎，進乾清門，至上書房少憩。再引至乾清宮駕前呈遞國書，大皇帝親手接收。禮畢。使臣出乾清門，坐椅轎至景運門外，換乘黃攀綠轎出東華門回館。其參隨等由東華門步行至景運門外朝房，候使臣至乾清門，隨同入覲，禮畢回館。（引自秦國經《清代外國使臣覲見禮節》，《故宮博物院院刊》一九九二年二期）

參加覲見的有德國公使穆默、英國公使薩道義、法國公使華盛、俄國公使格爾思、日本公使內田康哉、葡萄牙公使白朗公等，加上各使館參隨人員共五十六人。人數之多和接待規格之高，都是空前的。

此後，覲見活動日益頻繁，除公使呈遞國書和一般性覲見外，還有賀年、祝壽、遊宴等，可謂名目繁多。而且外國各級官員、各界人士來華訪問、參觀考察時，清廷有時也准以入宮覲見。據統計，僅光緒三十二年

1904年德國皇太子訪華，受到光緒皇帝的接見。照片上前排中為皇太子，右三為醇親王載灃，右二為德國駐華公使穆默。

（一九〇六年），各種覲見就達二十六次之多。覲見地點也不斷增加，除乾清宮外，還有紫禁城內的養心殿、皇極殿、寧壽宮、養性殿，西苑的勤政殿、頤年殿、海晏堂，以及頤和園的仁壽殿等，人數少則二、三人，多則過百人。接見外國親王時，光緒皇帝還與之握手。

宣統時期，由於慈禧臨終又立了一個小皇帝溥儀，並由監國攝政王載灃代理國政，所以，凡外國公使及其他來華人員要求覲見，均由載灃出面接待。至此，所謂覲見禮節已與近代各國通行慣例基本一致。

1905年德國利物蒲親王（右三）來華，清政府授予頭等第二雙龍寶星。圖中右一為德國駐華公使穆默

　　從咸豐十一年（一八六一年）外國公使駐京，到宣統三年（一九一一年）清帝退位，整整歷時五十年。在這長達半個世紀的歲月中，列強在華侵略勢力不斷加深，而清廷完全不諳世界大勢，不思從根本上自新圖強，僅僅從區區禮節問題上去作表面文章，直至王朝行將滅亡之時，才最後放下以老大自居的空架子。孰輕孰重？後人只能嘆息歷史的悲哀。

第五節　受皇帝委任的外國人

　　隨著一系列不平等條約的簽訂，各國列強逐漸染指中國主權事務；清廷洋務運動的發展和所謂新政的實施，又將一批外國人視為依靠對象，使之成為食中國奉銀的特殊官吏。這些人來源不一，身分較為複雜，一方面直接服務於清廷，另一方面又與各國在華利益密切相關，而且越到晚期人數愈增，在經濟、政治、外交、軍事、文化等各方面幾乎無所不在，有的還對清廷起

著舉足輕重的作用和影響。這裡僅就幾位典型人物略作介紹。

一、「客卿」赫德

赫德（Robert Hart）是晚清歷史上一位具有廣泛影響的外國人，他於一八五六年（咸豐四年）來華，至一九〇八年（光緒三十四年）離去，執掌中國海關前後近半個世紀之久，任職期間曾以「客卿」自居，博得中外各方的普遍讚譽。

（一）出任總稅務司

赫德於一八三五年生於北愛爾蘭，一八五三年以優異成績畢業於貝爾法斯特皇后學院，次年由英國外交部直接選派來華，初任英國駐寧波領事館編外翻譯、助理翻譯、廣州領事館第二助理、廣州英法聯軍委員會秘書。一八五九年進入中國海關工作，任廣州海關副稅務司，從此開始了個人事業上的飛黃騰達。

海關是主權國家的經濟命脈之一，鴉片戰爭前，中國海關的行政大權完全為清廷所掌握，皇帝欽命的海關監督是管理海關的行政首腦，具有官商性質的行商包攬一切對外貿易。鴉片戰爭後，英、美、法等國先後取得協定關稅特權，落後的行商制度失去了賴以存在的條件，中國的關稅自主權也同時遭到破壞。一八五四年，英、美、法三國駐滬領事利用上海小刀會起義之機，成立了一個名義上由上海道台負責、實際由三國稅務監督組成的關稅管理委員會，對上海海關實行監督管理。第二次鴉片戰爭後，根據中英《天津條約》及其附件的規定，各口岸一律按上海海關模式辦理。一八五九年，兩江總督兼南洋通商大臣何桂清準備如約在各開放口岸海關聘用外國人，但又覺得自己無

赫德

能為力，於是，便把此事委託給上海海關英國稅務司李泰國，並委以「總稅務司」的頭銜。清朝政府一個重要執法機構的所有職權，就這樣輕而易舉地落入了外國人之手，李泰國於是也就成了中國海關的第一任總稅務司。赫德就是李泰國到廣州組辦新關時發現的人才，於是，他便辭去了領事館中的職務，就任廣州海關副稅務司。

一八六一年，李泰國因病請假回國，臨行前推薦赫德代理總稅務司一職，並由他應總理衙門之召赴北京磋商各新增口岸海關的設立事宜。

這年六月，赫德首次來到北京。他與恭親王奕訢一見面，便拿出事先準備好的各類報表，提出海關若加以整頓，關稅很快就能翻上一番，達到一千多萬兩。這對清廷來說，無疑有著巨大的誘惑力，因為洋稅務司能增加關稅收入，對外賠款和對內開支也就有了保證。而當總理衙門透露出欲購買外國船艦鎮壓太平天國時，赫德又立刻籌劃出幾十萬兩銀子的出處。這些無疑使他獲得了清廷的好感，因此，被正式任命為代理總稅務司一職。奕訢在奏摺中稱：「赫德雖係外國人，察其性情，尚屬訓服，語言亦多近理，且貪戀總稅務司薪俸甚巨，是以尚肯從中助力。」此後，赫德常常前往總理衙門拜見恭親王，並「穩重而又圓通」地周旋於北京上層權貴之間，給人印象極佳，總理衙門大臣都稱他為「咱們的赫德」，奕訢甚至說：有了一百個赫德，什麼難辦的建議都能採納。

赫德北京之行的成功，也得到了英國方面的很高讚譽。因為就在不久之前，英人還被指認為夷狄，中國的一些封疆大吏連英國的正式使節都不願接近，而今清廷上層對一個不知名的稅務司卻能給予如此重視，其意義之深遠可想而知。

一八六三年十一月，李泰國因在英期間為清廷購買艦船擅作主張，試圖獨攬這支艦隊的一切大權，回到中國後又態度蠻橫，故而被清廷解職。總稅務司一職由赫德正式接替，地點設在上海，兩年後，奕訢要求將總稅務司署遷至北京，以備隨時諮詢。

（二）海關家長

赫德雖不是清朝新式海關的創始人，但卻是一個名副其實的營造者。先從數量上看，李泰國任內只在上海、廣州、汕頭開辦了新關，而赫德主持

海關的近五十年中，新設海關共增至四十六個，勢力幾乎遍及全國。不僅如此，赫德還「把中國海關的利益放在個人利益之上」，從他就任總稅務司之日起，便對海關的財務制度、工作作風及其他各項行政管理進行全面變革。清朝原來的海關，是由督撫轄下的海關監督主持關務，各關獨自行政，效率低下。各關的徵稅方法也十分腐敗落後，即每年需上繳的稅款固定不變，多收入部分除用於各種賄賂外，全部為海關監督和稅吏中飽私囊。這種傳統的管理模式，嚴重影響了清廷的財政收入，同時也不可避免地危及外商利益。

有鑒於此，赫德首先建立起一個由總稅務司統一領導、各關稅務司分掌實權的海關行政系統。一八六四年，他先在上海建立了總稅務司署，然後，在各口岸建立由總稅務司署直轄的稅務司署。作為總稅務司的赫德，則居於整個海關之上，總攬一切大權。如此一來，原來作為各關行政首腦的海關監督，權力自然逐漸喪失，最後只淪為一個根據稅務司的報告收取、保管稅銀的虛職。當然，這種剝奪中國官僚統治權力的作法，勢必引起一批上層人物的強烈不滿。如一八六七年，北洋三口通商大臣崇厚在給皇帝的一份奏摺中寫道：

廣東粵海關

　　將任用稅務司之權，歸於（總）稅務司，監督不能去取。各口監督又因隨時換任，情形不熟，多有將稅務事宜，專委之於稅務（司）者。因而各口稅務司之權日重，洋商但知有稅務司，而不知有監督矣。稅務

司乃因中國應有之權而據為己有，明理者尚安本分，依勢者任意把持。
（《籌辦夷務始末・同治朝》卷五十四）

此說固然旨在維護中國應有之權，但上述結果的形成，又不能說與清朝官僚的昏憒腐敗無關。

其次，由於清廷將用人權全盤交給赫德，使他確立起「總稅務司是唯一有權對各類海關人員進行錄用或辭退、升職或降職以及從一個口岸調往另一個口岸的人」。這種人事上的絕對任免權是先從外籍人員開始的，其後又擴大到華員，規定華員中凡供事以上職務者的任免，也一律由總稅務司親自裁決。

赫德在確立海關權力格局的同時，又對其內部管理進行全面革新。如他所建立的會計制度，當時被譽為新的國庫制度，不僅在中國是一大革新，就是在英國本土也不過剛剛實行十年光景；新的統計制度，在中國更是前所未有的；而包括錄用人員考核和日常工作考核在內的一系列考核制度的建立，則使海關工作的質量和效率有了可靠保障。不僅如此，他還在總稅務司之下設立正副稽核，加強對各關的財務檢查，一旦發現有貪污舞弊行為者，便毫不留情地立刻給予開除處分。只是由於一切工作都處於有條不紊的狀態，在赫德任職的近五十年間，這種情況發生的次數少得「用一隻手就能數過來」。

赫德在海關樹立的工作作風也是全新的，即嚴格、高效和以身作則。如當時整個海關的規定工作時間是每天六小時，赫德自己則要堅持八至十二小時，為提高工作效率，他還經常站在一張特製的桌面前辦公；當時海關的所有外籍人員，只要工作五年期滿，均可享受半薪休假一年的待遇，赫德自己卻有十七年未與妻小見面。他不僅帶頭遵守工作紀律，而且勇於承擔責任，對手下人的貪污失職，除按規定進行嚴懲外，對於實際造成的虧空，還往往從自己的腰包裡拿錢彌補。如一八七四年因一名副稅務司失職，他一次就拿出二萬三千兩銀子進行填補。

為了協調與列強各國之間的關係，赫德還在海關實行所謂國際性原則，盡量使與中國有貿易關係的國家，在海關稅務司中都有自己的人員任職。各國洋員的比例大體符合其所屬國對華貿易比重，其國別最多時達二十三個國家。而且，由於赫德過份倚重外國人，因此，各關稅務司及其他重要職務幾乎均由洋員包攬。儘管華員人數通常是洋員的五六倍之多，但卻只能從事一

些輔助性工作。華、洋員的待遇也相差懸殊，如一般洋員初入關時月銀即達一百五十兩，而普通華員則需供職三十年方能獲得此俸。這些做法在當初可能多少還與華員的個人素質相對較低有關，但以後一直沿為慣例，則不能不說是赫德對華員的歧視了。至於當時在洋員中竟有人將英文職員（Clerk）一詞譯為「克勞狗」，並以此稱呼他們的中國下屬，則更是對華員的人格侮辱！

總的來說，赫德在總稅務司任上的工作還是卓有成效的。他所建立的新的管理系統，克服了以往海關的所有弊端，使清廷稅收和外商利益同時得到了可靠保障。至於他個人的工作作風，人們往往以中國海關的獨裁者論之，但更恰當地說，他應該是擁有絕對權威的海關家長，他要按自己的意志把這個國家治理得井井有條。一八八五年，英國駐華公使巴夏理病死在任上，英政府任命赫德繼任公使一職，而他卻辭而不受。此事雖有唯恐總稅務司一職落入他國列強之手的一面，但主要還說明他以海關為家，視家長的權力高於一切。

（三）承辦洋務

赫德名為海關總稅務司，但他在中國的活動和影響卻相當廣泛。一八六五年，他以旁觀者的身分用中文向總理衙門呈遞了一篇《局外旁觀論》，以十分誠懇的語氣指出了清廷存在的種種弊端，希望它能接受「外國可教」而中國應學之善法，改革內政，整頓財務、吏制、兵制，興辦實業如「做輪車以利人行，造船以便涉險，電機以速通訊」，以及公使觀見、遣使出國等等，竭力勸說清廷辦洋務、行新政。實際上，清廷後來的許多做法也正是按赫德的思路進行的，只不過在具體實行中時間早晚不同、效果有所差異而已。其中有些內容還是直接託付給海關代辦的。

例如，近代第一所新式學校京師同文館，就是在赫德策劃下，由海關協助創辦的。它以培養外語人才為主，後來逐漸增設了天文、算學、格致、法律、政治等科目。赫德負責洋教習的聘用，有時還會同閱看學員考卷。他在該校籌辦之時，就曾有過以此培養海關後備人才的設想，但直到一九○六年清廷成立稅務處時，他的計劃才由稅務學堂的建立得到實現。這個學堂的正式成立雖然已在赫德離職之後，但學堂總辦鄧羅卻是由他親自選定的。這所專科學院一直辦到一九三五年，先後為海關培養了六百多名稅務專業人員。

　　從一八六七年至一九〇五年，赫德主持下的海關還組織參加了至少二十八次國際博覽會。如一八七三年在維也納博覽會上，中國展品獲得了「驚人的成功」，被認為可以「幫助世界更好地了解中國人民的生活和文化」。有的博覽會赫德還親自參加。直到一九〇五年清廷設立農工商部後，這類活動才不再由海關經手。

　　赫德承辦的最大一宗洋務莫過於海關兼辦郵政。中國早期的信件往來和消息傳遞，主要由官方的驛站和民辦信局承擔，這種方式分散落後。鴉片戰爭以後，英國率先在通商口岸建立起自己的郵政系統，其後列強各國紛紛效仿，致使中國的重要口岸和城市很少沒有外國郵局存在，這種郵局當時被稱為「客局」。對此赫德並不甘落後，也利用海關系統因勢利導地辦起了郵政業務。早在一八六七年，他就在北京、天津之間試辦，以後發展到上海、鎮江，再逐漸擴展到各通商口岸，委託各關稅務司兼理。一八九六年，清廷正式授權海關兼辦「郵政官局」，並命赫德兼任「郵政總辦」一職。其後，郵政官局的業務迅猛發展，至一九〇七年底赫德回國前夕，全國各省府州縣建立大小郵局達二千八百多所。與此同時，各地原有的民辦信局不斷被淘汰，外國客局也在競爭中處於劣勢。

　　赫德與中國近代海軍也有著密切聯繫。清廷正規而較大規模的海軍建設是從一八七五年開始的，由於總理衙門對船艦之事一竅不通，故將向外國訂購之事均委託赫德辦理。七十年代後半期，清廷訂購各種炮艇、巡洋艦共達十三艘，無一不是赫德指示其倫敦代理人辦成的。而在清廷籌建海軍之初，赫德就有意獲得「總海防司」的頭銜，如同總稅務司一樣，將中國海防納入自己的權力範圍。總理衙門為速成其事，亦有委託赫德總司南北洋海防之議，後因擔心「中國兵權、餉權，皆入赫德一人之手」才未能實現。但赫德為防止中國海軍為德、法等國所控制，卻促成清廷兩度聘任英國海軍軍官琅威理為中國海軍教練，職銜為「教練海軍提督」。

　　當然，赫德參與的中國洋務活動還遠不止於此，其他如築路、採礦等等，也或多或少地留有他的蹤影。

（四）外交顧問
　　總理衙門的成立和各國公使陸續進駐北京，標誌著清朝「人臣無外交」

歷史的正式結束。但對一向閉關鎖國的清廷來講，既不了解外界實情，又無外交人才可用，真正與洋人打起交道來還十分生疏。為此，他們需要一個可以信賴的人物充當顧問，在當時，這個人自然也就非「咱們的赫德」莫屬。於是，赫德又得以長期參與中國外交事務，在某些西方人看來，甚至與「外交部長」無異。

赫德最初為清廷策劃的兩件事都是派員出國，這在現在看來雖存在種種不足，但在當時，的確是開走向世界的風氣之先。其一是一八六六年，赫德首次向清廷請假回國結婚，經他勸說，總理衙門選派在總稅務司署整理文案的斌椿及同文館學生張德彝等隨之出國考察。一行人先後遊歷了法國、英國、比利時、荷蘭、德國、丹麥、瑞典和俄國，歷時近一年之久，增長了不少見識，這是清廷第一次派員出國。其二是一八六八年，又經赫德勸說，清廷派剛剛卸任的美國公使蒲安臣代表中國政府出使歐美，這也是清朝正式派出的第一個外交使團。

隨著列國各國對中國及其鄰國侵略的不斷加深，清廷的外交事務日益紛雜，赫德的顧問作用也愈發變得舉足輕重。如從他擔任總稅務司，直接或間接參與簽訂的中外條約即有：一八六三年《中丹天津條件》、一八六九年《中英新定條約》、一八七六年《中英煙台條約》、一八八五年《中法越南條款》、一八八六年《中英緬甸條款》、一八八七年《中葡條約》、一八九〇年《中英藏印條約》和一九〇二年《中外續議通商行船條約》。其中在有些條約的談判和簽訂中，他就是以中方代的身分出現的。

這些條約對中國的不平等性是公認無疑的，有的甚至嚴重有損於中國主權。那麼，赫德又從中擔當了怎樣的角色呢？以《中葡條約》為例，雙方談判過程中，他的基本出發點便是「維持已成為局面，照顧雙方面子，給葡以實利」，結果使葡萄牙獲得了澳門的永久居留權；在與英國的各項談前中，他當然更會考慮英人的「實利」。對此，我們無疑應該予以否定。然而，當時列強對華侵略早為「已成局面」，中國積弱之勢難返，況且清廷重「面子」，洋人要「實利」，若從赫德的身分看，恐怕也別無選擇了。

義和團運動爆發後，總稅務署被焚，赫德躲進英國使館，其間撰寫了六篇關於時局的論文，後來輯成《從中國的土地上來》一書。書中承認義和團是「強烈的愛國組織」，這場運動意味著「外國人在中國的居留將成為不可

能，外國人從中國拿去的每一樣將被索回，宿怨將被加上利息給以償付」。八國聯軍入侵後，他又力主保全中國，認為這個人口眾多的國家一旦被瓜分，「不幸和不穩定就會貫穿於以後的世世代代」。對此，清廷大為感激，慈禧太后回鑾後曾特地召見赫德，並親賜「福」字，以示恩寵。

此外，赫德還參與了清廷的幾次主要對外債務，並以海關稅銀為擔保，其中最大的一筆就是庚子賠款四億五千萬兩。

（五）極盡殊榮

赫德老了，一九〇八年一月他已將近七十三歲高齡，不得不申請告老還鄉。清廷躊躇再三，只批准了一年的假期。這年四月，赫德起程回英，這也是他來華五十多年中的第三次回國。一九一一年九月二十日，他頂著中國海關總稅務司的頭銜，病逝於英國白金漢郡的麻洛，時間上距清王朝的覆滅僅早十九天。

赫德的一生，可謂殊榮備至。清廷曾先後賞其按察使銜、布政使銜、頭品頂戴、雙龍二等第一寶星、三代一品封典、太子少保銜、尚書銜，死後追封太子太保，在後來的《清史稿》中還專門為其立傳；在其本國，英王授他男爵爵位；國際上則有十多個國家，先後二十餘次授予他各種勳章和榮譽稱號。這不僅在中國無以復加，而且在各國歷史上也是十分罕見的。

赫德晚年曾自我總結說：「四十餘年食毛踐土，極思助中國自強。」無論其生前死後，在許多西方人的評論中，大體莫不如此。一九一四年，在華工作的外國人為紀念他們的這位先驅者，曾在上海外灘海關大廈前的廣場上，樹立起一座赫德的銅製塑像碑，其兩側分別以中英文銘刻：「前清太子太保尚書銜總稅務司英男爵赫德」，碑文為美國哈佛大學校長埃利奧特所作：「中國海關總稅務司，中國燈塔的建立者，國家郵政局的組織者和主持者，中國政府的忠實顧問，中國人

1908年，赫德天津起程返回英國

豎立於上海外灘海關大樓前的赫德銅像

民的真實朋友。謙和、容忍、明智和果斷，他克服了艱巨的障礙，並且完成了一項造福於中國和世界的工作。」此像一直樹立了三十年之久，一九四二年被企圖獨霸中國的日本侵略者所推倒。

那麼，到底應該怎樣看待赫德其人呢？客觀地講，他應該屬於那個特定歷史所造就的特殊人物，既與列強在侵華利益上有著千絲萬縷的聯繫，又為清廷做了一些有益的工作。推而廣之，赫德在中國一生所為，也可視為我們這個古老民族痛苦地走向近代化的一個縮影。

二、洋教習丁韙良

談及中國官辦的新式學堂，最早當屬一八六二年（同治元年）開設的京師同文館。因為一八五八年的中英、中法《天津條約》就曾分別規定：清政府應擇人學習英、法語言，嗣後凡有外交文本須以原文遞送。各國公使進駐北京後，清廷對外語人才的需求更是日見緊迫，在恭親王奕訢等人的力主之下，同文館首先在北京誕生了。其後，上海開辦了廣方言館，廣州也設立了同文館；再往後，隨著洋務運動的廣泛開展，清廷又陸續開辦了一些近代工業及軍事學校。在這些洋學堂裡，有許多外國人擔任教習或總教習，其中任職時間最長、影響也較為廣泛者，當首推京師同文館總教習丁韙良。

若按現在的眼光看，同文館設立之初，只是一座規模很小的外語學校，它最早僅設有英、法、俄文三館。十九世紀七十年代後，隨著德、日兩國的崛起，才又增設了德文館和日文館。各館均聘請外國教習，其中英文館的第一、二任教習是英國傳教士包爾騰和傅蘭雅，他們相繼離任後，改由美國傳教士丁韙良接任。

丁韙良，一八二七年生於美國印第安納州一個傳教士家庭，一八五〇年從神學院畢業後，由長老會派遣來華，在廣州、寧波傳教。他曾在寧波開辦過兩所男塾，在北京也辦過一所小學，試圖通過教育形式播揚基督福音。丁韙良對國際法十分推崇，認為那是基督教文明的結晶，中國人如果接受了國際法，就等於接受了基督教文明，所以他把英國人惠頓的《萬國公法》譯成中文，並在美國公使蒲安臣引見下，於一八六四年將其推薦給了清廷總理衙門。奕訢看罷非常高興，認為中國同列強打交道屢屢吃

丁韙良

虧，很大一部分原因就是由於不懂洋人的規矩，所以，很快決定將譯本交同文館刊印，以供各地大員與洋人交涉時參考。也正是由於這層關係，丁韙良便與總理衙門建立了聯繫。

一八六五年三月，丁韙良開始接替傅蘭雅擔任同文館英文教習。一八六七年，同文館增設天文算學館，他又兼任翻譯教習。次年六月，為了籌備萬國公法課程，他返美入耶魯大學進修。

此時的同文館可謂步履維艱，因為它自成立之日起就遭到頑固派的竭力反對；設立天文算學館後，這所新式學堂更是成了眾矢之的。那些習慣於老大自居的守舊大臣，尤其反對增設天文、算學課程，以「夷人」為師，並招收有科舉功名者入館學習，認為那樣無異於背叛祖宗。如此一來，人人視入同文館為畏途，正式應考者屈指可數。倒一八六九年，天文算學館的學生除兩人在三十歲以下外，其餘年齡均在三十五至五十歲之間，幾乎無人安心學業。加之校務官員趁亂伺意侵吞，更使同文館到了解體的邊緣。

一八九六年九月，丁韙良回到北京。為使同文館擺脫困境，海關總稅務司赫德向總理衙門提出增設相當於大學校長的總教習一職，並力薦由丁韙良擔任。這個建議很快被清廷採納。

上任伊始，丁韙良便開始按自己的思路對同文館進行「頗為徹底的改造」。他首先對原有學生逐一甄別，裁汰了二十餘名不堪造就之人，使學生的整體素質接近教學要求。接著便是將各科教習配備齊全。過去，總理衙門也曾請赫德代辦招聘化學、天文、法文、英文、軍事等方面的外籍教習，但實際到館授課者除化學、法文外，其餘諸科均因無教習而名存實亡。對此，丁韙良均一一配齊，並增設了解剖醫學、萬國公法等新的學科，使教學科目日趨系統，進而也使同文館逐漸改變了外語專科學校的性質，成為近代中國的第一所綜合性學府。

與此同時，一種新的教育體制也在同文館逐漸形成。其一，丁韙良最大限度地爭得了自主權，做自己可獨立決定專業及教學等一系列重要問題，使同文館只在行政上隸屬總理衙門並定期彙報工作，這就排除了許多人為的干擾，保證了這所新式學校能有相對穩定的發展環境。過去，人們過多地抨擊丁韙良的這種作法旨在排斥清政府的教育權，殊不知以往同文館的大政方針、人員聘用及教學內容等事項皆由不諳教育的封建官僚隨意決定，恰恰是這所學校瀕於崩潰的原因所在！其二，制定新學制，由分館學習改為分年級按班教授。丁韙良根據同文館的實際狀況，將學生分為五年制和八年制兩類。前者不習外語，主修數學、格致及萬國公法等，對象是年齡較大而學習外語有實際困難的學生；後者前三年專修外語，然後再學習其他應用學科。這標誌著中國教育開始走出傳統模式，正在向新的方向轉化。其三，改變招生標準，注重新生素質。過去，同文館的招生對象一般為十三、十四歲以下的幼童，如果僅就學習外語而言，這還比較有利，但若進一步學習自然科學則有一定難度，因為他

同文館的教習們

們畢竟年幼學淺，漢語功底很薄。丁韙良蒞職後，主要改招收十五至二十五歲之間、具有一定漢文基礎的學生，這就極大地促進了教育品質的提高。

在改善同文館的教學條件方面，丁韙良則主要依靠赫德的支持，以海關為後盾，諸如建設館舍、創辦印刷所、興建博物館和天文台、開設理化實驗室並購置各類儀器設備等，在物質上保證了教學活動的需要。

經過上述大刀闊斧的改造，同文館不僅走出了低谷，而且從內容到形式都步入了近代化行列。一八七一年，在校學生人數從原來的四五十名增至一百餘名，到一八八八年已達一百二十五名。隨著清廷洋務運動的廣泛開展，學校在社會上的聲譽更是日漸提高，人們一改以往成見，一些落第舉子甚至將考上同文館視為步入仕途的南山捷徑。大批外交人才自這裡湧現，成為中國早期外交隊伍的主力。據統計，從這裡培養出來的學生先後共有二十多人做了駐外公使。另外，同文館還為洋務派所辦的企業輸送了一批翻譯和其他高級官員，洋務派中的要員如戶部尚書董恂、刑部尚書譚廷襄等，也是同文館的畢業生。

丁韙良對近代中國的影響不僅僅限於教育領域。如他在同文館還組織了一個譯員班，在三十餘年間陸續翻譯出版二十多種書，介紹了部分西學。他個人為弘揚基督教教義而翻譯的西方自然科學及社會科學著作，也是近代西學東漸的重要組成部份。他所譯《格物入門》，較為系統地介紹了歐美在數、理、化等自然學科方面的成就，在當時很受歡迎；後又修訂成《增訂格物入門》，李鴻章為之作序，被譽為「開學人之心思，以利生民之日用」。至於《萬國公法》，則是近代中國最早的一部理論書籍，在中外交涉的具體實踐中曾發揮重要的指導作用。

當然，同文館中的弊端也是比較突出的。其中最重要的一點在於：清廷辦教育的主旨是「中學為體，西學為用」，在迫不得已的情況下培養一些適應其洋務需要的人才，因而只知「增其新而未嘗一言變舊」，這就從根本上束縛了包括同文館在內的新式教育的發展，使之未能成為中國教育的主流。加之清廷不諳新式教育，所以同文館一開始即被外國人所控制。據丁韙良回憶，當他於一八六九年九月從美國回到北京，赫德詢問他是否願意出任總教習時，他的回答是：「擦擦燈盞，我是願意的，但是你得提供燈油。」赫德允諾經費可由海關撥付。所以丁韙良後來才有這樣的話：對同文館來說，

「赫德可算是父親,而我只是一個保姆而已」。再就丁韙良本身而言,他身為一名虔誠的基督教士,當然不會忘記自己的使命所在,所以常常利用教學之便從事傳教活動。他後來回憶:「以同文館的性質而言,正式講授宗教本是不許可的,但是我卻常常和學生們談到宗教問題,並且要求別位教習,如果課本中遇到有關宗教的課文時,盡可不必刪去。」而他「之所以留任,是認為同文館的影響要遠比北京街頭上的教堂的力量大得多」。

但即便如此,同文館比起以往的封建舊塾來,整體素質大幅提升,其中丁韙良的成績自然也是應該予以肯定的。正因如此,人們才稱他「較之從前利瑪竇、南懷仁、湯若望諸公,倍有光彩」。一八八五年,總理衙門奏請清廷賞其三品頂帶。一八九四年,丁韙良因健康原因辭去總教習一職,返美治病。一八九八年,京師大學堂成立,清廷鑒於丁韙良以前的成績,又任命他為京師大學堂總教習,並授予二品銜,直至一九○○年。屈指算來,丁韙良先後在清朝的高等學府任職達三十三之久,稱得上中國近代教育史上的一位著名人物。

一九○○年義和團運動爆發後,丁韙良避居於東交民巷,後曾應張之洞之邀,赴武昌籌辦兩湖大學堂。一九○八年,復回北京從事傳教和著述。一九一六年,他在北京病故,享年八十九歲。

三、遣赴歐美的洋欽差

清廷遣使出國,早在清初即已開始,但那時主要是前往藩屬國敕封的「天使」,至於同西方國家發生具有近代色彩的外交關係,則還是第二次鴉片戰爭以後的事。其中,清廷正式派出的第一個外交使團竟是以美國人蒲安臣為首,包括英國人柏卓安和法國人德善在內的中外混合使團。此事在今天看來未免有些滑稽,但當時卻使中外輿論為之轟動一時,因為它標誌著閉關自守的大清帝國開始步履蹣跚地步出了國門。

原來,第二次鴉片戰爭結束後,外國公使紛紛進駐北京,西方列強也多次要求清廷遵循國際慣例,遣使出洋。一八六七年(同治六年),《中英天津條約》規定的十年期限屆滿,修約之期日益迫近,而十年之前的那場戰爭,恰恰就是因為英、法、美三國與清廷在修約問題上出現糾紛而引發的。

此時，清廷的一些洋務派大臣已逐漸意識到遣使出國的必要性，認為與其臨時關門自守，不如事先交涉，試圖勸說列強各國守定成約，不要再藉修約問題製造事端。為此總理各國事務衙門大臣奕訢在一份奏摺中說：

> 近年中國之虛實，外國無不洞悉；外國之情偽，中國一概茫然。其中隔閡之由，總因彼有使來，我無使往。以致遇有該使倔強任性，不合情理之事，僅能正言折服，而不能向其本國一加詰責，默為轉移。

看來遣使一事實屬當務之急，但堂堂的大清國卻一時無法找到堪膺出使大任的人選：

> 願中國出使外國……語言文字，尚未通曉，仍須倚翻譯，未免為難。況為守兼優，才堪專對者，本難其選。若不得其人，貿然前往，或致狎而見辱，轉致貽羞域外，誤我事機。（《籌辦夷務始末，同治朝》卷五十一）

奕訢等人對此憂心忡忡，希望各地大員發表意見。

說來也巧，就在清廷「正苦無人」之際，美國駐華公使蒲安臣任期屆滿，準備卸任回國。行前，他在總理衙門的宴會上表示：嗣後遇有與各國不平之事，自己一定十分出力，如同中國派出的使節一般。哪知此語正中奕訢等人下懷，何不就讓此人代表中國出使？於是，奕訢向他說明原委，蒲安臣當即表示願當此任。

蒲安臣畢業於哈佛大學，在波士頓當過律師，曾連續三屆出任美國眾議院議員，一八六一年被林肯總統任命為駐華公使。蒲安臣到任後，積極推行在華「合作政策」，即與西方各國合作、與清政府合作，承認中國的合法利益和「公平」履行條約之規定。因為，當時美國正處於南北戰爭而無力東顧，採取合作政策對它來說是享受不平等條約規定的各種特權的最好辦法。合作政策基本上得到了列強各國的支持和響應，因為，通過外交手段可以達到目的時，他們自然也不願選擇武力，這就使清政府渡過了一段相對的和平時期。正是由於蒲安臣的「合作之功」，才使清廷對他頗有好感，認為此人

1868年，蒲安臣使團成員合影

「處事和平，洞悉中外大體」，「遇有中國不便之事，極肯排難解紛」，進而對美國政府也產生了某種幻想，認為「英、法、美三國以財力雄視西洋，勢各相當，其中美國最為安靜、性亦平和」。（《籌辦夷務始末・同治朝》卷五十一）由此看來，此次出使的最佳人選也就非蒲安臣莫屬了。

一八六七年十一月，清廷任命蒲安臣為「辦理各國中外交涉事務大臣」，出使歐美各國。為避觸使團有偏頗美國之嫌，同時，又委派英國使館翻譯官柏卓安為「左協理」、海關法籍職員德善為「右協理」。中國方面則選派記名海關道志剛和禮部郎中孫家谷二人充任「辦理中外交涉事務大臣」，會同蒲安臣出使。

當然，清廷對蒲安臣的信任也並非毫無保留。臨行前，為使其在域外的行為受到節制，清廷特別給蒲安臣訂立了八項「閱看條款」，其中主要是規定使團的權限和任務，如「遇有彼此有益無損事宜，可准者，應即由貴大臣（指蒲安臣）與欽命之員酌奪妥當，諮商中國總理衙門辦理。設有重大情事，亦須貴大臣與欽命之員開具情節，咨明中國總理衙門候議，再定准否。」還規定在雙方禮儀未議定之前，暫不拜見各國元首，如果不得不見，也要「彼此概免行禮，俟將來彼此議定禮節，再行照為」。（《籌辦夷務始末・同治朝》卷五十二）同時，頒給蒲安臣漢洋合璧的木質關防，頒給志剛、孫家谷滿漢合璧木質關防，「以資取信於各國」。至於使團的使命，當然只有一個：「修約屆期，但與堅明要約」，即勸說各國維持《天津條約》的原有內容，不要對修約逼索過甚。

一八六八年二月二十五日，這個中外混合的外交使團從上海出發了，隨同出訪的還有同文館學生德明、鳳儀、塔克什納、桂榮、聯芳、廷俊等共三十餘員。使團首航美國，於六月二日抵達華盛頓。然而，蒲安臣榮歸故里後的表現，卻是清廷始料不及的。他凡事不與志剛等人商量，更不請示總理衙門，只以中國欽差大臣的名義行事，而且大言妄語，為迎合美國公眾視聽而發表了許多不負責任的演說，如：

　　中國已經走向開放，將聘用大批的工程師去設計修築鐵路，促進中國的進步！
　　歡迎你們的商人，歡迎你們的傳教士！要求你們的傳教士把光輝的十字架插到中國的每個山頭上和每個山谷中！

當然，蒲安臣也未辱清廷使命：

　　我希望中國的自治能夠得到保持，我期望他的獨立能夠得到保證，我期望他能得到平等的待遇，從而使他能得到所有國家以同等的特權。（威廉士《蒲安臣與中國第一次出使外國》）

蒲安臣又率使團前往白宮，以西方通行的鞠躬、握手禮節拜見了美國總統的約翰遜，並遞交國書。美國政府則舉行盛大宴會，招待這個以其本國人為首的中國使團。而後，美國方面又安排使團在華盛頓、紐約等地進行了一個月之久的參觀遊覽，雖說是走馬觀花，但卻使清帝國的臣子們增長了不少見識。

七月二十七日，經蒲安臣與美國國務卿西華德的多番密議，雙方簽訂了《中美續增條約》，史稱《蒲安臣條約》。在條約的整個交涉過程中，兩位中國使臣毫不與聞，最後，只是在文件上簽字、畫押而已。條約共八款，其主要內容有：

（一）擴大對華貿易。「嗣後如有於兩國貿易興旺之事，中國欲於原定貿易章程之外，與美國商民另開貿易、行船利益之路，皆由中國作主自定章程，仍不得與原約之義相背。」

（二）保護傳教之人：「美國人在中國，不得因美國人民異教，稍有欺

侮凌辱，嗣後中國人在美國，亦不得因中國人民異教，稍有屈抑苛待，以照公允。」

（三）騙招華工合法化：「大清國與大美國切念民人前往各國，或願常駐入籍，或隨時來往，總聽其自便，不得禁阻。」

（四）吸收中國留學生並允許美國人在華辦學：兩國人民均可進入對方大小官學，並給予最惠待遇；美國人在中國可以按約在只准外國人居住地方設立學堂，中國人亦可在美國一體照辦。

（五）聲稱不干預中國內政。

單從形式上看，這個條約似乎是相當平等的，但實際上正如西華德等人所說：它囊括了美國政府亟需用修改一八五八年條約的辦法來調整的所有事項。例如，美國通過這個條約，一舉將騙招華工合法化，從而解決了其內戰後勞動力匱乏及修築太平洋大鐵路所需勞工問題，故有人將此條約稱為「廉價的勞動力條約」！當然，條約中的某些內容對清廷來說也是有利的，如吸收留學生的條款，即為日後派遣幼童赴美留學開闢了道路。更為重要的是，美國政府不干預中國內政的保證，尤其令清廷心滿意足。所以，條約簽訂時雖未以任何方式徵得清廷同意，但它後來還是毫不猶豫地批准了。

使團結束在美國的各種活動後，於同年九月十九日抵達歐洲，先後訪問了英國、法國、瑞典、丹麥、荷蘭、普魯士和俄國，所到之處均觀見國王，呈遞國書，然後出席宴會，忙得不可開交。其中，英、法、德、俄四國均與中國有條約交涉事項，也是此行的重點所在。

英國在華利益於西方諸國中佔據首位，因此修約要求也最為迫切。使團訪英期間，時逢英國內閣換屆，故蒲安臣先與外交大臣斯坦利舉行了會談，向他通報了中美續訂條約之事，斯坦利表示贊同美國的對華立場，並聲稱：中國內部政務，理應自主辦理，英國本不願干預，只希望中國能盡快自求富強之術。其蒲安臣又與新任外交大臣克拉蘭敦進行交涉，英方聲明：只要中國能夠履行各項條約規定的義務，英國將「以和濟事」，不對中國施加「不友好的壓力」，並願同清朝中央政府而非地方當局發生直接關係。但它又強調，如果英人在華生命財產一旦遭到危險，它將「自行保護商民」。關於修約問題，英國外交部則正式發表聲明：「英國並無勉強致干自主之權。」

使團在法國共滯留八個月之久。蒲安臣等觀見拿破崙三世時，法方表示

願與英國採取一致步驟，同時要求中國保護法國在華商民。但整個訪問期間，法方沒有直接談及修約事宜，也未與蒲安臣舉行過一次正式會談。

在普魯士，蒲安臣等與其宰相俾斯麥舉行多輪會談。最後，普方提出了一個與美英兩國類似的照會：

> 中國本宜存自主之權，保通商之民，並勸中國當無內憂外患之時，開無涯之利，勤工通商，日益富強。普魯士必從和好，相信辦事之道，助中國自主之權。

此外，使團在普魯士所受禮遇，也較歐洲其他各國為優。蒲安臣等覲見威廉一世時，普方特意派四輪馬車將使團主要成員接至皇宮，沿途兵隊儀仗，彩衣執戟，頗為隆重。之後，德皇舉行盛大宴會，皇后、太子、親王及各部大臣幾乎全體出席，可謂盛況空前。訪問期間，太子、親王及各國駐普使節也紛紛前往使團下榻的羅馬飯店，進行禮節性的拜訪。臨行之前，威廉一世還親自出席送行晚會，並贈送禮物，以資紀念……以另一層意義上講，凡此種種也預示著這個後起的西方強國對中國懷有更多的企圖。

一八七〇年一月三十一日晚，蒲安臣一行帶著幾分滿足，登上了東去的列車。兩日後，使團抵達俄國首都聖彼得堡。在這裡，蒲安臣等人的外事活動依然十分繁忙。他們先是拜會俄國外交大臣闊爾查科夫、副大臣韋斯特滿等，其後便在俄方安排下，覲見沙皇亞歷山大二世，受到了隆重而熱烈的款待。二月十七日，他們應沙皇邀請參觀了當地著名的艾爾米塔什博物館，當晚又出席了英國駐俄使館舉行的宴會。至由於長期奔波勞頓，蒲安臣已經疲憊不堪，加之俄國氣候寒冷，更使他感到力不能支。這天回到寓所後，他便兩脇作痛，嗽喘不止，請醫生診斷，發現患了急性肺炎。據志剛回憶，蒲安臣病臥期間仍每日讀報，考慮與俄人交涉的具體細節，又導致病情加重。一八七〇年二月二十三日，這位洋欽差病故於聖彼得堡，享年五十歲。

噩耗傳出，俄皇及使團所訪各國都深表痛惜。中國使臣志剛等當即從出使費用中撥銀六千兩，交蒲安臣夫人安排後事。對蒲安臣其人，志剛則評價道：

> 蒲使為人，明白豪爽，為事公平，而心志未免過高，不肯俯而就

人。一遇阻礙，即抑鬱愁悶而不可解；兼之水陸奔馳，不無勞瘁。受病已深，遂捐軀於異國，惜哉！（志剛《初使泰西記》）

後來，清廷又追贈蒲安臣「一品銜並賞給恤銀一萬兩」，以示酬謝。

蒲安臣死後，志剛等又在柏卓安和德善的協助下，在俄繼續交涉近兩月之久，又訪問了比利時、義大利和西班牙三國，後於十月十八日返回上海。這一持續三個年頭、歷訪歐美十一國、耗銀三十餘萬兩的中國近代第一個外交使團，至此完成了它的歷史使命。

對於蒲安臣其人，這裡無須再做什麼具體評價，只能說，蒲安臣使團本身就是歷史的怪胎。若僅從清廷遣使出洋的目的看，這次訪問無疑已獲得巨大成功，因為列強各國不僅因此大大推遲了修約期限，而且至少在表面上還做出了不干預中國內政的承諾，使清廷在其後的三十年裡一直得以苟安。單從這個意義上講，蒲安臣對清廷也算得上是「鞠躬盡瘁」了。

第八章／
「結與國之歡心」

　　「庚子事變」之前，清朝實際當權者慈禧太后對待外國人的態度，始終是遊移不定的。一方面，由於列強對華侵略不斷加深，清廷無力與之抗衡，慈禧對洋人的恐懼心理日甚一日；另一方面，外來侵略勢力危及清朝自身的統治命運，慈禧也不能熟視無睹，於是，她的排外情緒越來越大。兩種心理相互交織，雖說到頭來仍舊無可奈何，但有一點卻是非常明確的，那就是與洋人打交道的事，她無論如何也不願意親自去做！然而，八國聯軍的大規模入侵，卻猶如當頭一棒，慈禧的排外夢想隨之破滅。這時，她又轉而採取媚外態度，對洋人禮待備極，試圖將自己樹立成一個「開明君王」的新形象。

第一節　海晏堂專宴海外客

　　八國聯軍佔領北京期間，慈禧在西苑的寢宮儀鑾殿被一把大火燒為廢墟，回鑾後她觸景生情，決定重建一組更為輝煌的建築。這時的慈禧太后，已經完全為列強的武力所折服，凡事都要揣測和迎合洋人的心理，重修宮殿一事也不例外。

海晏堂

　　早在光緒二十七年五月（一九〇一年六、七月間），還在西安的慈禧便接到全權議和大臣奕劻、李鴻章的一份電報，內稱：「有一國使宣稱，若以儀鑾殿已毀基址改建洋房，一切照西式辦理，專為接見外臣各使，必無爭論。所言亦甚有見，姑備一說，候採擇。」（《義和團檔案史料》）此時重建已經提上日程，慈禧對這位公使的建議就不能不予以考慮。另外，她也覺得現在宮殿規模較小，若有成批外國人前來觀見，恐怕難以容納。至於建築

形式，則一改中國舊有傳統，全部採用西式二層洋樓，工部按慈禧旨意製作模型呈送，她以各個角度仔細打量，又提出不少要求，諸如：這間房子要大些，那間要小些，這個窗子要移到哪裡去……如此幾經修改，直到她滿意為止。接下來又要取一個與建築形式和用途都能相符的殿名，商酌好久，最後定名「海晏堂」（「晏」通「宴」字），意即會見和宴請外國來賓之所。

海晏堂建築群由以下幾部份組成：海晏堂洋式樓一座、兩山拐角洋式樓各一座、南山接平台抱廈各一座；海晏堂東西點景樓各一座，海晏堂後仿俄館洋式樓一座；仿俄館後東西點景樓各一座。所有建築均採用洋式玻璃門窗，飾以洋式花卉。海晏堂前建一蝠式大水池，池內兩邊排列銅製十二生肖獸首人身像、左為鼠、牛、虎、兔、龍、蛇，右為馬、羊、猴、雞、狗、豬；池正中有銅製花瓶一座、山石一堆，池上木板橋一座，池前兩邊有洋式石幢二座。海晏堂前簷廊下擺設景泰藍銅獅一對，海晏堂周圍點景山石十餘堆。海晏堂南、東和仿俄館北面各開洋式花門一座；四周圍牆，西面開屏門一座、角門三座。整組宮殿規模宏大，建築形式別具一格，較之原來的儀鸞殿更勝一籌。

對工程的進展情況，慈禧也極為關切，殿內的一切設施早已決定完全採用西式。據說家具為慈禧親自選定法國路易十五式的，由清廷原駐法公使裕庚的夫人從巴黎購買。另據清宮檔案記載，殿內陳設從各式床舖、圍屏掛屏、桌几、椅凳、支鏡掛鏡、梳妝台到鐘錶、茶具、面盆、碗盤、煙具、花瓶、燈具、痰盂、馬桶，以至洋筆、溫度表，無一不為洋式。就連宮中傳統的寶座、鳳扇架也全部雕刻洋式花紋。可謂豪華盡至，對外國人禮待至極了。

這組建築於光緒三十年（一九〇四年）十月慈禧七十大壽前夕交付使用，工程歷時三年，耗銀五百多萬兩，這對財政面臨崩潰的清廷來說，又是一筆大額開支。然而，由於慈禧住慣了中國傳統的宮殿，認為中式建築「優美無倫，以其形式之莊嚴，實優於西式之宮殿」（《清朝野史大觀》卷一），　因此，在修建海晏堂的同時，又在它的西北面為自己建造了一座新的寢宮，並仍舊以「儀鸞殿」命名。而以巨資建造的海晏堂，自落成到慈禧病逝，她只在這裡進行過五次外事活動，包括接受各國公使夫人賀年和會見總稅務司赫德的夫人，其他時間就任其閒置，不聞不問了。

第二節　巴黎歸來的女翻譯

　　慈禧晚年外事活動較為頻繁，而且，身邊常有兩名精通外語的年輕女子相伴。她們便是太后的私人翻譯和侍從——德齡和容齡。

　　德齡、容齡係同胞姊妹，其父裕庚是位滿洲官吏中少有的洋務派，曾先後出任清廷駐日本、法國公使，駐外時間長達八年之久。與那些不知世界為何物的舊式官僚相比，他無疑屬於視野開闊之人，對近代世界文明有著較多的了解，而且還娶了一位法國女人為妻，這在當時更屬罕見之事。德齡、容齡實際上是華父洋母的混血兒，她們跟隨父母在國外生活多年，受到了較好的西式教育，尤其對英、法兩種語言運用嫻熟。

　　光緒二十八年（一九〇二年），清廷派慶親王奕劻的長子、貝子載振為專使訪問英國，參加英王愛德華七世的加冕典禮。途經巴黎時，載振發現

慈禧等人。左起：光緒瑾妃、德齡、慈禧、容齡、德齡和容齡之母、光緒皇后

裕庚一家人人能說一口流利的外國話，回國後，便把這一情況向太后做了稟報。慈禧聞之大喜，因為此時她為與各國修好，凡外國人請求觀見，幾乎無不應允。按中國傳統禮俗，慈禧會見外賓一般都要男女分別接待。接見男賓比較容易，因為，外務部隨時可派譯員聽候差遣。但女賓來見時就麻煩得多了，由於難以物色合適的翻譯人選，往往只能由久居中國的外國教會女子充任。她們操著生硬的漢語，太后聽著總是那麼彆扭，而且自己講話時稍有不慎，那些洋女人絕不會為顧全什麼面子而婉轉翻譯。這時宮裡居然召進了一個名叫俊壽的姑娘，但她只會德語，而且她的父親又只當過駐德使館的小官吏，慈禧對這個女孩子很難說到滿意。她需要的是既有一定身分，又與洋人有著某種聯繫的女翻譯，以便為自己應付場面，最好還能留在身邊，以便隨時垂問。如此看來，裕庚之女自然是最為適合的人選。

這年年底，適逢裕庚四年任職期滿；次年春，舉家回到北京。一家人剛剛安頓下來，太后便傳下懿旨：召見裕庚太太和她的女兒。母女三人久居國外，對複雜的清宮禮節十分生疏，誠惶誠恐之際只好臨時抱佛腳，趕往慶王府學習各種請安禮節。幾年來，她們都穿慣了西裝，一時來不及趕製合體的旗服，慈禧對此並不介意，因為，她正想詳睹歐式時裝的風采。三人按規定時間趕赴頤和園，在樂壽堂觀見了當朝太后，並由此開始了一段特殊的生活經歷。

此前慈禧曾與外國人有過幾次會面，所見滿漢女子當然更是無計其數，但像裕庚妻女這樣融中西特點於一身的人，她還是第一次見到。尤其是德齡和容齡，不僅年輕貌美，活潑大方，而且見多識廣，舉止不俗，與那種專司粉黛的宦家閨秀明顯不同。太后對姐妹倆十分滿意，當即決定把她們留在宮中，同時特許她們的母親時常入宮，名為照看女兒，實則希望利用她的特殊身分，進一步與洋人聯絡感情。

德齡、容齡入宮後的表現也確實不負慈禧所望，作為太后的私人翻譯，她們不僅外語流利自如，而且機靈聰慧，常常與那些「不懂規矩」的外國女人巧妙周旋，迴避或掩飾一些可能使太后陷入尷尬的話題。不久，她們就成了慈禧外事活動的得力助手，頗得信任和賞識。

姐妹倆在宮中的另外一重身分是太后的高級侍從，或稱御前女官，經常與其他宮中貴婦一起隨侍慈禧左右，陪伴她散步、看戲、遊玩，並侍候其起

居、穿戴，等等。如此朝夕相處，不時引發許多關於國外的話題，二人便盡量詳描細述，使慈禧了解到不少有關西方社會及文化的知識。在一段時間內，慈禧還讓德齡訂閱了一份外國報紙，每天都把國外的重要新聞和趣事譯給她聽。她尤其關注歐洲各國首腦的活動，並感到外國的每件事都很新奇。

不過，慈禧其人有個特點，就是一方面希望更多地了解國外，另一方面又認為外國的一切都無法與中國相比。兩者看似矛盾，實際上正是清朝統治者長期故步自封的觀念使然；從更深一層來分析，又是近代中國面臨列強瓜分和中西兩種不同文化發生碰撞，最高統治者無可奈何的表現。正是由於這種原因，慈禧時常會提出一些奇怪的問題。例如她對西方的基督教向有排斥心理，認為傳教士來中國後幹了不少壞事。當她聽德齡講到傳教士在中國收養孤兒、開辦學堂等事時，便不以為然地問道：那麼，他們為什麼不在自己的國家幫助自己的百姓？更為典型的例子是：有一次慈禧在德齡等人的簇擁下在頤和園中散步，她自豪地講述中國的山水如何之美、國外則如何不及，說很多使臣回來後，都對她講外國的山呀木呀都是又粗又野又難看。德齡知道這些都是使臣們為迎合太后而曲意編造，但又不便反駁，只是委婉地說：國外也有不少好的風景，不過與中國相比當然不同了。

當時，華爾滋舞正風靡歐洲，德齡、容齡均擅長此藝，但這在清宮卻是件新鮮事。慈禧聽說跳舞就是男女二人手拉手滿屋子轉，就連白髮老太婆也要這樣做，無論如何也不能理解。至於化妝舞會，每人都戴上面具，不知自己是在跟誰跳舞，那還能有什麼意思？一次，她終於忍不住讓姐妹倆在自己用膳時表演助興，便命太監搬來外國留聲機，找來幾張舞曲唱片，這些東西以前還從未真正派上用場。姐妹倆找到一支華爾滋舞曲，便開始翩翩起舞，包括慈禧在內的每個人都以驚奇的目光注視著。跳罷，慈禧高興地說：這的確好看，可你們一圈圈地轉，不覺得頭暈嗎？不過，如果是一個男人和一個女人這樣跳，讓男人摟著女人的腰，那可就太難看了。

對於外國的「奇技淫巧」之事，慈禧雖然也大都表現得不以為然，但又往往充滿好奇之心，有時還試圖親自體驗。當時攝影技術早已傳入中國，並在王公貴戚乃至普通的富有之家成為時尚，但作為萬乘之尊的慈禧太后卻還沒有一張御照，因為，一般的攝影師是沒有資格仰觀聖容的。正巧裕庚的二子、喜愛攝影的勛齡從國外帶回一套攝影器材，慈禧便將其召至宮中，為自

已拍攝了一批姿態不一，服飾、場景各異的照片。這些照片至今大都在故宮收藏完好，成為珍貴的形象資料。

關於德齡、容齡出宮的時間和原因，各種材料說法不一。姐妹倆在回憶錄中都說，其父裕庚患有嚴重的風濕病，駐法期間和回到北京後均未治癒，後來，她們便離開慈禧，陪同父親赴上海繼續治療。時間上，德齡說是一九〇五年三月（光緒三十一年二月），容齡則說一九〇七年春天，二者相差兩年之久。（德齡《清宮二年記》、容齡《清宮瑣記》）而當時曾在慈禧身邊當差的管事太監信修明後來的回憶卻又與之大相逕庭：德齡母女三人入宮時間一久，就有些不安分了。容齡年紀小貪玩，常在宮中亂竄，不肯受管事太監約束；那位法國老太太愛貪小便宜，有時見到宮中的小玩意兒就順手牽羊；德齡則是見識廣、野心也大的才女，她的眼睛早就盯上了落魄的光緒皇帝，試圖乘虛而入，取代當年珍妃的位置。更為嚴重的是，光緒曾偷偷在手上寫過「康、梁」二字，向容齡打聽康有為、梁啟超的下落，容齡年幼怕事，但德齡很可能向他透露二人在海外的一些活動。這些暗送秋波的舉動，都沒有瞞過總管太監李蓮英，他不時危言聳聽地奏明太后。慈禧考慮到這母女三人與洋人過從甚密。只好暫時隱忍不發，但對她們的態度，卻由寵愛轉為憎惡。不久，海外傳來消息，說康有為在南洋等地大肆活動，並聲稱奉光緒密旨，號召華僑捐款，準備在國內起事。這時的慈禧再也沉不住氣了，決定鏟除身邊的「定時炸彈」。經過與親信們的密謀，她精心設下了一個陷阱：一天，法國老太太在坤寧宮過廳內發現一只鑲滿鑽石的金質懷錶，於是又見獵心喜，看看四下無人，便迅速握入手中。不料二總管崔玉貴突然從後面抓住她的手腕，不由分說，連人帶贓一起送到慈禧面前。其結果自然是母女三人一齊被攆出宮去。發生了這樣的醜事，她們知道北京再也無法待下去了，於是舉家遷往上海。（崔瀾波《裕德齡與慈禧的恩怨》，《燕都》一九九一年一期）

德齡在上海同一名美國人結了婚，隨夫赴美後成了一名專寫清宮秘史的通俗作家，其作品《清宮二年記》、《御香縹緲錄》、《瀛台泣血記》等書、於清末民初陸續在美國出版，並在海內外廣為流傳；容齡也出版了一本名為《清宮瑣記》的回憶錄，此書在諸多內容上可與《清宮二年記》互為印證，記錄作者在宮中的親見耳聞。

第三節　違心宴見　曲意結歡

　　說起慈禧與洋人的直接交往，真可謂名目繁多，包括外國人入宮宴遊、賀年及一般性的私人觀見等等，較之公使代表本國政府遞交國書的正式會晤，禮儀形式簡化，氣氛也要輕鬆得多了。每次宴見外賓，光緒皇帝雖然也都必不可少，但他卻只不過是被太后拉來充當門面的配角而已。

　　回鑾以後，每當春光明媚和秋高氣爽之時，慈禧都照例邀請各國公使、參隨及其眷屬人等赴頤和園遊玩。屆時外務部在頤和園東門外設辦事之所，待賓客到齊，由外務部官員引見入園。一般先在仁壽殿舉行觀見儀式，由領銜公使致頌辭，太后、皇帝致答辭，然後來賓至太后寢宮樂壽堂赴宴，再到園中觀景遊玩。遊園路線大致是：先乘船至涵虛堂、清晏舫，再乘轎上山，由智慧海行至景福閣。遊畢回樂壽堂稍坐，即出園各返使館。當然，這些程度還可以根據實際情況進行增減。

慈禧會見外國女賓

由於宴遊活動需男女分別招待，所以要先男後女，分在兩日內進行。兩次款待形式完全相同，只是宴見男賓時，除慈禧之外的宮中女子一律迴避。關於具體過程，當時曾參與其中的美國女畫師卡爾，對光緒三十年秋季女賓宴遊有如下生動描述：

> 諸女賓趨進朝堂之時，公主輩共列兩行，下階以迎之。先與來賓會見於白石之平台上，然後轉身為來賓前導，既庋止大殿（仁壽殿），則分列兩班，侍立於皇太后、皇帝寶座之左右二面。皇太后則巍巍乎高登寶座之上，光緒帝坐之於左。寶座之前，設寶案一，黃色之圍，垂幾及地。案上供香花、鮮果數大盆。堆置之式，作埃及三角塔形，絢爛照人，香氣四溢，固洋洋乎王者之氣象也。諸夫人趨進朝堂時，皆向御座行三鞠躬禮，於是各人依次趨至寶座前，行覲之禮。太后之翻譯裕庚女公子德菱（齡）女士，則立太后之右，惟所立地步，稍後於太后之御座。每女賓趨前覲見，則德菱女士立將其人之名姓履歷，唱於太后聞知。太后固極富記憶力者，凡諸賓既前與太后有一面緣者，則第二次相見時，太后皆已能一一認識，固不必待人之唱名也。然太后接待來賓之誠意，則無論前次見面與否，皆一視平等，無分彼此。雖其中不乏一二人，最為太后所深愛，而當大眾齊集時，亦不稍露愛憎之意，取人訾議。蓋太后固為一閱歷兼到之女主人也。
>
> 諸女賓覲見既訖，宮監即移去御座前之香案。太后即親自從御座上降下，與諸女賓相為周旋，狀極懇摯，既又以皇后及諸公主一一介紹之與諸來賓。稍頃，宮監即以黃色椅子將進，太后就座後，遂設茶點以饗來賓。諸來賓圍太后而立，隨意進用茶點。用茶之頃，太后不時與來賓交談，以免岑寂。既已，諸女賓由宮監導引，經戲廳穿過皇后之宮，而至於太后寢宮。公主輩亦隨之於後，斯時太后寢宮之寶座室中，已設有盛筵以宴來賓。其所用之菜，中西俱備。除中國名酒外，尚有香檳酒及荷蘭水多種，可謂應有盡有，無美勿臻也已。當時主席則為皇郡主（即榮壽固倫公主，恭親王奕訢之長女——筆者）及其他公主人等。酬酢往還，備極周至。用膳既已，公主輩即導引諸來賓往園中四處遊覽，既而駐足於水涯之平台上者移時。仰觀滿日，俯玩夕波，致足樂也。

未幾皇后與皇妃二人即前來與余輩相會，蓋余輩用膳之時，后妃二人，亦早已別去。直至斯時，始再會集，於是皇后輩遂發起湖上之遊，以盡今日之興。未幾舟已備齊，余輩遂分坐三艇，同時出發。是日所乘之舟，舉為宮中大號之遊艇。太后素乘之畫舫，則並未動用也。每舟各具寶座室一間，設太后寶座一，以黃緞覆之。太后雖並未出席於此，他人亦視為神聖不可侵犯，不敢擅坐也。欸乃數聲，船已抵小島近旁。來賓曾登岸一遊，未幾即還，於是再解纜出發，而行抵於石船之旁。石船者，旱船也，全身以石為之，故名。位於湖心中，環船皆水，極佔形勝，昔日先皇帝避暑之所。山影承席，江風吹衣，納涼於此，洵足可人也。斯地亦為頤和園名勝之一，西人之來園遊覽者，必登斯以觀，一窮其勝。然而太后則殊不常往，惟於來賓參觀時，或陪之一二至。余輩即在此進用茶點糖果等物，及至遊興已倦，諸女賓即與后妃公主輩，一一握別，趨出宮門，仍在外務部辦事處取齊，然後乘轎各回北京使署。（卡爾著、陳霆銳譯《慈禧寫照記》）

對照檔案材料，卡爾所述宴遊活動的具體日期應為光緒三十年（一九〇四年）九月初九日，成員包括各國公使夫人及內眷等總計四十二人。而此前兩日，即九月初七日的各公使、武官及參隨人等遊園，人數則多達一百人。

關於外國人進宮祝賀中國新年，卡爾則寫道：

兩宮既遷往三海（西苑）數日後（時間應為光緒三十年正月初五日——筆者），北京外交團即進大內對皇太后、皇上行新年朝賀之禮，其禮在大朝堂（乾清宮）內行之。其次日各公使夫人及參贊夫人進內朝賀，太后招待於其寶座室中，躋躋蹌蹌，頗極一時之盛……是日為正式朝賀，故禮節備極鄭重，外務部派官員數人，與諸女賓同登朝堂，當翻譯一職。而女賓方面，則由奧國公使齊根男爵帶領介紹，既向兩宮行朝賀禮，齊根男爵即起而以法語述頌辭，由外務部堂官翻譯之。兩宮亦以漢語略述答辭，則由善操法語之聯芳翻譯之。齊根男爵遂引導諸女賓，一一與兩宮接見。禮畢，齊根男爵與其隨從人員先退，由中國官員導致客廳中進用茶點，而諸女賓則由公主人等陪伴，在別一室內用茶。（卡爾著、陳霆銳譯《慈禧寫照記》）

上述遊宴、賀年活動，直至慈禧崩逝為止，每年都要舉行，已基本形成定例。至於各公使或公使夫人平時要求私人性觀見，慈禧也一律予以滿足。屆時外國使館向外務部發出照會，外務部大臣稟報慈禧，由太后擇定時間，觀見即可進行。下面所講俄國公使夫人觀見之例就屬於這種情況。

德齡和容齡在她們的回憶錄中，都曾提到俄國公使夫人向慈禧贈送沙皇照片之事，但內容細節則不盡相同。德齡寫道：

> 我們忙著準備一切，等候渤蘭康太太光臨（俄國時任駐華公使為雷薩爾，公使之名可能是翻譯不同——筆者）。大約在十一點鐘光景，她來了，先由我妹妹在會客廳接見她，然後引她進仁壽殿見太后。太后登了寶座，皇帝坐在太后左邊，我站在太后右邊做翻譯……我妹妹領著渤蘭康夫人進殿，夫人就向太后行禮，太后也與她握握手，夫人呈上沙皇全家的相片。太后講了一篇措辭極美的歡迎辭，並謝了沙皇帝后的盛意。我都替她翻成了法語，因為大使夫人不懂英語。太后又命皇帝與夫人相見，於是皇帝與她握握手，並問俄皇帝后安好。於是太后走下寶

外國駐華公使及其家眷

座，帶大使夫人到她的宮中，在那裡她們談了約有十分鐘。太后又命我引夫人見皇后。（《清宮二年記》）

接著，照例由公主及太后的其他高級侍從陪同公使夫人用餐，席間德齡轉交了一塊太后賜給夫人的翡翠。公使夫人再次走到太后宮中，向慈禧道謝，然後便告辭了。

容齡則寫道：

八月間，慶王奏明慈禧，俄國公使太太蒲郎桑（雷薩爾——筆者）夫人請求進見，她準備把沙皇和皇后的兩張照片面呈慈禧。慈禧便定期召見。召見的前一天，慈禧叫李蓮英把宮裡原有的兩張沙皇和皇后的照片（我不知道什麼時候送來的）找出來，放在樂壽堂裡的桌子上。這兩張照片是放在銀框裡的。這天上午十點鐘，在仁壽殿召見蒲郎桑夫人（光緒沒出來）。蒲郎桑夫人沒有帶別人來，行完禮，她走近寶座把這兩張照片交給女官，女官接過來放在慈禧面前的桌案上。慈禧在一般召見的時候，永遠是坐著的。這次因為是俄國元首的照片，所以在把照片遞上來的時候，她站起來，然後又坐下。蒲郎桑夫人說：「我國皇帝和皇后命我把兩張照片送給皇太后，並且問皇太后好。」慈禧回答說：「謝謝，這兩張照片我一定好好地保存。這是很好的紀念，我可以時常看看照片，就好像我和他們二位見面一樣。」

召見完畢，都來到樂壽堂，慈禧讓蒲郎桑夫人坐下以便談話。太監把兩張新照片拿來和舊照片一同放在桌子上。

慈禧喝些茶、吃些點心之後，拉著蒲郎桑的手走到桌邊，指著照片說：「這兩張是前幾年送來的，一直在我房裡擺著，以便時常看看，因為我們是鄰邦，我們兩國的感情是非常好的。」蒲郎桑夫人說：「中俄兩國間的友好氣氛是令人非常興奮的，我們的皇后也時常關心著皇太后的健康。」（《清宮瑣記》）

公使夫人還邀請公主、女官等前往俄使館赴宴，經慈禧允許，於幾日後得以實現。

儘管德齡、容齡姐妹倆的說法不同，某些記述可能與實際情況有所出入，但「俄皇贈照」一事確屬無疑，因為故宮博物院至今仍保存著一幅俄國末代沙皇尼古拉二世的全家合影照片。這是一張色澤完好的大幅著色照，並配有華麗的硬木水晶鏡框，是慈禧太后與俄國人交往的直接物證。

當然，慈禧款待洋人並非發自內心，只是由於她自知無力與之抗衡，轉而以此作為一種友好的姿態而已。她曾講過自己並不在乎外國人的正式朝見，但卻比較厭煩私人性覲見。因為前者只不過是擺擺

俄國沙皇尼古拉二世全家照

形式，而後者，有時則會涉及到某些敏感性的話題。她還必須提防洋人與光緒皇帝有任何私自接觸，正如德齡所說：慈禧「叫我以後凡有外國人來，必須時時接近皇帝，以便她們跟皇帝談話時為他翻譯，我答道凡有外國人進宮時，我總是跟著他們的，至今沒有看見他們跟皇帝說過話，太后說她對我說這話的意思是叫我要尊重皇帝跟尊敬她一樣，必須聽皇帝的命令。我知道太后不是說真話，實際上她是恐怕外國人要跟皇帝談維新等的事啊」！慈禧還定過這樣一條規則，就是將客人送走以後，陪同者必須向她稟報一切，詢問客人說了些什麼，對所賜禮品及飯菜是否滿意，等等。唯恐洋人對她有任何不滿，媚外心態可見一斑。

對於慈禧違心宴見洋人，當時的激進報紙曾有過一針見血的評論：

宴會之事，必為賓主相得者，若彼此互懷疑忌，則任事此虛禮乎？中國人若有獻媚於外人者，人皆笑之，若夫居最尊之位，如皇太后者，

亦委曲結歡於外國公使夫人，有時下等之商人，亦一律款待，可謂自輕之至矣。宮中特備洋餐，款接外賓，客去之時，固極口稱謝。然一至次日，則各使又至外部，百端要挾矣。故欲免外人之強橫，卑禮盛筵，絲毫無用，外人之視之，亦如庚子年送酒瓜之事等耳……（引自濮蘭德、白克好司著，陳冷汰譯《慈禧外紀》）

第四節　未冕女皇與美國女畫師

朱丹繡闥大秦妝，緹縶人來海晏堂
高坐璇宮親賜宴，寫真更召喀姑娘。

身穿清朝服裝的卡爾女士

這是一道《清宮詞》中描述慈禧宴見洋人的詞句，末句所指正是美國女畫師卡爾入宮為太后畫像一事。因為對英文「女士」一詞的譯法不同，所以當時宮廷內外皆稱卡爾女士為柯（喀）姑娘。

卡爾是時任中國海關稅務司的柯爾樂之妹，曾在法國學油畫多年，以擅畫人物肖像見長。光緒二十九年（一九○三年），美國公使康格的夫人在一次入宮觀見時，向慈禧當面推薦卡爾為其畫像，以便參加次年在美國中部城市聖路易斯舉行的博覽會，使世人一睹這位中國神祕太后的真實風采。慈禧等人經過反覆權衡，同意了康格夫人的請求，並命欽天監擇定開畫的吉

日良辰。據檔案記載，這年閏五月十一日，外務部主管大臣、慶親王奕劻函告美國使館：「皇太后懿旨：定於六月十五日令康夫人帶領所言畫像人赴頤和園覲見。」於是，當時還在上海的卡爾便在這一日期到來之前趕至北京。

讓一個外國人進宮畫像，這在清朝乾隆以後的百餘年來還屬首次，而此時的情景，自然又無法與乾隆帝以洋教士為宮廷畫師的事等量齊觀。對此，慈禧不能不採取一定的防範措施。她首先命人把頤和園附近的醇王花園收拾一番，供卡爾居住之用，並讓裕庚夫人母女以翻譯身分每日陪同，使之無法與他人接觸，尤其不能與光緒帝發生接觸。其後又撥調幾名太監供畫師差遣，暗中也有監視之意。一切準備就緒，外務部再次函告美國公使：畫師須於六月十五日巳時抵達頤和園。康格亦覆函：「是的，使臣之妻康柏克必當欽遵帶領柯姑娘前往。」

這天上午，在康格夫人陪同下，卡爾帶著畫布、畫具到達頤和園。慈禧在樂壽堂與客人不拘禮節地相見後，便走進臥房更換服飾。吉時十一點將至，她又從裡面姍姍而出，此時卡爾已掛好畫布，打開畫架，手托調色板，待慈禧在寶座上坐定後，準時落下了莊重的一筆。

在畫像開始進行的一段時間內，慈禧頗能鄭重其事，一般每日早朝後便換好畫像時的各種穿戴，在畫室寶座上正襟而坐一小時之久，下午小憩後也能坐上半小時，每次落座前，還總要走到畫架前，仔細觀看一番。洋畫師也很會迎合太后心理，她得知慈禧喜歡先畫面容，便決定先從臉部畫起，而按一般的繪畫程度，則都是先整體而後逐漸趨於局部。然而時間一久，慈禧就變得有些不耐了。開始時她因久坐無聊，便向卡爾提出種種問題並要求解答，使畫師無法專注繪事；繼而出坐時間越來越短，次數愈發減少了。如此一來，畫像進展自然十分緩慢。

慈禧表面雖不露怨色，背後則牢騷頗多。據德齡回憶，太后常常盯問「到底幾時能夠成功」？並說：「中國平常畫家，只要看過一回就可以畫。據我看，她不能算一個好畫家。」甚至賭氣道：「我不畫這像了。」「我已經坐夠了。」（《清宮二年記》）德齡、容齡後來都聲稱：慈禧畫像時不願久坐，便想出了由他人代替的方法，即畫衣服首飾時由別人穿戴好替坐，畫臉部時自己再親自出面，所以畫像的大部分時間，都是由她倆代替完成的。這種說法雖然不一定完全可靠，卻可以反映出慈禧因畫像時間過長而表現出

的厭煩情緒。

因為慈禧不懂油畫技法，故而對畫像本身也時有不滿，說畫師「所畫太粗」。卡爾根據光線反射道理，把珍珠畫成白、青、粉紅等不同顏色，慈禧看後很不以為然，認為珠子本該就是白色的。當她發現畫像上自己的臉部竟被畫成一邊黑一邊白時，更不高興，儘管卡爾極力解釋這是利用了透視法，她還是堅持畫像上不要有「陰陽面」，尤其臉上不能有陰影。對於這類要求，畫師只得一一遵命修改，畫像自然也由此遜色許多。為此，卡爾曾深有感觸地說：「蓋中國人對於從來之信仰，拘守極嚴，每不肯善為變通。勿問變通以後，果為優為劣也。即如寫照之事，予固一本西方家派，而彼輩偏欲我俯就東方家派之範圍。此誠令人有左右為難之勢。」（《慈禧寫照記》）

儘管如此，對卡爾繪畫過程中的具體需要，慈禧一般都能予以滿足。如畫師進宮時所帶畫架較小，用來畫大幅肖像很不適合，而此類用具在當時的北京又無處有售。於是慈禧便讓卡爾繪出圖形，命人照樣仿製出五六具之多。同時還為她製作畫具箱數只，每次繪事完畢，太監立刻將各類畫具歸置整齊，然後放進箱內。再如卡爾隨駕進住三海之時，慈禧為其安排的畫室面積很大，但因宮中之窗多以紙糊，致使室內光線不佳，太后便命人全部換成玻璃，這在當時算得上是一件十分奢華的事。

慈禧對待卡爾本人的態度，也始終顯得恩寵備至，禮待有加。每天早晨，卡爾隨同后妃公主一起向太后請安；慈禧帶領宮中貴婦遊樂之時，卡爾也常常參與其中。而且，皇后還不時陪同她一道吃飯。據史料記載：「宮廷燕享外賓席為滿式，略同歐洲，客各一份。每座各置桃式銀碟，中儲杏仁、瓜子、蜜餞、果子，每客計有二十四品，箸之外，尚有刀叉。某日，孝欽（慈禧）飯畢，太監請宮眷陪外賓密司喀爾用膳，桌旁設椅，為從來未有之舉，宮人皆大驚，既而探知孝欽之意，恐外人不明中國宮廷禮節，將笑為野蠻，故令宮眷坐欽也。」（《清稗類鈔》）

卡爾在宮中生活時日漸久，慈禧常有禮物相贈。每逢佳節大典，太后為后妃和其他貴婦分發賞品時，她必得一份；向各公使夫人贈送禮品時，她也以外賓身分參與其中。隆冬將至，天氣漸寒，太后派人送去皮衣數件，款式雖介於中西之間，但穿起來卻十分合體。卡爾曾留下一張身穿滿裝的照片，服裝均為太后所贈，其中頭上那頂帽子，正中綴明珠一顆，周圍又鑲小珍珠

三圈，十分珍貴。畫像行將完工之際，外務部大臣又親臨美國使館，面交一千二百兩銀票作為酬勞，並特賞寶星一枚及縐綢、洋緞等許多貴重禮物。

　　冬去春來，這位來自大洋彼岸的女畫師，陸續為清廷最高主宰慈禧太后繪製了四幅畫像，其中第一幅至今仍藏於北京故宮博物院。畫面上，慈禧身穿繡著紫色牡丹花的壽字黃袍，上面嵌有大小珍珠無數；頭圍壽字披巾，上面亦嵌寶珠；兩把頭上一邊配以玉蝴蝶，另一邊插以鮮花，並垂以纓絡一掛；手上戴著玉釧及玉護指。端坐於寶座之上，形象至為尊重，觀其年齡，根本不像一位行將七十的老嫗。畫像

卡爾女士繪慈禧像（故宮藏）

上端書有「大清國慈禧皇太后」八字黃色名款，其左右兩側分別鈐蓋白文「寧壽宮」和朱文「慈禧皇太后之寶」御璽二方。畫面整體佈局似有頭重腳輕之感。原來畫像時並未留有字空間，名款及印章都是肖像完工後，在慈禧的堅持下方才由宮中畫師勉強添加而成。另外，此像右下方，還有卡爾的親筆簽字：「Kate Carl, 1904。」

　　第二幅畫像風格較為獨特。畫像時慈禧改穿繡花藍色常服，將頭髮盤起，上面插茉莉花數朵，旁邊綴以玉蝴蝶。在卡爾的建議下，慈禧同意將她的兩隻愛犬也畫了進去。她見卡爾淡淡數筆，即將小狗畫得維妙維肖，對畫師的功力讚不絕口。據卡爾回憶，太后欲將此像掛於寢宮，無意讓外界觀看。這幅畫像早已不知下落，是否因其屬於慈禧的偏愛之物，而在她死後焚化或隨葬地宮？果真如此，無疑是一件憾事。

第三幅畫像實際上只是一幅正式畫像前的原始樣稿，卡爾稱之為「模範小樣」。慈禧對準備送往美國參展的畫像十分重視，畫像開始前提出不少具體要求。卡爾先畫了一幅小樣請慈禧過目，她很是喜歡，欲留下作為紀念，並讓畫師在正式畫像完工後，又仔細描繪一番。此小樣於一九八七年被故宮工作人員發現，當時外捲高麗紙，滿是灰塵，雜置在一堆舊照片中，恐怕已很久無人動過。這幅高五十七厘米、寬三十五厘米，油彩已多處剝落。畫面上，慈禧所穿朝服雖已著色，但細部花紋很不清晰。儘管如此，它得以保存至今，仍不失為一件十分珍貴的文物。

第四幅畫像專為參加博覽會而繪，現藏華盛頓美國國家博物館。畫像時慈禧身穿冬季朝袍，披一件珠翠披肩，頭上亦滿簪珠寶飾物，形態與第一幅

送聖路易斯展覽的慈禧像（美國國家博物館藏）

大體相同。畫面背景為屏風，左右各豎一孔雀掌扇，寶座兩側陳設亦繪入畫中。上方佈局開闊，「大清國慈禧皇太后」名款題寫位置恰到好處，明顯改變了第一幅畫像的缺憾。按慈禧要求，此像「闊六英尺，修十英尺」。還配置了一座頗具氣派的檀木畫架，其上部雕二龍戲珠，中間突出一「壽」字，兩側框架精雕萬壽花紋，底座與宮中穿衣鏡座相仿，並雕刻著更為複雜的龍鳳圖案。

一九〇四年四月十九日下午四時，是慈禧欽定的畫像完工吉期。這天，她特別邀請各國公使及參贊夫人到三海進行觀覽。洋夫人們魚貫走入畫室，興致高昂地諦視著出自美國女畫師手筆的中國太后聖

容，在慈禧面前，她們更是交口稱讚其畫工之美、設色之精以及神情與太后如何之酷似。幾日後，又將這最後一幅畫像迎至外務部衙門，柬請各國公使及參隨人等前往瞻仰，各種讚譽之聲自不待言。

畫像送往美國之時，外務部舉行了隆重的送行典禮，並以皇族溥倫為專使前往聖路易斯。為防止畫像出現任何損壞，特別將其安放在兩層外裹黃緞、繪以雙龍的紫檀木箱中，兩箱之外，再加一更大木箱，並同樣以黃緞包裹。為運送畫像，從外務部門至前門火車站之間，還專門舖設輕便鐵路一條，因為慈禧特令不准用轎抬，那樣與出殯相像，未免太不吉利。行前，在京各大要員均補服頂戴，先對畫像跪行大禮，再一齊前往前門車站恭送。畫像由一輛特別花車運往天津，再由專輪運抵上海，移交美國郵輪。沿途官員在畫像抵達時，也一律身穿官服，跪請聖安，如同太后駕臨一般。

畫像運抵美國後，先在聖路易斯博覽會美術館陳列，其間觀者濟濟，歐美各地的確為之喧鬧一時。博覽會結束後，駐美中國使館遵照太后旨意，派員將畫像運至華盛頓，贈與美國政府收藏。一九○五年一月十五日，美國總統西奧多·羅斯福在白宮親自出席贈送儀式。清廷出使美國、兼領秘魯、古巴、墨西哥大臣梁誠，率參贊官等前往致辭，羅斯福總統亦致答辭，並代表美國政府正式接受了這幅

華士·胡博繪慈禧像

畫像。

再說女畫師卡爾，在最後一幅畫像送往美國後，仍在宮中留住了一段時間，以繼續完成前三幅畫像的一些善後事項，諸如為「模範小樣」設色點睛、按慈禧要求對另外兩像進行某些修改等等。

卡爾女士出宮以後，便埋頭於書室，對自己將近一年的特殊經歷詳加整理，並於次年（一九〇五年）以回憶錄形式在美國出版一書，中文譯名為《慈禧寫照記》（With the Empress Dowager of China）。書中雖自詡有上述經歷者，自馬可・波羅以後唯她一人而已，對慈禧其人也有許多過高的評價（當然，這或許因慈禧在洋人面前的表現使之言自由衷），但其對宮闈瑣事觀察細緻，除有些內容或因記憶有誤，或因其外國人身分而了解不詳外，書中所記大多還是真實可靠的，這一點對照史料及現存實物均可證實。

在此順帶一提的是，除卡爾之外，還有一位名叫華士・胡博的外國畫師也曾為慈禧畫像，而且至今仍有兩幅存世，其中一幅藏於北京頤和園，另一幅則在美國福格美術館收藏。

第五節　俄羅斯馬戲團進宮

隨著中外往來的日益增多，洋人不斷出入宮廷，但清宮內的大型娛樂活動，除規模不等的例行演戲之外，一直沒有什麼新的內容增加。對慈禧太后來說，當然也就更沒有機會觀看外國人的演出了。

光緒二十九年（一九〇三年）秋，一個俄羅斯馬戲團抵達天津演出。消息傳到北京，在王公貴戚中引起很大好奇，宮中也一時議論紛紛。有人在太后面前進言，稱若將馬戲團召進宮來，定能讓她大開眼界。慈禧也為之所動，派人前往天津了解情況，此人帶回了一些生動的廣告畫請太后閱覽。她看到一幅彩色畫面上有一女演員衣著甚少，頓時感到有失風化，臉上露出蔑視之色；而當她繼續翻到馬術及動物表演的圖片時，才感到演出確實有趣，當即決定把馬戲團從天津召到北京。

馬戲團的動物及演員在頤和園附近駐紮下來。至於演出的具體地點，則

頗費一番腦筋，最後經過反覆商議，才決定設在昆明湖西。因為那裡距宮殿區較遠，而且面積較為開闊，將其闢為表演場地非常合適。湖西屬於宮中的一個小型耕作場，當年已種滿蘿蔔，好在正當成熟時節，慈禧便親率后妃、公主人等前往收獲取樂。接著，無數侍衛、太監們經過緊張的忙碌，兩天內便搭起了幾座帳篷，供馬戲團表演和演員化妝、休息之用。帳篷旁邊又造圍柵，以便安置動物。

舉行馬術表演這天，正值宮中例行的演戲日期，慈禧便決定先在上午聽戲。下午，慈禧光緒帝在后妃、公主們的簇擁下，來到湖邊碼頭。華麗的遊艇、畫舫、汽舟與和眾多的平底船，把湖面畫裝點得五彩繽紛，加之秋高氣爽，景致十分可觀。兩宮及眾貴婦依次登船，徐徐駛向昆明湖西。船抵岸邊，樂聲大作，歡迎聖駕光臨。

表演場內設帶有護欄的平台一座，一切陳設，富麗堂皇。平台正中設黃緞坐椅一張，此為太后寶座；其左略低緞椅則是光緒之位。平台上方搭設黃緞天幔，以便遮擋陽光；平台四周旌旗招展，喜氣洋洋。皇后與諸貴婦們依次侍立兩宮左右，得到恩准前來觀看的王公大臣則不下二百人之多，而且他們與御座之間還一反常規地未以垂簾相隔。

這個馬戲團在有「馬戲王國」之譽的俄羅斯來說，也許並不屬於上乘，但由於此前清宮中還無人了解馬戲為何物，所以，人人觀看興致極高。

演出開始後，兩名太監將一架鑲有珠寶的望遠鏡舉到慈禧面前，使她能夠悠然自得地從中窺視。光緒皇帝則如同往常一樣毫無表情，自己拿著望遠鏡默默觀望。慈禧最欣賞的節目是位妙齡少女在一個大圓球上走路、跳舞和表演柔軟體操，興之所致，還吩咐重複表演；當她看到空中飛人的驚險場景時，不免隨之驚呼；而兩名小侏儒的滑稽表演，又使她捧腹而笑……至於動物表演，經過訓練的象、狗、猴等，慈禧都比較喜歡。而光緒皇帝，則比較偏愛於馬和馬術。

演出告一段落時，慈禧稍事休息。接著將要進行訓虎表演，慈禧擔心不安全，最初曾表示免此節目，後來在貴婦們的請求下，才勉強同意，但卻一再叮囑：不能讓老虎出籠！當馬戲團把虎籠帶進表演場時，侍衛、太監們如臨大敵，以防太后發生不測。

演出結束後，慈禧、光緒等由高官顯貴們相送，在樂隊的吹奏聲中乘船

回宮。當然，這場奇特的表演過後，幸運的馬戲團老闆也得到了一筆可觀的收入。

第六節　並不完滿的結局

　　光緒三十四年十月二十二日（一九〇八年十月十五日），慈禧太后在光緒皇帝崩逝後的第二天死於中海儀鑾殿，享年七十四歲。按清朝舊制，太后崩逝後，均停靈於紫禁城西部的慈寧宮，而慈禧作為晚清最高主宰，從未以真正的太后身分在慈寧宮頤養天年，故按其遺命，梓宮安放在東部的皇極殿。次年九月三十日，奉移清東陵。在這前後將近一年的時間裡，「祭祀之隆，無時或輟」，所有治喪活動都是以皇極殿為中心進行的。

　　皇極殿是慈禧晚年的寢宮，她生前曾在這裡多次接見外國使臣，死後也曾有外國人按邦交禮儀來此致哀，下面兩則史料反映的即是洋人在外務部人員引導下前來弔唁的情形。

皇極殿

其一是宣統元年（一九〇九年）三月：

本月初十日辰刻，本部（指外務部）帶領日本親王及各國專使、使臣等，在皇極殿、觀德殿（時光緒皇帝停靈於景山觀德殿──筆者）恭謁。是日，日本親王及各國專使、使臣等，均至東華門下車，乘椅轎進東華門，至御箭亭後棚（專為辦喪事而臨時設的席棚──筆者）下椅轎，入棚稍憩。進錫慶門、皇極門、寧壽門至皇極殿，恭謁孝欽顯皇后（指慈禧）梓宮。禮畢，仍由舊路出錫慶門至御箭亭後棚上椅轎，出東華門換所乘車、馬。至景山東門外下車馬，進景山東門，至觀德殿恭謁德宗景皇帝梓宮。禮畢，出景山東門。上車、馬，回館。（《德宗景皇帝大事檔・宣統元年三月外務部行恭辦喪禮處片》）

其二是宣統元年九月：

宣統巳酉九月二十七日，孝欽后梓宮奉移前三日，由外務部派弁導引各國公使乘馬車至東華門外下車，換乘椅轎，參隨等皆步從，進東華門至御箭亭後棚前下椅轎，入棚少坐。九時四十五分，外務部大臣帶領，按排定次序分班進錫慶門、皇極門、寧壽門，至皇極殿前一鞠躬，至孝欽几筵前一鞠躬，側向監國攝政王一鞠躬。王答禮致謝，各使退後一鞠躬。（《清稗類鈔》）

至此，慈禧與外國人之間的接觸算是劃上了句號，可她留給人們的又是什麼呢？

對於慈禧一生的是是非非，後人議論頗多。她生於道光十五年（一八三五年），正值大清帝國走向衰微、西方列強對古老的中國躍躍欲試之時。在她六歲那年，英國發動鴉片戰爭，隨後各國列強便紛至沓來。她入宮得寵，並為咸豐皇帝生下唯一的兒子載淳沒幾年，英法聯軍便進逼北京，她只好隨咸豐帝逃難熱河。咸豐十一年九月（一八六一年十一月），她通過辛酉政變奪取政權，其後兩度垂簾，一次訓政，立過三個小皇帝，執掌大權長達四十八年之久，成了清朝晚期的未冕女皇。她當政期間，曾外輯洋人、

內平太平天國，一度出現「同治中興」的局面。但「中興」未久，清軍在中法戰爭中獲勝，她唯恐再起大亂，遂與法國簽訂《中法新約》，使中國不敗而敗。十年之後，中日甲午戰爭爆發，偌大的中國竟被後起的日本島民打得一敗塗地！她利用義和團「扶清滅洋」，又招致八國聯軍的大舉入侵，自己卻落魄西逃。《辛丑條約》簽訂後，中國的命運幾乎完全為洋人所控制……

慈禧死了，儘管她曾擁有大清帝國的無上權力，但在自然規律面前，卻終舊是無可奈何。而她留下的爛攤子，則無論對於生者還是死者，都已無法收拾。其後，皇家的歷史又憑藉自身的慣性向前滾動了三年，就再也不能繼續運轉了。

於是，我們的有關皇帝與洋人的話題，只能就此為止，但人們由此而引發的思考，卻不應該結束。

後　記

　　金碧輝煌的紫禁城，以其博大的氣勢和精深的內涵令無數人嘆為觀止。十多年前，當我們剛剛跨出校門走入其中時，便被這片紅牆黃瓦覆蓋下的深邃的文化底蘊所深深吸引，那份驚喜與衝動長久地激盪著我們的心靈，促使我們去探求其中的奧祕。

　　由於工作關係，我們漸漸對歷史上的中外交流，尤其是皇帝與外國人交往的歷史產生了濃厚的興趣。我們感到，如果能運用翔實的史料，通過通俗易懂的語言，將昔日發生在皇帝與外國人之間的真實故事相對系統地整理出來，將是一件非常有意義的事，而迄今還沒有一部這樣的著述問世。於是，我們綜合諸多學者的研究成果，不揣淺陋地撰成這部書稿，內容主要限定在皇帝與來華外國人直接接觸的範圍之內，以期比較準確地表現出中國皇帝與外國人交往的歷史原貌。只是限於資料和作者水準，書中難免存在欠缺，希望得到讀者的批評指正。

　　本書由我們共同擬定綱目，分別撰寫。其中第一至第六章由郭福祥撰寫，第七、第八章由左遠波撰寫。此間我們曾相互探討、互提建議，正是通過這種密切合作，才使書稿得以順利完成。

　　在本書付梓之際，我們要特別感謝著名學者朱家溍先生，他在繁忙的研究工作之餘，不忘提掖後學，欣然為本書作序。時事出版社社長周勇先生和本書責任編輯王鋼先生，或指正不足，或批覽全書，為本書的出版傾注了很多的心血。張文忠、國海英、謝明航、魯春華、亢秀英等先生女士，為我們提供了很多有價值的材料。另外，本書撰寫過程中參考了許多學者的研究成果，限於行文體例，未能一一注明，在此一併誠致謝意。

二〇〇一年十一月

作者

大地叢書介紹

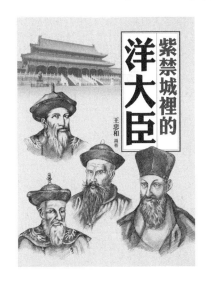

作者：王忠和
定價：280 元

　　明朝萬曆末年，以皇帝為首的封建統治集團糾纏家務，勇於黨爭，使得內政不修，民生凋敝，遍地烽火，邊患頻仍；國家處於危亡的邊緣。這時，以利瑪竇為代表的耶穌會傳教士們來到了中國。他們給中國帶來了一種全然不同的文化理念，給腐敗的政治社會吹進一股清新之風。可是，明朝統治階層已病入膏肓，視西方先進文化而不見，在利瑪竇逝後三十餘年即告滅亡。

　　入主中原的清朝新貴，以其敏銳的感覺，認識了這種新文化。順治皇帝以帝王之尊與湯若望結為師友，康熙皇帝拜傳教士為師，學習科學知識。接著，耶穌會士源源不斷地來到中國，他們帶來了宗教，但更重要的是科學、文化和價值觀念。從此，中國，這個封閉千年的帝國終於與世界有了交往。

　　但是，清朝政要出於對政權穩固的需要，以及傳教士內部的鬥爭，開放不久的大門又重新關閉，使得中國失去了躋身強國之林的機會。回顧這段歷史，對於中國人不無借鑒之處。

　　來華傳教士多達數百人，這裏選其中較為重要的四人，即利瑪竇、湯若望、南懷仁和郎世寧的事蹟做一簡略的介紹。重點著眼於他們給中國帶來的新文化，他們對中國的貢獻，以及他們與中國高層人物的往來等方面。前三人在科學、工程技術等方面貢獻良多，而郎世寧在藝術上面為中國開創了一個新的紀元。

中國皇帝與洋人／郭福祥, 左遠波著. -- 一版.-- 臺
北市：大地, 2016.09
　　面：　　公分. --（經典書架：27）

　　　ISBN 978-986-402-192-5（平裝）

　　1. 中國史　2. 帝王　3. 外交史

610.4　　　　　　　　　　　　　　105016347

中國皇帝與洋人

作　　　者｜郭福祥、左遠波

發 行 人｜吳錫清

主　　編｜陳玟玟

出 版 者｜大地出版社

社　　址｜114台北市內湖區瑞光路358巷38弄36號4樓之2

劃撥帳號｜50031946（戶名　大地出版社有限公司）

電　　話｜02-26277749

傳　　眞｜02-26270895

E - m a i l｜vastplai@ms45.hinet.net

網　　址｜www.vastplain.com.tw

美術設計｜普林特斯資訊股份有限公司

印 刷 者｜普林特斯資訊股份有限公司

一版一刷｜2016年09月

經典書架 027

定　　價：320元
版權所有・翻印必究

本書原出版者為郭福祥、左遠波，原書名《中國皇帝與洋
人》。經授權由大地出版社在臺灣地區獨家出版發行。
Printed in Taiwan